JN057721

武蔵野大学
シリーズ
13

因果・動物・所有

一ノ瀬哲学をめぐる対話

宮園健吾・大谷弘・乗立雄輝［編］

武蔵野大学出版会

目次

因果・動物・所有——一ノ瀬哲学をめぐる対話

［第一章］

イントロダクション

宮園健吾・大谷弘・乗立雄輝

［第1節］一ノ瀬哲学との対話

一ノ瀬正樹は、東京大学大学院にて学んだ後、東洋大学、東京大学大学院で教鞭をとり、現在は東京大学名誉教授および武蔵野大学教授である。この間、東京大学グローバルＣＯＥ「死生学の展開と組織化」拠点リーダー、オックスフォード大学 Honorary Fellow、日本イギリス哲学会会長、日本哲学会会長などを歴任する一方で、日本語、英語双方により、数多くの著作、論文を発表し続けている日本を代表する哲学者である。その業績は国内外で高く評価され、第10回和辻哲郎文化賞、第6回中村元賞、平成28年度農業農村工学会賞著作賞を受賞した他、ピーター・シンガー、トマス・スキャンロン、クリスティン・コースガードなどの著名な哲学者たちも務めたオックスフォード大学の Uehiro Lecturer を２０１０年に務めている。

一ノ瀬の哲学は、英米圏の近現代の哲学を背景としつつ、理論哲学、実践哲学の双方の幅広い領域に展開されている。一ノ瀬が論じるトピックは、ロック、バークリ、ヒュームなどのイギリス経験論を中心とした哲学史研究、因果、確率、曖昧性、パーソン（Person/人格）、音楽と知識、自由意思などの理論哲学的諸問題、そして、責任、死刑、戦争、動物倫理、原発・放射線問題、遺伝子操作、高校哲学教育などの実践的な哲学的諸問題まで広大な領域にまたがっており、一人の哲学者が高いレベルの研究者としてこれらのトピックをカバーしているという事態は驚嘆に値する。

本書においては、この広大な一ノ瀬哲学を検討すべく、各章の執筆者たちが一ノ瀬哲学に関わる様々な主題について議論を行っている。一ノ瀬本人の希望もあり、いまや日本の哲学会の重鎮である一ノ瀬を祭り上げ、飾り立てることではなく、現役の哲学として一ノ瀬哲学と対話し、それを吟味することが本書の目的である。このため、各執筆者はときに一ノ瀬哲学に対し、厳しい批判を向けている。また、各執筆者への一ノ瀬からの応答も収録した。執筆者と一ノ瀬のスリリングな議論の応酬により、本書は欧米の哲学の輸入ではなく、哲学を遂行する現場となっている。読者には、ここから日本の学問的哲学研究の強靭さを感じていただけるのではないかと思う。

以下、導入として一ノ瀬哲学について簡潔な紹介をしておきたい。紹介に際しては、各章で扱われているトピックを中心に取り上げた。なお、先に述べたように一ノ瀬哲学は広大な領域に展開されており、本書で取り上げることのできなかったトピックも多いが、それらは以下の紹介においても取り上げなかった。

[第2節] 概要

以下では、「所有とパーソン」、「知識と認識」、「形而上学」という三つの切り口から、一ノ瀬哲学の基本的な発想を、ごく簡単にではあるが、解説していく。その前に、一ノ瀬哲学全体の特徴についてコメントしておきたい。

一ノ瀬哲学は、通常の日本の哲学業界での言い方に従えば、大まかに言って「英米系の哲学」として分類されることになるだろう。事実、一ノ瀬の哲学的思考にはロック、バークリ、ヒュームなどのイギリス経験論からの影響がはっきり現れており、かつ、一ノ瀬は因果性、曖昧性、確率などについての分析哲学系の議論を積極的に参照しつつ思考を組み立てる。加えて、近年では、『英米哲学入門』、『英米哲学史講義』を著し、また、現日本イギリス哲学会会長（2019年8月現在）として、日本における英米系哲学の研究・教育において中心的な役割を担い続けている。

一ノ瀬は、17世紀・18世紀のイギリス経験論の伝統と20世紀以降の分析哲学の展開との間に決定的な断絶を見て取ることはしないし、また、後者によって前者が完全に乗り越えられたとも考えない。一ノ瀬は、近世の経験主義を20世紀の自然主義への進歩の一段階だと見なすクワイン的な進歩史観（Quine 1981）には与しない。例えば、一ノ瀬は17世紀・18世紀の近世認識論と20世紀の言語論的展開との関係について次のように述べる。

言語論的転回は近世認識論を葬り去ってはいないのである。葬り去った、と考えるのは、近世認識論の含意を不当に見くびり形骸化しているか、あるいは事柄を表層的にしか捉えていないかのいずれかである。かえって、言語論的転回は近世認識論の継続的転回であると特徴づけられよう。いや、そう特徴づけるべき地平へと至りきらねばならないのである。（一ノ瀬 2004, 232頁）

イギリス経験論と分析哲学を連続的なものとして捉える視点は、近年の『英米哲学史講義』や『英米哲学入門』においてとりわけ顕著であり、これらの著作では「計量化への志向性」や「事実と規範」といった切り口から、経験論的な話題と分析系の話題とが連続的に、同じ土俵の上で議論されている。

もちろん、イギリス経験論と分析哲学とを連続的に捉える視点は、一ノ瀬に特有というわけではなく、20世紀後半から現在に至る現代の英語圏の分析哲学業界ではごく一般的なものだと言える。狭義の「分析哲学」という表現は、現在ではあまり使われなくなっており、同時に、狭義の「分析哲学」とそれ以外の哲学的伝統との境界はかなりぼやけてきている。ロックやヒュームなどの経験論者は、乗り越えられたどころか、現在でも極めて重大な影響を持ち続けているし、彼らの影響力は、分野によっては、フレーゲ、ラッセル、ウィトゲンシュタインなどの狭義の「分析哲学者」の影響力をはるかに凌駕しているとすら言える。

イギリス経験論の伝統からの強い影響を受け、そして、分析哲学の議論を積極的に参照するにもかかわらず、しかし、一ノ瀬哲学は、標準的なイギリス経験論研究や、標準的な分析哲学の議論には回収されない（あるいは、少なくとも、回収するのが容易ではない）、極めて濃厚な独自性を持っていることに注意したい。

一ノ瀬は、この自身の独特な哲学的スタンスについて自覚的である。例えば、形式上はロック研究書のような体裁を持つ『人格知識論の生成』において、一ノ瀬は、これは実際には単なるロック研究の書ではなく、あくまで一ノ瀬自身の哲学説を展開することを主要目的とした書であると明言する。

本書は、ロックの考えを整理し解説することを目指したものではなく、「私自身」が考えて、述べているというあり方を自覚的に前面に出した書物である。確かに間違いなく、そうした私自身の考えはロックの哲学に動機付けられている。けれども、私の議論は、ロック自身の考えを追うことではなく、ロック哲学に胚胎されている、ロック自身もあるいは気づかなかったような、特有の着想を描き出すことに焦点を合わせている。その点で、本書は、ロック哲学の研究書というより、ロック哲学に動機付けられた哲学書といった色合いが濃い書物であると言えるだろう。（一ノ瀬 1997, iii）

また、分析哲学系のトピックを主題的に論じる『原因と結果の迷宮』、『原因と理由の迷宮』などの著作において、一ノ瀬は、自身の論考は、分析哲学系のトピックを扱いつつも、標準的な分析系の議論のスタイルからは逸脱しており、あくまで一ノ瀬自身のスタイルを貫いていることを明言する。

私は、自分の議論がどのようなジャンルに乗るものなのか分からない。英語圏の哲学の論争に主に即した議論を展開はしているが、それらの論争の中にぴったりとはまり込むような議論にはなっていないと思う。（中略）もし哲学の議論がパフォーマンス（演奏）なのだとしたら、どれかの論争の文脈にはまらずにプレイすることは決して臆すべきことではないし、議論や研究のスタイルを固定する保守主義・形式主義はかえって有害だと、そう言うべきではないだろうか。演奏は、結局は、私の演奏でしかない

のである。（一ノ瀬 2001, 278 - 279 頁）

一ノ瀬哲学が、その内容やスタイルにおいて、標準的な経験論哲学研究や標準的な分析哲学研究とは異なると述べたが、では具体的にはどのように異なるのだろうか。一ノ瀬哲学が持つ独自性とは、具体的にはどのようなものだろうか。この問いに答えることは、一ノ瀬哲学という営みを理解するための重要な鍵となるだろう。本論文集には、この問いに答えるためのヒントが多数含まれている。例えば、大谷論文（第十三章）では、標準的な英米系の倫理学と一ノ瀬倫理学とを比較し、後者にて用いられる独自の方法論に光を当てている。大谷によれば、標準的な英米系の倫理学とは異なり、一ノ瀬倫理学の主要な目的は、特定の倫理学的な主張を擁護するための一般性のある論証を提示するというのではなく、むしろ、我々の想像力に訴え、我々の物の見方の転換を促すことなのである。

宮園論文（第四章）と戸田山論文（第二章）は、認識論をめぐって、一ノ瀬哲学と標準的な分析哲学とを比較している。宮園によれば、標準的な分析系の認識論と一ノ瀬認識論との違いは、「三人称」と「二人称」との違いとして理解できる。（しかし、二人称的なアプローチは、実際には、近年の分析系の議論、とりわけ倫理学系の議論におけるホットな話題の一つであるから、その意味では、あくまでこれは、一ノ瀬哲学と主流の分析哲学の違いなのであって、一ノ瀬哲学と分析哲学全般の違いとは言えないかもしれない。）

これに対して、戸田山は、『人格知識論の生成』に着目しつつ、一ノ瀬の議論の方法と分析系の議論の方法との違いを、「融合ないし重ね合わせ」と「分析ないし区別」との違いとして捉える。戸田山によれば、分析哲学は二つのもの（例えば、労働と所有権）を区別しつつ、その上で両者の関係を明らかにしようとするアプローチを取るのに対して、一ノ瀬哲学は、二つのものが、異なるように見えて実は同じであると論じることによって両者のギャップを消去するアプローチを取るのである。

［第3節］所有とパーソン

本節では一ノ瀬の「所有」および「パーソン」に関わる議論を紹介する。まずは所有論から始めよう。一ノ瀬の所有論は基本的にはジョン・ロックに従い、労働所有権論である。すなわち、パーソンが所有権の起点であり、パーソンは労働により所有権の範囲を拡張していくというモデルが採られている（一ノ瀬 1997, 第7章）。その際、一ノ瀬は何かを所有するとは所有物がパーソンの要素となることであるとし、この立場を「人格要素説」と呼ぶ（一ノ瀬 1997, 212頁）。すなわち、あるパーソンが土地や家のような財を所有するとは、文字通りそれらの財がそのパーソンの一部となり、そのパーソンの変容をもたらすことであるとするのである（一ノ瀬 1997, 212-214頁）。

一ノ瀬はこの所有論に基づき、刑罰論を展開する。刑罰論においても一ノ瀬はロックに従い、犯罪とは所有権の侵害であり、刑罰とはその侵害された所有権の賠償であるとする（一ノ瀬 1997, 第10章；2011b, 38-42頁）。ここで興味深いのは、そのように考えることで、一ノ瀬は積極的に民事と刑事の区別を無効とすることである（一ノ瀬 2011b, 66頁）。すなわち、通常は別のことと考えられている被害の賠償と加害者への刑罰を同一視するのである。これは、人格要素説の自然な帰結であり、何かを所有することとはそれをパーソンの要素とすることである以上、パーソンへの攻撃である犯罪はまさに所有権の侵害であり、加害者に対し賠償責任を発生させると考えられているのである（＊1）。

ここから一ノ瀬は独特の「死刑不可能論」を提唱するに至る。一ノ瀬によると、死刑はその存置や撤廃が論じられる対象ではなく、そもそも概念的に意味をなさない。というのも、死はその主体の消失であり、「死刑」は刑を受ける主体の存在しない刑罰であるということになる。また、「死刑」において奪われる生命は所有物ではなく、侵害された所有権の賠償として生命を差し出すと言うことは意味をなさない。そして、更には「死刑」は遺族をはじめとする被害者への賠償を不可能としてしまう点で、刑罰とは言えない。このように一ノ瀬は論じる（一ノ瀬 2011b, 61 - 63頁；cf. 一ノ瀬 1997, 324 - 333頁）。一ノ瀬によると、刑罰として加害者に死をもたらすと言うことは意味をなさず、現状の「死刑」は「徹頭徹尾純然たる単なる『殺人』（一ノ瀬 2011b, 62頁）」だとされる。

一ノ瀬はこのように死刑は不可能であると論じた上で、死刑を支えているのは「死の所有」という観念であるとする。すなわち、我々は死刑により加害者の所有する死を差し出すよう求めているというのである（一ノ瀬 2011b, 69 - 70頁）。一ノ瀬によると、死においてその主体は存在しなくなるが、我々は虚構的に「彼岸的視点（一ノ瀬 2011b, 16頁）」に立ち死者の存在を立てる。そして、パーソンは死を所有しており、死に際して死を差し出していると考える。このような「死の所有」という観念を働かせることで、我々は死刑を把握し、理解可能としている。しかし、一ノ瀬によると、犯罪と刑罰は「現世視点」に立つべきものであり、「死の所有」という虚構的観念により死刑を肯定することは許されるべきではない。このように論じられるのである（一ノ瀬 2011b, 73頁）（＊2）。

この所有論の説明においては、パーソンという概念が重要な役割を果たしていた。では、一ノ瀬のパーソン理論はどのようなものであろうか。一ノ瀬はここでもロックに従い、パーソンは人間や実体とは区別されるとする。一ノ瀬は、パーソンとは「法廷用語（a Forensic Term）（Locke 1975, 2.27.26）」であるとするロックの記述に依拠しつつ、パーソンの概念を徹頭徹尾実践的概念として捉える（＊3）。そしてその帰結として、パーソンを生命や身体と同一視することは拒否される。すなわち、先に見たように、一ノ瀬の所有についての人格要素説からすると、土地や家のような財すらもパーソンの一部となりうるのであるから、所有という実践的文脈で立ち上がってくるパーソンを生命や身体と同一視することはできないと考えられるのである。

このようなパーソン概念を起点として、一ノ瀬は様々な方向へと哲学的議論を展開する。代表的なものとして、ここでは「声主としてのパーソン」の理論を、次節で「人格知識論」を紹介しておこう。

一ノ瀬は先に見たようにパーソンを実践的概念として把握するが、その際、パーソンをパーソンたらしめる実践として、「声を上げる」という特徴を重視する。すなわち、法廷で声を上げて自分の権利主張をすることと類比的に声を上げる存在者はパーソンであるとされる。そしてそこから、パーソンたりうるのは、人間に限られないと論じられ、動物実験や屠殺に際して声を上げる動物たちも一定の度合いでパーソンであるとされる。このような議論から、一ノ瀬は「パーソン(person)」を「人格」とせず「声主（こえぬし）」と訳すべきではないかと提案する（一ノ瀬 2011, 304-306頁）。一ノ瀬によると、パーソンは人間に限定されるべきものではなく、声を上げる存在者、「声主」はみな一定の度合いでパーソンなのである（＊4）。

【第4節】知識と認識

本節では一ノ瀬の認識論に関わる議論を紹介する。一ノ瀬の認識論の根幹に位置するのは、「人格知識」という発想である（一ノ瀬 1997）（＊5）。人格知識は没人格知識との対比において導入される。後者は、当の知識の主体について考慮せず、むしろ知識の内容（あるいは、それを表現するところの命題や文）に着目する視点に対応し、前者は、知識を獲得したり主張したりする主体（あるいは、より正確には、人格）に注目する視点に対応する。また、人格知識と没人格知識は、時間性の観点からも区別される。すなわち、没人格知識は、特定の時点に位置する特定の主体から捨象された、持続的な知識のあり方に対応するのに対して、人格知識は、特定の主体による知識の獲得や主張が生じる特定の瞬間と密接に結びついた、瞬間的な知識のあり方に対応する。

人格知識、没人格知識は、双方ともに知識の重要な側面であるのだが、しかし、知識をめぐる従来の哲学的な議論においては没人格知識を中心的に論じる傾向があるため、その偏向を是正すべく、一ノ瀬は人格知識の側に重きを置く。

一ノ瀬の人格知識論はロックの哲学、とりわけロックの所有論と深く結びついた知識の理論であり、そこでは、労働活動によって所有権を獲得していくというロックの労働所有権論が、探求、同意、決定といった知的活動によって知識を獲得していくプロセスに重ねられる。労働所有権論によれば、労働なしに所有権は生じ得ない。同様に、人格知識論によれば、探求、決定、同意といった「知的な労働」なしに知識はありえない。よって、生得的な知識などというものは原理的に不可能なのである。また、この所有権論とのアナロジーのゆえに、人格知識論は、知識、発見、発明を特定の人格の所有物と見なす知的所有権の発想に親和的なものとなっている。

人格知識論の発想は、さらに音楽的な比喩によって再定式化されることになる。人格知識と没人格知識の区別は、演奏と楽譜の区別に重ねられることで、「演奏的知識」と「楽譜的知識」との区別として特徴づけられることになる（一ノ瀬 1999）。

この音楽的な比喩によって知識を論じる発想は「音楽化された認識論」（一ノ瀬 2007, 2013）というプロジェクトとして展開されていく（＊6）。人格知識論の仮想敵は、没人格知識を重視し人格知識を軽視する従来の認識論であったのに対して、音楽化された認識論（epistemology musicalized）の仮想敵は、クワイン（Quine 1969）の自然化された認識論（epistemology naturalized）である。知識を自然現象と見なす自然化された認識論の発想に抗って、一ノ瀬は、例えば、自然化された認識論では制度的知識や知的所有権などを説明することができないと論じる（一ノ瀬 2011a, 第1章）。しかしながら、他方で、一ノ瀬は自然化された認識論の発想の全てを拒否するわけではない。一ノ瀬は、知識を純粋な自然現象と見なすという発想は拒否しつつも、しかし、自然化された認識論から、知識が声や音声といった自然現象と密接に結びついたあり方をしているという積極的な洞察を引き出すのである。音楽化された認識論は、一方で、この洞察を自然化された認識論より受け継ぎつつ、他方で、自然化された認識論の難点を克服できるような認識論的プロジェクトとして意図されている。

クワインは、哲学的認識論が知識の確実性を確保できないのであれば、哲学的認識論にはもう積極的な仕事は残っておらず、よって哲学的認識論は心理学などの経験科学に取って代わられるべきだと論じる。一ノ瀬は、知識の確実性を確保するという哲学的なプロジェクトを断念するという点でクワインと同様の発想を持つが、しかし、一ノ瀬がそこから引き出す帰結は、哲学的認識論の断念ではなく、むしろ、不確実性を所与としつつ、その不確実性の内実を整理し、明らかにするような哲学的なアプローチの可能性である。このアプローチは「不確実性の認識論」（一ノ瀬 2006）、「不確実性のリアリズム」（一ノ瀬 2011a）などと呼ばれ、そこでは、確率論や曖昧性といった主題を通じて不確実性についての論考が展開されていく（*7）。

不確実性に関する一ノ瀬の議論にとりわけ顕著であるが（しかし、同時に、一ノ瀬認識論全体に言えることであるが）、一ノ瀬のいう「認識論」は、狭い意味での「認識論」、すなわち、「知識」や「正当化」などを主題とし、形而上学、言語哲学、科学哲学などとは比較的明確に区別されるところの「認識論」以上のものを含んでいることに注意したい。事実、一ノ瀬は、「不確実性の認識論」「不確実性のリアリズム」の名の下に、「因果性」、「自由意志」のような形而上学的トピック、「曖昧性」のような言語哲学的トピック、「自然選択と遺伝的浮動」のような科学哲学的トピック等々にも踏み込んでいく。さらには、「死」や「責任」といったトピックすらも、「死に基づく認識論」（一ノ瀬 2011b）、「責任の認識論」（一ノ瀬 2016）などという形で認識論の中に取り込まれていくのである。一ノ瀬における「認識論」とは、狭い意味での知識のみならず、理解、説明、判断、議論等々を含めた、我々の知的活動のほぼ全てを対象とするような研究領域と見なされるべきであって、通常は形而上学、言語哲学、科学哲学などに振り分けられるトピックであったとしても、それが我々の知的活動に関係する限りにおいて、全て認識論の対象となるのである。例えば、ヒュームが看破したように、原因と結果の関係は、我々の推論、予測、理解、説明といった知的活動にとって本質的であるがゆえに、当然、認識論的なトピックとなるのである。

【第5節】形而上学

本節では、一ノ瀬の形而上学をめぐる議論を紹介する。前節でも述べられているように、一ノ瀬の議論において、形而上学は認識論、知識論と不可分の関係にあり、そのどちらを欠いても、世界への問いかけそのものがなしえない。それは、取りも直さず、世界が形而上学と認識論の伝統的には区別された二つの視点から同時に問いかけられたときのみ、その実相が現れると一ノ瀬が考えるからである。世界の在り方を問うことがどのような意味を持ちうるのか、そして、そこに現れる世界とはどのような姿をしているのか、この双方を描き切ることに一ノ瀬は心を砕く。ここに他の哲学者にはない、一ノ瀬哲学の際だった特徴を見ることができるが、それは、長きにわたって多くの哲学者を悩ませてきた形而上学の難問である、因果をめぐる考察において真骨頂を見せる(＊8)。

「何ものかが、こうなっているに違いない」ということを、あらかじめ決めつけてしまう態度、いわばアプリオリズムを忌避する一ノ瀬の姿勢は、初期から現在に至るまで一貫している。そのような態度を一ノ瀬は「選択的不自然」(一ノ瀬 2018)と呼んで批判し、因果をめぐる議論においても、因果関係が、我々の問いかけ以前に、この世界に存在するという臆断を厳しく戒める。それに対して、一ノ瀬が提出するのが「クアエリ原理」である(一ノ瀬 2018)。一ノ瀬によれば、この原理は、バークリの有名な「存在するとは、知覚されていることである」(*esse is percipi*.「ペルキピ原理」)をモデルにしたものであり、クアエリとはラテン語の「問われること」(quaeri)を意味する。この原理は次のように定式化される。

因果的であるとは問われることである。(To be causal is to be questioned.)(一ノ瀬 2018)

これは、通常の出来事のコースからの何らかの逸脱があったとき、「なぜ?」という問いが発せられ、それが、我々の因果理解の根幹にあるということを示している。すなわち、因果関係というものが、我々から独立して世界のリアリティの中に存在しているという考えを否定し、徹頭徹尾、我々の疑問にこそ、因果関係のリアリティが依存しているということを示している原理である。これを一ノ瀬は「因果の逸脱基底的・疑問依存的理論」(the deviation-based, question-dependent theory, DBQDT)と呼ぶ(一ノ瀬 2018)。」

このような一ノ瀬の議論は、確率的因果や、原因もしくは行為の不在が、むしろ、なんらかの原因となっている不在因果(causation by absence)、さらには、その不在因果を認めることによって、ある結果としての出来事の原因が、収拾がつかなくなるほど際限なく広がっていく野放図因果(profligate causation)への考察を基盤としているが、形而上学という問題圏で決定的な重要性を持つ一ノ瀬独自の概念として「因果的超越」、そして「制度的実在」をここでは取り上げたい。

因果的超越(causal transcendence)とは、ブレンターノの「志向的内在」(intentional immanence)の反対概念として一ノ瀬が考案したものであり(一ノ瀬 2001)、その後の論考においても理論的深化が進められ、一ノ瀬哲学の中核をなす概念といってよい(一ノ瀬 2006, 2011a, 2018)。一ノ瀬が因果的超越という概念によって示そうとしたのは、我々の因果理解そのものが実は、因果的に生成したものであって、その因果的な生成の秩序をたどろうとすると、常に、その外部へと因果的理解の根拠が超越せざるを得ず、結局のところ、我々には原理的に因果理解が不可能であるという、因果理解の実践そのものが胚胎している困難である。

しかし、一ノ瀬の考察は、その困難を示すだけという安易な考察にはとどまらず、むしろ、この因果的超越を克服しようと試みる。それは、因果的超越という事態によって、不安定になってしまうはずの世界の中で、しかし、我々の日常生活がある程度の安定性を保って送ることが可能になっている理由を、「実在」という最も形而上学的な概念に挑むことで探ろうという、倫理的な洞察をも組み込んだ挑戦である。その手がかりとして、ヒュームが恒常的連接に因果関係理解の根拠を求めたこと、そして、そこには、ヒュームが決定論的世界観を持っていたことの二点が、因果的超越という事態を招来させたと一ノ瀬は論じる（一ノ瀬 2018）（＊9）。

決定論もまた、選択的不自然として批判されるが、さらに一ノ瀬が導入するのが、制度的実在（institutional reality）という概念である。一ノ瀬は、サールによる「生（なま）の事実」（brute facts）と「制度的事実」（institutional facts）の区別を批判し、人為を完全に離れた客観的な事実としての前者は存在せず、すべての事実は制度的事実にほかならないと論じ、むしろ、この両者の区別そのものが「制度的」であるというラディカルな見解を示す（一ノ瀬 2001）。そこからさらに進み、純粋に客観的で永続的な実在は、選択的不自然によってもたらされた虚構であり、実在が、おしなべて制度的であるという洞察から生まれたのが、この制度的実在という概念である（一ノ瀬 2001, 2018）。

ここに、問われる以前の存在を安易に仮定することを批判する、先述のクアエリ原理と同じ論法が用いられていることは明らかであるが、それは、因果的超越という困難に直面して、それを単純に回避したり無視したりするのではなく、「ある瞬間のある文脈において、つまりはある制度的規制の下で、特定の因果的理解が抜き出され，それに実在性が付与されていく（一ノ瀬 2011, 76頁）」事態として制度的実在が規定されることによって明らかとなる（一ノ瀬 2001）。ここに、前節のイントロダクションでも示された、知識の獲得や主張が生じる瞬間と結びつけてのみ語られうる、瞬間的な知識のあり方としての人格知識が結びつくこともまた、明らかであろう。つまり、特定の文脈と瞬間において因果的理解を抽出し、そこに実在性を付与することで生まれた制度的実在によって、我々は浮動的安定（一ノ瀬 2018）を獲得する。この浮動的安定性こそが、世界と人格両方の安定性を確保し、我々の日常生活を支えているのである。

このように、一つの問題となる事象を、形而上学的、認識論的なアプローチから、同時に探究していくことに一ノ瀬哲学の特徴があるが、それは、確率と曖昧性をめぐる議論でも踏襲され、今後もさらなる議論の展開が期待される（一ノ瀬 2011a）。

［第6節］本書の成り立ち

最後に本書の成り立ちについて述べておく。２０１７年12月23、24日に一ノ瀬の還暦を祝って、東京大学本郷キャンパスにおいてシンポジウム「因果・動物・所有：一ノ瀬哲学をめぐる対話」を開催した。シンポジウムにおいては一ノ瀬と関わりの深い哲学者たちが、一ノ瀬哲学の様々な側面について論じ、一ノ瀬自身からのコメントもなされた。その後、シンポジウムの実行委員長であった乗立と、実務を取り仕切った宮園に、当時武蔵野大学に所属し一ノ瀬の「同僚」であった大谷を編者とし、ワークショップの発表者を中心に原稿を寄せていただき成立したのが本書である。

シンポジウムの運営を手伝っていただいた方々、当日の参加者の方々、そして武蔵野大学出版会の斎藤晃さんには、この場を借りて御礼申し上げます。なお本書は武蔵野大学学院特別研究費（図書出版助成、令和元年度）の助成を受けたものです。

◉注

＊1　一ノ瀬の所有論および刑罰論の詳細な検討は今村論文（第十二章）を見よ。
＊2　「死の所有」の観念は、中論文（第八章）および野上論文（第十章）で検討されている。
＊3　そして、その過程でロックのパーソン理論において重要な役割を果たしている意識について、独自の実践主義的解釈を与える（一ノ瀬 1997, 第6章）。
＊4　一ノ瀬の動物倫理に関する議論の検討は浅野論文（十一章）および大谷論文（十三章）を見よ。
＊5　人格知識論の検討は戸田山論文（二章）を見よ。
＊6　音楽化された認識論の検討は野村論文（第三章）を見よ。
＊7　一ノ瀬の確率論および関連する話題としての条件文の扱いは鈴木論文（第五章）と吉満論文（第六章）を見よ。
＊8　一ノ瀬の因果論は乗立論文（第七章）および次田論文（第九章）で検討されている。
＊9　一ノ瀬のヒューム因果論理解に関しては伊勢論文（第十四章）および相松論文（第十五章）で検討されている。

◉文献表

一ノ瀬正樹 1997『人格知識論の生成—ジョン・ロックの瞬間』東京大学出版会。

一ノ瀬正樹 1999「音楽化された認識論に向けて Towards Epistemology Musicalized」河本英夫編『感覚—世界の境界線』白青社、165-200頁。

一ノ瀬正樹 2001『原因と結果の迷宮』勁草書房。

一ノ瀬正樹 2004「〈解説〉ヒューム因果論の源泉—他者への絶え間なき反転」デイヴィッド・ヒューム『人間知性研究　付・人間本性論摘要』斎藤繁雄・一ノ瀬正樹（訳）法政大学出版局、227-272頁。

一ノ瀬正樹 2006『原因と理由の迷宮』勁草書房。

Ichinose, M. 2007. 'Remarks on epistemology musicalized.'『論集』25、1-12。

一ノ瀬正樹 2011a『確率と曖昧性の哲学』岩波書店。

一ノ瀬正樹 2011b『死の所有－死刑・殺人・動物利用に向き合う哲学』東京大学出版会。

一ノ瀬正樹 2013「「音楽化された認識論」の展開―リフレイン、そしてヴァリエーションへ―」『論集』31、1-17。

一ノ瀬正樹 2016『英米哲学史講義』筑摩書房。

一ノ瀬正樹 2018『英米哲学入門』筑摩書房。

Quine, W.V.O. 1969. 'Epistemology naturalized.' *Ontological Relativity and other Essays.* New York: Cambridge University Press, pp.69-90.

Quine, W.V.O. 1981. 'Five milestones of empiricism.' *Theories and Things.* Cambridge, Massachusetts: Harvard University Press, pp.67-72.

［第二章］

人格知識論の批判的検討

戸田山和久——名古屋大学大学院

［第1節］はじめに――野心的な、あまりに野心的な…

本稿は、一ノ瀬正樹氏の初めての単著である『人格知識論の生成―ジョン・ロックの瞬間』を検討対象とし、氏の哲学のきわめて特異な方法をあぶり出し、それを評価・批判することを目指す（＊1）。その際に、内在的な読解と批判に徹する、という方法をとりたい。氏の人格知識論の成果をいくつかのテーゼに還元し、現代の自然主義的認識論や信頼性主義などの外在主義、おそらく関係が深いであろう徳認識論や社会認識論、はたまたアンドロイド認識論等々と比較して、それらの視点から評価・批判しても、一ノ瀬哲学の表面を撫でるだけの結果に終わるのではないかと恐れるからだ。むしろ、一ノ瀬の思考がどのように展開していくのかをできるかぎり丁寧に辿っていくという方法をとりたい。その方法によってのみ、この著作がいかに困難な作業に挑んだ力作であるかということがわかるし、いかに特異な思考方法のもたらしたある種の「奇書」であるかということもはっきりする、と思われる。

本書を通読した経験をお持ちの方は、その読みにくさに辟易としたはずだ（さもないと、私が下手な読み手ということになるので、ここは是非とも同意いただきたい）。読みづらい著作になったのには理由がある。本書で一ノ瀬は三つの目的を同時に果たそうとしているからだ。すなわち、

［1］ロックのテキストから「人格知識論」なるユニークな人格観・知識観を取り出す
［2］それがロックの読みとしても正鵠を射た妥当なものであることを示す
［3］それが人格・知識の実相を捉えた妥当な人格論・知識論であることを示す

これはとてつもなく野心的な企てだ。どれか一つを諦めたなら、もっとわかりやすい著作になったはずで

ある。たとえば、目的［2］を放棄すれば、ロックをこのように創造的に誤読すると面白いよ、ということになるだろう。あるいは、目的［3］を放棄すれば、ロックってこんな変なことを考えていたんだ、間違っているけど面白いねということになる。

しかし、一ノ瀬はこの三つの目的を最後まで放棄しない。「離れ業」といわざるをえない。その力業には心から敬服する。そこで、やや迂遠な道のりになるが、私が本書をどのように筋を通して読んだかを示す作業に紙幅を費やしたい。いわば人格知識論生成史の合理的再構成を試みる。そののち、若干の評価と批判を行おう。

［第2節］人格知識論の着想

［1］知識を論ずる二つの視点

一ノ瀬の哲学に親しんだ方は、氏の資質が絵画的というより音楽的、空間的というより時間的であることをご存じだろう。人格知識論の着想も、知識を時間との関連で捉え直すことから始まる。一ノ瀬は、われわれは持続と瞬間を生きており、どちらもわれわれの生には不可欠だという基本認識に立ち、この特徴は知識についても妥当するはずだ、と考える。そして、次のように、知識を考えるには二つの視点がある、と指摘する（3-4頁）。

【知識の持続性を強調する視点】知識を獲得する営みとは独立に、知識自体の持続的構造・性質を強調し、それらによって知識を分類する（必然的／偶然的、意味論的／構文論的、等々）。

【知識の瞬間性を強調する視点】知識を獲得する営みに注目して知識を捉える。

一ノ瀬によれば、従来の認識論は知識の持続的側面ばかりに注目してきた（4 - 5頁）。持続性の視点に固定化する誘惑に抗しきれず、認識論は脱文脈的（無時間的）知識ばかりを扱うようになり、そのような知識だけが本来の知識だとみなされるようになる。一ノ瀬の目論見は、こうした持続性視点の強調に抗して、瞬間性視点を復権させることにある。

ところでなぜその試みが「人格」知識論ということになるのか。序章の第2節でそれが明らかになる（6 - 9頁）。持続性視点から眺めると、知識は文と実在世界との無時間的二項関係に還元され、その知識を「誰が」主張・獲得する（した）のかという観点が排除されてしまう。こうして知識は没人格的なものになる。これに対し、瞬間性視点では、誰がいつどのような状況で知識を主張・獲得する（した）のかという観点が重視されることになるだろう。こうして、瞬間性視点に立つ知識論は「人格」概念と深く結びついたもの、すなわち人格知識論にならざるをえない。

以上のように出発点を見定めた上で、序章第2節後半では人格知識論の三つの基本テーゼがあらかじめ示される。人格知識論は知識を獲得する行為・実践の場面からスタートする。そこでまず、

［1］知識は疑問を抱き、問いをたて、それを解明していこうとする努力探究の行為によって成立する（7頁）。

しかし、努力探求行為はどこまでも続くので、どこかで打ち止めにしなければならない。そこで、

［2］知識は努力探究を経過した上で、同意決定する行為によって成立し、知識は誰かの所有になる

（7頁）。

こうして努力探求行為は「人格」知識を生み出す。しかし、同意決定行為は真空地帯で行われるわけではない。さもなければ、あたかも私的言語のように、私が「同意決定した」と思いさえすれば知識が成立することになる。そこで、知識の規範性のルーツとして、一ノ瀬は社会的環境への暗黙の同意を導入する。

［3］努力探究行為も同意決定行為も、同時にそうした行為を可能にする社会的環境や制度に対して暗黙の同意を与える行為である（9頁）。

ここでいう「社会的環境や制度」には、たとえば教育システム、言語体系が含まれる。一ノ瀬は触れていないが、研究室や学会の査読システム等々を含めても良いだろう。

［第3節］人格知識論の基本的構図——第1部「知識論の構図」を読む

このように、序章においては、人格知識論の基本的発想がロックとは独立に提示される。しかし、それ以降の本論では、人格知識論の詳細がロック解釈という衣を被って展開されることになる。見事なのは、ロック哲学の中に人格知識論が胚胎していることを、たんにテキストからそれらしい言明を拾ってくることで示そうとするのではなく、ロック哲学の全体（自然法論、知性論、統治論）がそのまま人格知識論に他ならないことを示そうとする点にある。この「そのまま〜に他ならない」は、一ノ瀬の哲学方法論のきわめて重要な特徴であることを後で示すことになるだろう。

第1部は「知識論の構図」と題され、第1章と第2章からなる。ここで一ノ瀬は、ロックが知識について明示的に語ったテキストから、努力探究と同意決定という二つの契機を取り出し、それぞれの中身を明らかにしている。

[1]ロックの生得的知識批判から知識の二契機を取り出す

一ノ瀬は、ロックによる生得的知識批判のポイントは次の点にあった、と指摘する。つまり、知識とはそれを所有する人によって同意（assent）を与えられて初めて成立する。だから、最初から備わっている知識はない（29-33頁）。

そして、ロックがここで念頭に置いていた知識は、自然法についての知識に他ならない（37-38頁）。自然法とは、理性的な自然の光によって知られる道徳法則であり、具体的内容としては、自己保存、殺人・窃盗の禁止、神への尊敬、両親への愛情、隣人への愛を含む（39頁）。さて、自然法はどのようにして知られるのだろう。それに対するロックの答えが、inscriptio でも traditio でもなく、sensus（感覚）によるのだ、というものである（38-39頁）。つまり、世界の巧妙さを感覚によって捉え、そこから神の存在の認識、さらに神の栄光のための万物がもつ目的（すなわち自然法）の認識に至る。そして、このためには、同意だけでは足りない。それに先立つ努力探究が必要だ（40-41、47頁）。自然法を特徴づける「理性的な自然の光によって知られる」という特質は、「最初から備わっている（inscriptio）」という意味ではなく、「人に教わる（traditio）」という意味でもなく、備わっている理性を適切に用いて努力探究すれば、自分だけでその知識に到達できるという意味なのである。

こうして、一ノ瀬はロックの生得的知識批判のテキストを吟味することによって、知識成立の契機として、明示的に語られていた「同意」に加えて、「努力探究」を取り出してくる。すなわち、知識成立のための（必要十分）条件は、努力探究の過程を経た理性的同意・決定である。このような自然法についての知識を知識一般を考えるための範例として用いようというのが一ノ瀬の戦略である。

［2］同意・決定とは何をすることなのか

同意・決定とは永遠に続いてしまう努力探究を打ち止めにする何かである。それは具体的には何をすることなのだろう。そこで一ノ瀬は、依拠するテキストを自然法認識の具体的過程を描いた『統治論』にかえて、そこにおける同意（こちらではconsent）概念の使われ方に注目する（50-52頁）。そうすると、純粋に同意決定の行為が発現するのは、地上に裁判官のいない戦争状態や国王への審査といった極限状況であることがわかる。そうした極限状況においては訴えるべき世俗権力がないので、われわれは「天に訴える（appeal to Heaven）」以外にない（51頁）。したがって、ほんらい同意・決定は、合理化を超えた「一種の跳躍」にならざるをえない。同意・決定とは、自らの決定を自らの全面的責任のもとに引き受け、それへの裁定を自覚的に受容する覚悟をすることなのである。

一ノ瀬のいう「同意・決定」は「コミットメント」と言い換えてもよいのではないか、と思う。完全な合理的証拠にいわば自動的に促されて同意するということは起きない。いつも証拠は不足気味だ。そうした状況で、われわれは一種の賭け（跳躍）に出る。こっちが正しいとコミットしよう、ということだ。そして、コミットメントすることによって、われわれは将来の自分の行為に責任を負う。悲惨な目にあっている人たちの存在をいったん知ったら、無視し続けることはもはやできない、そのことを知ったということを行為によって示していかねばならなくなる。コミットメントにはこうした二重の意味が含まれている。そして、コミットメントはつねに個人的である。何かにコミットし責任を負うのはつねに特定の人格であるところの私だ。

一ノ瀬の言いたいことがこういうことだとすると、「天に訴える」以外の最終的審級がない極限状況、という話を経由する必要はなかったのではないか、と思われる。こうしたコミットメントは、われわれの生活の中でつねに起きているからだ。実際、極限状況への言及は、そのあとの議論であまり重要な役割を果たしていない。

［第4節］知識の担い手であるところの人格とは何か——第2部「人格概念の確立」を読む

これまでに明らかになったことをまとめておこう。［1］知識が成立するためには、努力探究の過程と理性的同意・決定という二つの契機が必要である。［2］これはいったんやったらお終いというものではない。努力探究の過程を経た同意決定（コミットメント）の繰り返し、という実践が知識である。［3］知識を獲得する主体は、社会の中で責任を担う主体、つまり人格である。［4］知識への明示的同意は、その獲得を可能にした社会制度への暗黙の同意を含む。

第2部「人格概念の確立」は、第3章から第6章までの四つの章からなり、知識の担い手である「人格」概念の検討に当てられている。しかし、それにしても長い（およそ130ページ）。これほどまでに長くなったのは、人格とは何かを明らかにする作業を、『知性論』に含まれる、人格同一性についての二つの一見不整合な説を調停するという作業を通じて遂行しようとしているからだ。

［1］ロックの二つの人格同一性基準

その二つの説を一ノ瀬は、それぞれ「意識説」、「法廷用語説」と名づけている（68頁）。まず、意識説は、人格同一性を一人称的・心理的次元で説明する説に見える。ロックからの次の引用がその典型的な箇所である。

【引用1】私の考えでは、人格とは思考する知的な存在者であり、理性をもち反省を行い、自分自身を自分自身として、つまり異なる時間と場所において同じである思考するものとして考えることのできる存在者である。そしてそれは意識（consciousness）によってのみなされる。…（中略）…この意識にのみ人格同一性が存する（『人間知性論』2.27.9）。

いうまでもなく、その後の人格同一性に関する分析形而上学において、記憶説とか心理的連続性説と呼ばれるようになった考え方である。

一方、法廷用語説は、人格同一性を三人称的・社会的次元で説明する説に見える。

【引用2】人格とは、行為とその功罪に充当する法廷用語（a forensic term）である。したがって人格は、法を理解することができ、幸・不幸になりうる知的な行為者にのみ属する。（『人間知性論』2.27.26）

これら二つの説を調停する作業を通じて、一ノ瀬は人格的知識の担い手たる「人格」とは何かという問いに答えようとする。それが第2部のテーマだ。

しかし、一ノ瀬はその作業にすぐにとりかかるのではなく、まず、人格同一性概念と事物の同一性の概念とを比較することから始める（74-80頁）。そこで導かれる重要なポイントは、人格同一性は事物の同一性とは次元が異なり、より根源的である、という主張だ（82頁）。ロックは実体（substance）の同一性を時空的位置によって規定した、と通常は理解されている。ライプニッツもそのように理解した上で、時間空間がむしろ実体（個体）の同一性に依存しているのではないかという批判を行った。しかし、ロックは一方で、「数える」「測定する」といった行為によって事物から時間と場所の観念が生成する場面を語ってもいる。これはむしろライプニッツと親和性が高い考え方である。

ここで重要なのは次のことだ。事物の同一性と時間空間という二つの概念の成り立ちが、行為という一つの契機の中に集約されている。だとすると、行為の主体（人格）の同一性がより根源的で、人格による実践的行為（探究・決定）から実体の同一性と時間空間の観念とが派生する、というのが実相を捉えていることになる。つまり、人格は実体ではない（82‐84頁）。実体の観念を派生させる、より根源的な何かである。ロックは、人格、人間、実体それぞれに異なる同一性基準があってよいと認めていた。これは単にいろいろあってみんなよい、という指摘ではなく、むしろ人格の同一性が最も根源的だという意味での次元の違いを指摘していると受け取るべきだと一ノ瀬はいう。

この箇所は、いっけん寄り道のように見えるがそうではない。人格は実践的概念であるという結論を目指して進む第2部の議論において、この段階で人格は実体ではないと確認しておくことはきわめて重要だからだ。

［2］意識説の解釈において、意識＝記憶とみなすことは間違いである

第2部の議論の本体は、ロックのテキスト解釈をめぐる論争の形式で始まる。バトラーやマッキーは、意識を記憶とみなした上で意識説を解釈していた。だからこそ、ロックは記憶説の元祖とされてきたわけだ。私も当該箇所だけを読むかぎり、そこで「意識」といわれているものを記憶と同一視するのはとても自然だと思う。しかし、一ノ瀬はこうした常識的な読みから離れることを試みる。ロックがこの文脈で「意識」と

呼ぶものは記憶ではない。その根拠として一ノ瀬は次の三つを挙げている。

［根拠1］すでに見たように、ロックは人格を実体とはカテゴリーが異なると考え、人格＝精神的実体とみなすことを批判していた。記憶は人格を一人称的・心理的なものと捉える立場につながるものであり、ロックのいう意識を記憶とみなすことはできない（91頁）。

［根拠2］ロックは人格（そして意識）の概念の中に身体も取り込んでいた。人格は労働、所有権の原点、刑罰の対象である以上、人格は身体と不可分である（92頁）。

［根拠3］ロックのいう意識は過去だけでなく、未来にも関わっている（94頁）。

［3］人格の同一性も意識の連続性も第三者が決める

三つの根拠に基づき、ロックのテキストにおける「意識」を「記憶」とみなすのは不適切だと論じることに成功したとしても（ロック研究者ではない私はその成否を判断する立場にない）、問題は残る。すなわち、意識が記憶ではないなら、記憶と区別された意識とはいったい何か。さらに、意識と記憶を同一視することは不適切だとしても、バトラー流の循環性に基づくロック批判は有効なまま残るだろう。人格の同一性を意識の同一性に訴えて説明しても、同一な意識とは何か、それは同じ人が抱く意識だ、という具合に再び人格の同一性に訴えざるをえないのではないか、という批判だ。こうしたバトラー的批判に応えなければならない。つまり、意識の同一性は何に存するのか。この問いに人格同一性に訴えずに答えを与えねばならない。しかも、ことがらの理解としてもロック解釈としても妥当な仕方で。

一ノ瀬は、ロックが挙げた酔漢の犯した悪事の例を突破口にしようとする。

けれども、酔った人間と正気の人間とは同じ人格ではないのか。そうでないなら、なぜ、酔った時に犯した事実を後で意識しないにもかかわらず、この事実のゆえに罰せられるのか。それは、眠っているときに徘徊して色々とほかのことを行う人間が同じ人格であって、眠っているときに行う悪事に責任があるのとちょうど同じように、酔った人間と正気の人間とが同じ人格だからである。……酔漢はおそらく自分のしたことを意識しないだろうが、それでも、人間の法廷が酔漢を罰するのは正当である。なぜなら、事実は酔漢に不利なように証明されるが、意識の欠如が酔漢に有利なように証明されることはありえないからである（『人間知性論』2.27.22）。

この事例を、一ノ瀬は意識説と法廷用語説の判断が分かれる典型的ケースとして提示している（104 - 105頁）。つまり、意識説では、人格同一性は意識の連続性によって決まる。それを適用すれば、酔漢と醒めた彼とは同一人格ではない。一方、法廷用語説では、意識の連続性がなくても酔漢と醒めた彼とは同一人格とされる。どちらかが間違っているのではないか、と思われる。ここで一ノ瀬はすごいことを言い出す。本書の中で最も私を驚かせた箇所である。引用しよう。

この場合、法廷が酔漢を罰するのは、酔って悪事を犯した人格と、酔いが醒めて責任を問われている人格とが同一であるからである。すなわち、ロックの原理に従うならば、二つの人格の間が「意識」によって結合されているからである。こうした人格同一性を決する「意識」は、明らかに、酔漢本人が持つ一人称的で心理的な意識を超えている（95頁）。

ここで酔漢に帰属するものとして語られている意識は人格同一性を決する意識ではない。というのも、そうした酔漢に帰属する意識がないとしても、酔漢と正気の人間との人格同一性が成立するというのがロックの主張の要点だからである。しかるに、人格同一性は意識に基づくというのがロック説なのだから、酔漢と正気の人間との人格同一性の根底にもなんらかの意識が介在していると考えねばならない。そして、酔漢に帰属する意識が一人称的で心理的な意識であると捉えられ、ここでの人格同一性を決する意識が酔漢に帰属する意識とは異なるものである以上、ロックはここで、人格同一性を決する意識は一人称的で心理的なものではない、と述べていると理解されねばならない。では、それはどのような意識なのか。恐らくそれは、この文脈に従う限り、法廷によって決せられるものとしての意識、であろう（105頁）。

人格という概念自体そして意識の存否自体が第三者によって定められる。つまり、人格及び意識は第三者による決定にもとづいて確立される（159頁）。

なるほどこのように考えれば、意識説と法廷用語説を調停することはできるだろう。しかしそれは、（同一人格であるか否かではなく）同一意識であるかどうかを決する権威を本人ではなく法廷という第三者に与える、という代償を払ってのことだ。明らかに一ノ瀬は、法廷用語説に肩入れしながら、それと整合するように意識説の「意識」の理解の方を変えようとしている。それを現代風に言い換えれば、意識は法廷によって構成される、という意識についての社会構成主義をとる、ということだ。

［4］意識概念の三人称的改定

一ノ瀬は、法廷用語説に肩入れして「意識」概念の方を改定しようとしているわけだが、さすがにそれは多くの読者にとって抵抗があると考えたのだろう。意識を決する権威が第三者にあるということがそんなに奇妙な見解ではないということを説得するためにさまざまなアーギュメントを行っている。

第一の議論は次のようなものだ。すでに見たように人格は実体ではない。では何か。道徳的な場面で成立してくる、動的で実践的な概念である。つまり、人格同一性は責任を帰属させ刑罰を科すという実践と一体のものといえる。そしてそれは、責任帰属と刑罰の必要十分条件というより、むしろ責任を帰すことと人格同一性の承認は一個の単独の営みなのである（106頁）。

これを一ノ瀬は「同一の意識の認定」にまで拡張する。つまり、通常は、同一の意識の認定↓人格同一性の承認↓責任帰属と進むかのように思われているが、これらはすべて同じことだ、とする。すなわち、同一の意識の認定＝人格同一性の承認＝責任帰属なのである。

だとしても、問題はなお残る。意識を決する権威は意識をもつ本人にあるという見解と法廷にあるという見解の両方をロックが抱いているように見える点は依然として解消されていない。これに答えるのが第二の議論である。一ノ瀬は、意識の中断と意識の錯誤という、意識を決する権威の所在が争われる典型例を取り上げて考察する。ここでは中断のケースだけを取り上げる（cf. 108-115頁）。

ロックは、意識の中断が意識説に都合悪いことを承知の上で、意識の中断によっても意識の同一性（したがって人格同一性）は直ちに崩れることはないとする。過去の行為の観念を反復できれば同じ人格である、現に反復していなくてもよい、と述べている（『人間知性論』2.27.10）。でも、「反復できる」かどうかはどのようにして決まるのかを考えてみよう、と一ノ瀬はいう。現に反復しているかどうかは本人に関する事実だ。しかし「できる」がつくと事態は大きく異なる。事実的に「できる」かどうかは、確かに本人の置かれた状況や本人の能力・傾向性によって決まる。しかし、論理的な「できる」は本人に関する事実には関わりないだろう（110頁）。そしてさらに、これらに対比した意味での規範的な「できる」がある（111頁）。これは、本人以外の第三者によって決定されるということがありうる。第三者がなんらかの基準に基づいて、反復できるはずだ、できねばならないと判断し、それによって当該人物が「反復できる」と判断される。ロックが言う「反復できる」は、この第三の意味で理解することができる。このように、第三者による決定の余地を許容する反復可能性の概念がある。さらには、どういう種類の反復可能性が成り立っているかについての裁量の余地があり、その裁量が第三者に属しているということもありうる。

第三の議論は、consciousnessという語の歴史に基づくものである（149 - 153頁）。ヌーナンはこの語について次のような指摘をしている。ロック当時、consciousnessという語には二つの用法があった。一つは、現代の「意識」とほぼ同じ意味の用法。もう一つは、con［ともに］＋scio［知る］という意味が生きている用法である。ヌーナンによれば、問題となっている箇所で、ロックは第二の用法でconsciousnessという語を用いている。ただし、自分が自分の思考や行為についてメタ的に知るという意味で使っている。すなわち、人格同一性が意識に基づく、というのは人格同一性が、自分の思考・行為について、過去の自分と現在の自分が共有する知識に存するという意味だというのである。

こうしたヌーナンの指摘を一ノ瀬はさらに敷衍する。この共有知識は、過去の自分と現在の自分という具合に二重化された自己の共有にとどまる必要はない。自己と他者の共有、他者同士の共有でもかまわないではないか。そもそもロックにおいて、知識は説得・妥協・教育などの社会的過程が暗黙のうちに前提されている概念である。どんな知識も本来的に三人称的要素が入り込んでいる。したがって、ロックにおける「意識」は、「それぞれがともに知っている」という意味で使われていると考えてよい。こうして一ノ瀬は、意識概念それ自体の中に三人称的要素が含まれている、と結論する。

人格とは、そして人格同一性の基礎にある意識とは、責任主体あるいは刑罰を受ける主体として第三者によって決定される概念である、というのがここまでの結論である。では、意識概念に一人称的契機は不必要なのだろうか。そうではない。残った問題は、人格（の同一性）が第三者によって決定されるという基本線を踏まえた上で、そこに一人称的側面を位置づけることである。

一ノ瀬は、刑罰は、それを科せられる本人が刑罰だと自覚していないと刑罰にならない、と指摘する（173頁）。だとすると、人格とされる当の本人が刑罰という制度の意義を了解していること、すなわち本人が刑罰制度に（一人称的な）同意を与えていることが要請されている（173頁）。これが人格に不可欠な一人称的契機を構成する。したがって、人格とは、第三者によって決定され、そして当の本人がそうした第三者による決定を自らに関する決定として一人称的に受け入れて同意することによって初めて成立する（174頁）。

この人格概念の定式化それ自体には異論はない。私も、人格は責任帰属と刑罰という制度に要請され、またそれを支える「社会的構成物」であり有用なフィクションであると思う。しかし、この結論に至る一ノ瀬の議論には二つの疑問がある。第一に、このような、ある意味で常識的ともいえる人格概念を導くのに、意識の社会的構成主義ともいうべき、意識概念の大幅な改定を経由するのは負担が大きすぎる。第二に、意識の同一性を第三者的に判断され構成されるものとすることで、意識の同一性を再び（本人の）人格同一性で説明するという、バトラー的循環を逃れるという当初のアイデアはよいとしても、最終的に、その第三者的決定を「当の本人」が「自らに関する」決定として受け入れる、とすることで、もう一度、循環性の批判を招くことになりはしないか。

【第5節】労働・所有権・人格・知識をすべて撚り合わせ人格知識論の全体像を描く——第3部「人格知識論の現出」を読む

ともかくも、これで人格と刑罰の対象であることは結びついたとしておこう。では、人格のもう一つの特徴づけである「人格が所有権の原点である」というのはどういうことか。第3部（第7章から第10章）の前半で問われるのはこの問いである。

[1]所有するとはいかなることか：人格要素説

所有とはいかなることか。そして人格は所有とどのような関係があるのか。この問いに取り組む出発点として、一ノ瀬はロックの有名な「労働所有権論」を手掛かりにする。

大地とすべての人間以下の被造物はすべての人間の共有であるのだが、しかしすべての人間は、自分自身の人格に対する所有権をもっている。これに対しては、本人以外の誰も権利を持っていない。彼の身体の労働とその手の働きは、固有に彼のものであると言ってよい。それで、自然が準備しそのまま放置しておいた状態から彼が取り去るものは何であれ、彼はこのものに自分の労働を混合させ、そしてこのものに何か自分自身のものを付け加え、そのことによってこのものを自分の所有とする。このものは、自然によって置かれた共有の状態から彼によって取り去られたのだから、この労働によって他人の共有権を排除する何かが付け加えられたのである（『統治論』第二論文・27）。

労働所有権論には三つの謎めいた部分がある（198頁）。

[謎1]「人格に対する所有権」とは奇妙な述べ方ではないか。どういう意味か。
[謎2] 所有権の内容は何か。消費・使用する権利か、譲渡や交換も含むのか。
[謎3] 労働とは何をすることか。労働によって所有権が生じるのはなぜか。

第二の謎に一ノ瀬は次のように答える。所有権は、消費・使用する権利だけでなく、譲渡や交換も含む（202頁）。むしろ所有権は譲渡や交換によってこそ安定的に成立する。しかしそうすると、第一の謎と合わせて考えると、われわれは自分の人格を使用するだけでなく譲渡できることになってしまうのではないだろうか（204頁）。一ノ瀬の答えは、いささか意表をついたものである。一ノ瀬は、人格も譲渡・交換できる、と認める（208頁）。たしかにロックは、自分の身体や生命を譲渡する権利はないとしていた（『統治論』第二論文・24）。しかし、身体と人格はカテゴリーが異なる。両者を同一視することは人格の対象化に他ならない。われわれは自分の人格を譲渡することができる。他人のために自己の能力を用いて奉仕するとき、自己の能力を駆使して仕事し報酬を得るとき、われわれは人格を譲渡したり交換したりしているのである。すなわち、われわれは人格を所有することができ、それを譲渡することもできる。

以上から、一ノ瀬は所有権の人格要素説を導き出す。

【所有の人格要素説】所有するとは人格の構成要素とするということである。所有権とは人格を構成する要素となるとき成立する（212頁）。

いくつか但し書きが必要だろう。人格を構成する要素になるとは、身体の一部になることではない。一ノ瀬によれば、ある人の人格概念が相互的交流において出現してくるときの、その交流を形成する行為・実践の内実になるということを意味する。また、人格要素説によれば、財物を譲渡・交換することはそのまま人格（の部分的要素）を譲渡・交換することになる。ということは、財の使用・消費・譲渡・交換によって人格が変容していくということである。これはいっけん奇妙な考え方のように思われるかもしれないが、何を食べるか、どのような蓄財があるか、どういう人脈を持っているかなどもその人の人格の一部だ、というわれわれの直感と整合している。

所有するとは人格の一部にするということだという人格要素説をとると、労働は何をすることとして捉えられるだろうか。とりわけ、労働が所有権を生むのはどうしてだろうか。これが［謎3］に他ならない。これに対して一ノ瀬は次のように答える。まず、人格要素説をとるなら、労働所有権論とは単に身体運動としての労働じたいに所有権の根拠があるとする考え方ではないことになる。むしろ、何かに労働を混合することによって、人格そのものが確立され変容していくプロセスが、そのものを所有する（ようになる）ということなのである（219-220頁）。

これに対し、労働所有説の解釈としてこれまで提案されてきた、功績論法、労苦に訴える論法、製作品モデル、執事職モデルは、労働の混合によって所有されるようになる「もの」に何らかの相違（価値・労働の価値・創造物になる・信託の拡張）がもたらされ、その相違が所有権を根拠づける、という共通の論理構造を持っており、一ノ瀬によればそれゆえに間違っている。言い換えるなら、これらのモデルには、労働を単なる身体運動と考え、それが労働それじたいとは独立な「相違」をもたらし、それが媒介して所有権が根拠づけられるという考えが共通しているのである（228頁）。

一ノ瀬は、そうではなく、労働はそもそも人間が所有権確立（そしてそれはすなわち人格の変容でもある）のためにする行為であると考えるべきだという（229-230頁）。この考えによれば、労働を完遂することが、何も媒介せずすなわち所有権の確立なのだということになる。これが、労働が所有権をもたらすのはなぜか、という問いに対する答えである。

［2］労働とは自然法認識に向かう努力探究である

所有の人格要素説に基づくと、労働とは身体運動ではなく人格の変容であり、労働の結果として人は労働の対象を所有する（＝構成要素とする）人格へと変容するがゆえに、労働は所有権の基礎になる、というのが一ノ瀬（そして一ノ瀬が解釈するロック）の見解である。続いて、一ノ瀬は労働とは何かという問いをさらに問い進め、労働とは自然法認識に向かう努力探究に他ならない、という結論に至るとんでもなくアクロバティックな議論を展開する。

その手がかりは「ロック的但し書き」である（230-236頁）。ロックは、自然法（自己と人類の保存）は、労働による所有権確立を命じるとともに、その所有権に一定の制限も課す。それは次の二つに整理できる。

【十分性限定（公正分配制限）】労働を混合し所有権を主張することは、共有のものが十分に残されている限り許される（231頁）。

【浪費制限】労働を混合したものでも、損傷・腐敗・浪費・破壊したりするならば、そのものへの所有権は成立しない（使わないで無駄にするなら所有できない）（231-232頁）。

これらの但し書きはどのような動機で付け加えられたのかを考えよう（238頁）。そのために「但し書きに違反する」とはどういう事態なのかを考える。そうすると、共有のものを残さないことも、使わずに無駄にすることも、どちらも他者の所有権が侵害される事態だということがわかる（239頁）。さて、この事態に人格要素説を適用して解釈すると、どちらも他者の人格への攻撃（戦争状態）ということになる（239頁）。つまり、但し書きを破るとは他の人格への攻撃なのである。

ところで、労働を混入して或るものを所有するというプロセスに、こうした但し書きが課されているということは、何を意味するだろう。労働はつねに自分は但し書きに違反していないかを吟味しながら行われなくてはならない。だとするなら、労働とはたんなる身体運動ではなく、ロック的但し書きを破っていないか

（他者の所有権を侵害していないか）についての反省、つまり自然法認識を目指す努力探究に他ならない。こうして一ノ瀬は、労働とはそのまま自然法認識に向けた努力探究であると結論する（246頁）。

ここで一ノ瀬は、労働と所有権をそれぞれ別個の概念として、どうやって前者で後者を正当化しようかという議論をしているのではないことに注意すべきである。むしろ労働は、すなわち、所有権がどこに確立されるべきか（自己保存を図りながらも他者の所有権を侵害しないためにはどうするべきか）を労苦や勤勉によって探究していく自然法認識に向けた努力探究に他ならないのである。この意味での労働（＝自然法認識のための努力探究）を完遂することがすなわち所有権の確立である（246-248頁）。

［3］労働・所有権・人格・知識を結び合わせる

第8章第5節で、一ノ瀬はこれまでの準備作業を総動員し、所有権概念を知識概念に適用することで、労働・所有権・人格・知識をすべて結び合わせる（260-264頁）。それによって、人格知識論がまさしく「現出」することになる。私見では、この箇所が本書全体のハイライトでもあり、最も問題含みの箇所でもある。一ノ瀬の特異な論証方法が剥き出しになっているからだ。システマチックに整理して示そう。

まず、労働とは何かの定義と所有の人格要素説から、次のことが導ける。

［1］労働の完遂はすなわち所有権の確立である（労働とは何か）
［2］所有権の確立はすなわち人格の確立・変容である（人格要素説）
［3］したがって、労働の完遂はすなわち人格の確立・変容である

さらに、この労働について得られた結論［3］を、知識を得るための労働に適用すると、次のことが導か

れる。

［4］知識獲得のための努力探究と同意決定はすなわち知識を得るための労働の完遂である（知識とは何かの理解）

［5］知識獲得のための努力探究と同意決定はすなわち知識に対する所有権の確立である（［4］と［1］から）

［6］知識に対する所有権の確立はすなわち人格の確立・変容である（人格要素説）

［7］したがって、知識獲得のための努力探究と同意決定はすなわち人格の確立・変容である

［7］は人格的知識論の核心をなすテーゼである。知識獲得のための努力探究と同意決定によって人格はどのように確立・変容するのだろうか。人格要素説によれば、その知識を所有するようになることは、その知識を人格の要素にするということだから、文字通り、知識はそれを獲得した人の人格の構成要素になるのである。

［4］所有権と知識のアナロジーをさらに深める

ところで、人格概念が第三者的他者による同意決定を介して成立するというポイント（法廷用語説）は以上の議論にどのように結びあわせることができるだろうか。一ノ瀬は、人格概念が三人称的他者の媒介を含むということは、人格確立プロセスである労働と所有権の確立がそもそも有する三人称媒介性の反映であると考えているようだ。つまり、労働それ自体が、他者の所有権の侵害とならないように努力探究することに他ならないため、労働が他者の概念を本来的に含意している。また、所有権概念の核心をなす譲渡・交換の権

利は三人称的な他者なしでは意味をなさない。

このポイントを確認した上で、一ノ瀬はそれを類比的に人格知識論にスライドして次のように主張する。知識習得の場すなわち教育において、教師という第三者が媒介する。しかも、教師側が生徒は当該の知識に関する所有権をある程度正当に帰しうる人格であることに同意することによって教育は初めて成立する。また、所有権すなわち人格の概念が、他者の同意を踏まえた上で、そうした他者の同意を受け入れるという一人称的な同意決定によって確立する、という点も同じように知識に妥当する。生徒自身が教師の知識教授を受け入れ、同意しないといけないからである（261頁）。

また、労働と所有一般にロック的但し書きが当てはまるなら、それは知識にも妥当するだろう。それはどういう帰結を持つだろうか。おそらく、他者の所有権を侵害するだろうかという努力探究を欠くような知識はそれとして認められないということになるだろう。殺戮兵器や環境破壊をもたらす知識等は知識として所有してはならない、どころか、それらは知識の名に値しないということになるだろう。つまり、知識を持つことの意義について努力探究しないような知識は真に知識とはいえないのである（263頁）。

［第6節］評価と批判

以上が一ノ瀬の人格知識論の概略である。私は人格知識論の結論として提示される人格や知識の捉え方には賛同するところが多い。また、一ノ瀬独特の知識論は実り豊かな帰結を持ちうると考えている。しかし、人格知識論の目的と導出プロセスについてはいささかの不満なしとしない。本稿の締めくくりとして、これらの点について順次述べていきたい。

まず、人格とその同一性の捉え方については概ね賛同する。私も人格は実体（自然種）ではないと考えるからである。人格とその同一性は明らかに、責任帰属と刑罰・褒賞という制度のために資するようつくられた人工物である。したがって、究極的には人格同一性は社会的に決するという論点にも賛同する。

重要なのは、人格とその同一性は第三者的に判定されるというだけでなく、その第三者的に構成された人格を自分のものとして引き受けるという第一人称的契機も人格の構成要素として重視されている点である。われわれは、他人にどのような人格として認定されるかを考慮しながら行為をし、その結果を自分に引き受けることによって、能動的に人格を育てていく。一ノ瀬の人格論は、こうした人格の成長の受動性と能動性をうまく捉えている。いわばわれわれは、第三者的世界へのアウトプットをフィードバックされることによって、自己を再プログラミングしているわけで、こうした人格概念は、ダニエル・デネットの「物語的自己」「延長された表現型としての自己」という考え方とも親和性がある。

知識観についてはどうか。人格知識論は、これまでの認識論が扱わなかった、もしくは扱えなかった問いにダイレクトに答えを与えることの可能な知識論だと評価できる。それは次の二つの点に現れる。まず、人格知識論では、知識獲得の場面で、知識が最初から「所有されるもの」として扱われ、所有権概念に包含されている。このため、知識は物理的対象ではないがゆえに排他的所有のできないものであるにもかかわらず、なぜ所有権の対象になるのか、という知的所有権の正当化についてまわる問いをスキップすることができる。知識は成立の当初から、そもそも誰かに所有されているものなのであるから。

考えてみると、知識に関する所有権のアポリアが生じる背景には、知識を獲得する営みとは独立に、知識自体の持続的存在を措定する「知識の持続性視点」があったように思われる。誰のものでもなく共有可能な知識なるものがあり、それが特定の人によって占有されることにどう正当化を与えたら良いのか、と問題が立てられる。

こうして、一ノ瀬の人格知識論は、知的所有権を正当化のための独立の議論なしに直接扱える知識論として用いることができる。人格知識論の観点から、知的所有権をめぐる議論を反省してみるのは非常に興味深い研究テーマになるだろう。所有権概念の基礎づけとして、いまだにロックが参照されている現状を考えればなおさら重要な作業になるだろう。

第二に、人格知識論は、われわれは倫理的観点からいかなる知識を持つべきかという問いを直接に扱える知識論である。他者の所有権を侵害するだろうかという努力探究は倫理的観点からの考慮に他ならない。そうした倫理的考慮を欠くようなプロセスで獲得した知識、他者の所有権を侵害するような知識は所有してはならない、あるいはそもそも知識ではないというのだから。こうして、一ノ瀬の人格知識論は知識の持つ倫理的道徳的側面をうまく掬い取ることに成功している。

人格知識論を踏まえた考察がじかに有効な問題は、いわゆる軍事研究の問題ではないだろうか。研究によって生みだされた知識は倫理的に中立であり、それが軍事に応用されたり、民生用に応用される。こうした基本的構図を前提するからこそデュアルユースの問題が難問のように立ち現れる。

さらに人格知識論は、一ノ瀬が明示的に言及していない、あるいは気づいていない潜在的価値を有するように思われる。それは、「人格知識」を「教養」として読み直してみることによって明らかになる。「教養」という語は、記憶の限り本書には一回しか出てこなかったが(*2)、一ノ瀬のいう「人格知識」は、教養の特徴づけとして語られるものをすべて備えている。たとえば、教養は人となりの一部である。教養の獲得はそのまま人格形成のプロセスでもある。教養は、知識を共通善のために使用しようとする倫理的態度と結びついている。教養は社会的相互作用の中でこそ身につく。「自分を教養する」プロセスは不断の終わりのない過程である。

そうすると、人格知識論を、教養とは何か、われわれにとってなぜ教養が重要なのか、についての答えとして読み直すことができるだろう。一ノ瀬の人格知識論は、認識論として読むと奇妙なものという印象を与えるかもしれないが、教養論として読むと非常に納得のいく優れた論考である。また、一ノ瀬知識論では、知識の獲得プロセスは人格の形成であるだけではなく、「よき」人格の形成を目指す不断の過程であるということもできそうだ。そうすると、人格知識論は徳認識論（virtue epistemology）と多くの共通点を持つことになるだろう（＊3）。

という具合に、人格知識論の結論として得られるテーゼとその帰結については、賛同するところが多く、また実り豊かな探求の出発点にもなると評価できる。だが、一ノ瀬が何のために人格知識論を構築しようとするのか（人格知識論の目的）と、人格知識論を導出するプロセスについては、いくつかの批判をしておきたい。まずは、人格知識論の目的を問うことから始めよう。一ノ瀬は、従来の認識論が知識の持続的側面ばかりに注目してきたのに対して、瞬間性視点に立つ知識論を復権させることを本書の目的としている。そして人格知識論こそがその「瞬間性視点に立つ知識論」であるわけなのだが、逆に、人格知識論は瞬間性を過度に重視する立場に終始しているように思われる。一ノ瀬の目的が、一方にばかり偏ってしまった知識論の現状に対し、そのバランスを回復することにあるならば、知識の持続性も説明すべきことがらではないだろうか。明らかに知識は持続的なものとしてもこの世界に現出しているのであり、その持続性が瞬間性からどのように成立してくるかを明らかにしないと「知識論」としては不完全なものにとどまるのではないかと思われる。幸い、人格知識論には持続的知識成立のメカニズムを説明するための装置は備わっている。所有権の譲渡・交換といった概念である。一ノ瀬が、知識の交換による公共知の成立とそれによる知識の持続性の成立についての考察を明らかにすることを期待している。

しかし、そもそも従来の認識論は知識の持続的側面ばかりに注目してきた、という見立ては正しいのだろうか。カントから論理実証主義あたりまでの認識論を「従来の認識論」とみなすならそうかもしれない。しかし、クワインの自然化された認識論に端を発する自然主義的認識論の流れの中では、必ずしもそうともいえない(＊4)。自然主義的な認識論や心の哲学では、知識を獲得する営みやそのためのメカニズムに注目して知識を捉えようとするからである。こうした潮流は、科学論においても新実験主義や研究室の人類学といった形で次第に有力になりつつある。だとすると、現代認識論における人格知識論のライバルはいったい何なのだろうか。人格知識論の仮想敵は藁人形(straw man)にすぎないのではないか。

一ノ瀬が、人格知識論を「現出」させる議論の手続きに関しては、二つの不満がある。まず、自然法へのコミットメントに重要な役割を担わせ過ぎていないかという点である。5-2、5-3で明らかにしたように、知識と人格を結びつける重要な議論ステップで、労働は自然法認識のための努力探究であるというテーゼが使われる。このテーゼをいわば糊として知識概念と人格概念が接着される。したがって、私がここで指摘したような人格知識論の旨みを味わうためには、われわれはまず自然法を呑み込むことが必要になるのである。

そもそも人格知識論を展開するのは何のためだったろう。知識の瞬間性に注目し、知識獲得プロセスを考慮した知識論を展開することか。知識論に道徳的要素を導入するためか。いずれの目的も重要だし正しい目的だと思う。しかし、そのための代償として自然法にコミットしなければならないのはコストが高すぎるように私には思われる。

いま、糊による接着という比喩を用いたが、これは本書の全体にわたって顕著に見られる議論スタイルの特徴である。たとえば、労働と所有権という二つの概念をどう関係づけるかが問題となっている場面を考えよう。なぜ労働して手に入れたものに、その主体が所有権を主張できるのか、前者は後者をなぜ正当化できるのかが問題になっているとする。このとき、一ノ瀬の答えはこうである。労働と所有権を別ものとして考えるからいけない。労働は、所有権がどこに確立されるべきか探究していく自然法認識に向けた努力探究に他ならないのだから、この意味での労働を完遂することがすなわち所有権の確立に他ならない。両者は一つのものである。一つの同じものであるから、両者の間にそもそも正当化という関係はいらない。片方を遂行することでもう片方も自動的に遂行される。

しかし、とりあえず労働と所有権とは異なる概念である。異なる二つの概念の関係が問題となっている場面で、じつは両者は同じである、労働をやりとげるということが「すなわち」所有権を確立することなのだ、という具合に両者を接着し隙間が生じないようにする。隙間がないので関係づけが問題にならなくなる。こうしたやり方でアポリアを消去するという議論手続きが本書には際立って多い。じっさい、「融合」「重ね合わせ」がキーワードとなっており、本書では議論の肝心のところで頻発する（特に第3部）。

これは、概念を区別しつつ関係づけるという分析哲学の精神とは正反対の方法論ではないだろうか。もちろん、分析哲学においても、概念Aと概念Bとは違うように見えて同じものを指していた、という結論が導かれることがある。しかしそれは、両概念を含む文の真理条件ないし主張可能性条件が同一であることが示されるとか、概念の情報価は別物であっても指示対象が同一であるということが示されるといったなんらかの「分析」の過程を経て正当化される結論である。一方、一ノ瀬の方法はちょっと違う。概念Aと概念Bはその一部が共通の事態を指している、あるいはある点で似ているということから、AはすなわちBなのだということ。労働と所有権の確立は「人格の一部になる」ということで共通している。だから両者は同じことだ。労働は自然法認識のための努力探究であるということが、いつのまにか認識一般に拡張されて使われる。

こうした、「すなわち」による概念の融合という方法論も、哲学のやり方としてもちろん許されるべきだとは思うが、労働・所有権・人格・知識といった重要概念が、すべて相互に入り混じり渾然一体となっていく第3部を読み終えると、読者は、何か重要な示唆を得たと思うのだが、それをうまく語れない、という事態に陥る。そして、そうして渾然一体となった概念たちを今後どのように用いていくのが正しいのか、途方にくれてしまうのである（*5）。

◉注

＊1　一ノ瀬正樹『人格知識論の生成―ジョン・ロックの瞬間』東京大学出版会，１９９７年。本稿における一ノ瀬氏の著作からの引用はすべてこの書籍からのものである。したがって、引用箇所を示すに当たっては、ページ数のみを記載する。

＊2　「学校で習得した知識や教養はそのひとの財産になる」という文脈で現れる（239頁）。

＊3　一ノ瀬人格知識論と徳認識論とのつながりについては、宮園健吾氏による本稿草稿へのコメントによって気づかされた。筆者の徳認識論に関する知識はきわめて乏しいので、この論点をこれ以上展開することはできないが、興味深いテーマだと思う。

＊4　ここで、自然化された認識論はもっぱら知識の瞬間性のみを扱っているといっているのではない。とりわけクワインは、文（の集合）を知識体系とみなす論理実証主義的な枠組みを、いかにその一部に対して批判的であったにせよ、引きずっているので、知識の持続的側面も十分すぎるほどにすくい取っているといえるだろう。

＊5　本稿の執筆において、編者のひとりである宮園健吾氏には、いくつもの有益なコメントをいただいた。できるかぎりコメントを踏まえて改稿したが、十分に応えることはできていない。宮園氏にお礼申し上げるとともに筆者の力不足をおわびする。

［第三章］

絵画化された認識論に抗して

To Resist Epistemology Pictorialized

野村智清——秀明大学

【第1節】はじめに

本稿では人格知識(Person-Knowledge)論が秘める可能性を見積もることを目的として設定する。ここで「秘める可能性を見積もる」という文言は、人格知識論を受け入れたうえで、いかなる認識論が展開可能であるかを、実際に展開可能な認識論を提示しながら吟味することを意味している。具体的にいえば、本稿では人格知識論を受け入れたうえで、ロックのテキストに基づいて、絵画化された認識論(epistemology pictorialized)が展開可能であることを提示する。そしてこのような提示をおこなうことによって、一ノ瀬はいかなる論点を採ることで、展開可能であった絵画化された認識論ではなく、音楽化された認識論(epistemology musicalized)を展開するに至ったかを浮き彫りにすることができる。言い換えれば、本稿ではいかにして一ノ瀬が絵画化された認識論に抗して音楽化された認識論を展開したかを吟味していく。

ここで注意しなければならないことがある。それは一ノ瀬が恐らくは音楽化された認識論を構想する際に、絵画化された認識論の可能性を見取ってはいないだろうということである。そうであるならば本稿の試みは、それだけでも音楽化された認識論が認識論一般に対して有する重要性に由来するそれ相当の重要性はあると考えられるが、人格知識論を受け入れたうえで筆者が構想することができた絵画化された認識論と音楽化された認識論を単に比較することによって、後者の特徴を描くことにとどまるのだろうか。この問いに対する答えは否である。本稿の試みは、そのような単なる比較という重要性を超えて、音楽化された認識論の存立にかかわる重要性を有している。というのも少なくとも絵画化された認識論を展開しない理由が明らかにされない限り、音楽化された認識論を展開することはできないからである。

この点は次のように明らかにすることができる。１９９７年に『人格知識論の生成―ジョン・ロックの瞬間』が出版される。ここでは人格知識論が提示されている。続く１９９９年には『感覚―世界の境界線』に論文「音楽化された認識論に向けてTowards Epistemology Musicalized」が収録され、出版される。そしてこの論文では音楽化された認識論が展開されている。問題となるのは、両者の関係である。前者ではまったく音楽化された認識論への言及がないが、後者では人格知識論への言及がみえるというテキスト上の証拠からも明らかなように、一ノ瀬は人格知識論を基盤として、音楽化された認識論が展開されると考えている。言い換えれば音楽化された認識論は人格知識論のヴァリエーションの一つなのである。このことは後者の次のような文言によっても裏書きされる。

そして、もはやいうまでもなく、知識を即興的かつ音楽的なものとして扱おうとする「音楽化された認識論」が焦点を合わせているのは、人格知識にほかならない。（一ノ瀬 1999, 176頁）

では人格知識論はいかに生成したのか。一ノ瀬に依れば、人格知識論はロック哲学解釈に基づいて生成した。この点は即興性や瞬間性に注目する人格知識論を巡る次のような発言によって確認される。

しかし、即興性や瞬間性に注目するに至ったもう一つの大きなきっかけは、ジョン・ロックの哲学を学んだことである。私は、ロックを読みながら、知識が瞬間的にあるいは即興的に成立してくる側面に考えを集中させるようになった。その一つの表現行為が本書にほかならない。（一ノ瀬 1997, Ⅲ頁）

人格知識論はロック哲学解釈に基づいている。確かに一ノ瀬自身も指摘することではあるが、『人格知識論の生成』は単なるロック哲学解釈の書ではない。だからこそ一ノ瀬は自身の議論がロック哲学に「動機づけられ」ているると述べている（一ノ瀬 1997, Ⅲ頁）。しかし、このことはロック哲学解釈としての側面が重要でないことを意味しない。実際、一ノ瀬は『人格知識論の生成』における議論の拡張可能性を、より広範囲でのロックのテキストとの整合と結びつけているからである。この点については、次の発言を参照できる。

もっとも、ロック哲学に動機づけられている、といっても、私の議論がロック哲学の全体に対応しているわけではない。手がかりとするテキストの範囲をさらに広げていくこと、すなわち、言語論や宗教論や教育論をも含むロック哲学全体との対応のもとで私の考えをさらに応用し展開していくことは、後の課題として残されている。（一ノ瀬 1997, Ⅲ頁）

ここでは『人格知識論の生成』よりも多くのロックによるテキストと対応した知識論、言い換えれば人格知識論の拡張可能性が予想されている。本稿が提示する絵画化された認識論は、この予想の具現化である。後に示すように絵画化された認識論は、一ノ瀬によるロック哲学解釈をすべて認めたうえで、一ノ瀬が勘案していないロックによるテキストを参照することで、人格知識論がもつ音楽主義以外の可能性、認識の絵画化への可能性を開く試みである。このように捉えるならば、より限られた範囲のロックによるテキストにしか対応せず、かつ音楽化された認識論を展開するために必要なロックによるテキストとは対応している絵画化された認識論に抗して、音楽化された認識論を選択する理由が必要となる。

一ノ瀬に依れば偶さか哲学史研究としてのロック哲学解釈を基盤として、哲学の営みとしての音楽化された認識論が展開されているわけではない。哲学史研究は、哲学という営みに資するという意味での哲学的意義を有する。言い換えれば哲学史研究はそれがなければ成り立たないという意味で、本来的に哲学という営みに資する。このような関係が両者にあるからこそ、ロック哲学解釈を基盤に、人格知識論が生成し、そこから音楽化された認識論が展開されることとなった。このように捉えることができるならば、人格知識論が秘める可能性を見積もるという目的を達成するためには、まず人格知識論と音楽化された認識論から析出することができる哲学史研究と哲学という営みの関係を明らかにしなければならない。そしてしかる後に、絵画化された認識論を提示していく。

[第2節]「哲学史研究」の暫定的定義

いわゆる「ついて論文」という呼称は伝統的に侮蔑的に用いられてきた。この事実は哲学という営みに哲学史研究が資する点があるかについての伝統的な疑いを基盤としている。哲学という営みに資する点があることを「哲学的意義をもつ」と表すとしよう。すると先の疑いは哲学史研究が哲学的意義をもつことへの疑義であるといえる。この伝統的な疑義が現在においても重要であることは、2017年に開催された国内最大の哲学に関する学会である日本哲学会の第76回大会でそれを主題としたシンポジウムが開催されたことからも知られる。

このシンポジウムでは、三人の登壇者があった。それぞれが三者三様の議論を提出したが、一つの認識が概ね共有されていた。それは哲学史研究が事実として哲学という営みに資する点をもつという認識である。

例えば松田克進は「非偶像化的ないし脱偶像化的な構造論（non-idolizing or de-idolizing structuralism）」として哲学史研究を遂行することは、「哲学することの助走」として哲学的意義を有すると述べている（＊1）。また植村玄輝は哲学的なスキルの向上や現代的にも意義のある哲学的問題を掘り起こすことができることから規範的モデルの追求として哲学史研究をおこなうことは哲学的であるとする（＊2）。そして納富信留は「哲学史の研究は、哲学そのものを遂行する一つの基本形であり、それなしでは限りなく哲学が困難となる作業場である」とし、哲学的思索は哲学史研究という場で鍛えられるとされる（＊3）。

これらの議論では、哲学史研究は事実として、哲学という営みに資する点があるとされている。言葉を換えれば、他の方途で同様のもしくはより多くの利益を享受できるならば、哲学史研究無しに哲学という営みを遂行することができるとされている。

これに反して、後述するように人格知識論と音楽化された認識論から析出できる哲学史研究と哲学という営みの関係では、哲学という営みは哲学史研究なしには成り立たないという意味で、前者は本来的に哲学という営みに資すると捉えられている。

このことを確認していく準備作業として本節では、「哲学史研究」という文言を暫定的にではあるが定義づけていく。

哲学史研究は、古典的テキストを対象としていると考えられている。また哲学史研究は解釈を主たる方法とする研究であるとされている。これらを考え合わせれば、「哲学史研究」という文言に暫定的であれ定義を与えるためには、「古典的テキスト」と「解釈」という文言それぞれを、暫定的にではあれ、定義づけなければならないことになる。それぞれの定義は以下のように与えられる。

〈古典的テキストの定義〉
古典的テキストとは、過去に制作され、現在まで残存し積み上げられてきたテキストである

〈解釈の定義〉
解釈とは、あるテキストに基づいて、その内容を捉えることである

古典的テキストは単なるテキストではない。単なるテキストが「古典的」と称されるためには、一定の評

価を得ることによって制作された過去から現在に至るまで残存し積み上げられてきていなくてはならない。なぜならばどんなに価値を有するテキストであっても現在まで残存せずに積み上げられていなければ、それは「古典的テキスト」と呼ばれることはないからである。

また解釈についていえば、解釈が対象となるテキストの内容を捉えることであるのはほとんど自明であると思われる。「解釈」という文言が、どれほどの創造性を、あるいは同じことであるが、テキスト内容の再現性を含意しているかについてはさまざまな立場があるだろう。しかし、まったくテキスト内容を再現していない、もしくはその内容を捉えない解釈は「解釈」と呼ばれることはない。

さてこれらの「古典的テキスト」と「解釈」についての定義をまとめれば、「哲学史研究」という文言には次のような定義を与えることができる。

〈哲学史研究の定義〉
哲学史研究とは、過去に制作され、現在まで積み上げられてきたテキストに基づいて、その内容を捉えることである

【第3節】作品制作としての「哲学という営み」

「哲学という営み」という文言は、さまざまな意味を担いうる。そのさまざまな意味のうちで、一ノ瀬哲学を手掛かりとするならば、どの意味に目を向けるべきだろうか。この問いに答えるために、まず哲学自体もそこに含まれると思われる知識一般についての一ノ瀬哲学の捉え方を紹介していこう。一ノ瀬に依れば、知識は「作品」であるとされる。このことは次の引用によって証拠立てることができる。

その意味で、知識や認識はそれをなす人の即興的「作品」であると、そういうべきだろう。（一ノ瀬 1999, 172頁）

ここでは知識は作品であるとされると共に、「それをなす」が指す営みによってその営みをなす人に属するとされている。この営みの内実は後にみることにしよう。その前にここで述べられている知識一般に哲学的知識が含まれ、結果としてそれが作品とされていることも確認しておこう。音楽化された認識論についての文言を引く。

「音楽化された認識論」がそれなりの説得力を備えた作品たるには、この二点をどうしても乗り越え、ハルモニア（調和・和音）のなかへと融合させねばならない。（一ノ瀬 1999, 173頁）

これらの文言では音楽化された認識論が「説得力を備えた作品」であるための条件が提示されている。このような条件が提示されるためには、少なくとも音楽化された認識論は作品として捉えられていなければならない。このことから哲学的知識は先に規定された知識一般に含まれると一ノ瀬が考えていたと高い確度で予想される（＊4）。

とりあえずこの予想が的を射ているとして、一つ前の引用で取り残した「それをなす」が指す営みの内実をみていくことにしよう。「それをなす」という文言が直前に述べられている営みを指すことは明らかである。このことからその内実を探るために、直前部分を加えて再度引用することにしよう。

いずれにせよ、知識は瞬間的に即興的な仕方で現出してくる。私が今この瞬間に樹木を見て、ああ大きな木がそびえているなあ、と知覚し判断したとき、そうした知覚や判断はこの瞬間の一回的な現われであり、過去に沈殿した言語の一部をいまこのとき組み合わせたという点で、私が即興的にいわば創造した認識なのである。その意味で、知識や認識はそれをなす人の即興的「作品」であると、そういうべきだろう。（一ノ瀬 1999, 172頁）

ここで「それをなす」は「過去に沈殿した言語の一部をいまこのとき組み合わせ」ること、さらに言い換えれば即興的創造を指している。つまり知識一般についていえば、知識を産み出す営みは、「過去に沈殿した言語の一部をいまこのとき組み合わせ」る即興的創造という内実をもっている。そしてこの内実をもつ営みによって、そこから結果する知識はその営みをなした人に属することになる。

さてここで先の予想のとおり前段落で考察された知識一般に哲学的知識が含まれているとしてみよう。すると知識を産み出す営みと同じ内実を哲学という営みをもっていなければならないと考えることができる。

[第4節] 過去に沈殿した言語としての哲学史研究

先にみたように知識一般は過去に沈殿した言語を組み合わせる即興的創造によって産み出されると一ノ瀬は捉えている。この知識一般の捉え方を一ノ瀬は「音楽化された認識論」と呼ぶ。音楽化された認識論の着想は一ノ瀬によって次のように端的にまとめられている。

すでに確認したように、そもそも知識・認識は言葉を媒介する。言葉は（内語も含めて）基本的に音声として語られる。よって知識・認識は（美的にどうあれ）音声としての音楽的構造を有している。それゆえ知識・認識を（比喩ではなく文字通りに）音楽として捉えてゆくことができるはずであり、そうした接近法によって知識・認識の実相に迫ってゆく。これが「音楽化された認識論」の着想である。（一ノ瀬 2013, 5頁）

この「音楽主義」と名付けられた着想では、言葉が音声であることを梃として、言葉によって形成される知識や認識を文字どおり音楽として捉えることを推奨する。

このような着想を採った場合に注目しなければならないことは、一ノ瀬の音楽の捉え方である。一ノ瀬は音楽の本質として即興性を見取る。この点については次の文言を証拠として挙げることができる。

音楽の本性に焦点を合わせるかぎり、原理的にいっても歴史的にいっても、瞬間性・一回性という即興的あり方が音楽の深部を貫き、その本質をなしていること、換言するなら、音楽とは本来的に生成し消滅しゆくうたかたの現われであること、このことを押さえておかないわけにはいかないだろう。（一ノ瀬 1999, 168頁）

音楽は即興性をその本質とする。先に指摘したように、音楽化された認識論では知識や認識にこの即興性が「浸潤」していくとされる（＊5）。そして浸潤した場合に、知識一般について即興的創造が組み合わせる過去に沈殿した言語について次のような文言がみえる。少し長くなるが引用する。

第一に、変奏1において知識の即興的あり方を析出したとき、私は「過去に沈殿した言語の一部をいまこのとき組み合わせた」という述べ方でその即興性を際立たせたが、そこに図らずもあらわとなっているように、言葉や言語は宿命的に「過去」とかかわっているという、この点に注意したい。言葉や言語が、そうしたものとして意味を伴って現われるとき、そこには、文字どおりの意味や言い回し方や合意などを徐々に積み上げ流通させてきた「過去」の無数の見知らぬ他者、そしてそうした言葉を学び使用してきた自分自身の「過去」の来歴、そうした過去性が濃厚にかつ本質的にまとわりついている。「そうは問屋がおろさない」という言い回しを私が用いるとき、そこに何と濃密な仕方で他者と自分の「過去」がしみついていることか。(一ノ瀬 1999, 179頁)

過去に沈殿した言語は、自分自身を含めた言語の使用者によって積み上げられてきた言語の「文字どおりの意味や言い回し方や合意」を意味していると一ノ瀬は捉える。

さてこの知識一般における過去の沈殿した言語の捉え方を、哲学的知識に当て嵌めた場合には次のようになる。過去に沈殿された言語は、哲学の場合に哲学的言語となる。そのために積み上げられるものも哲学的言語の「文字どおりの意味や言い回し方や合意」であることになる。一般的に考えて哲学的言語の「文字どおりの意味や言い回し方や合意」を積み上げるためには、積み上げられた古典的テキストから抽出しなければならない。さらにいえば哲学的言語の「文字どおりの意味や言い回し方や合意」が古典的テキストから抽出されるためには、哲学的言語の使用者がそれらの内容を捉えていなければならない。つまりこの哲学的言語の「文字どおりの意味や言い回し方や合意」を積み上げることは、積み上げられた古典的テキストの内容を捉えることを意味している。ここで、哲学における古典的テキストを巡る方法の定義を想い起こしておこう。それに依れば古典的テキストを巡る方法とは、過去に制作され、現在まで蓄積されたテキストに基づいて、その内容を捉えることとして定義される。この定義に則れば、哲学的知識にとっての過去に沈殿した言語が積み上げることは、古典的テキストを巡る方法すなわち哲学史研究を含意しているといえる。

［第5節］哲学という営みと哲学史研究

これまでみてきたように一ノ瀬は即興性と過去に沈殿した言語を対として考える。そして本発表の主題に引き付けて考えれば、前者は哲学という営みであり、後者は哲学史研究であるといえる。

この対は即興性と持続性、瞬間と持続、即興演奏と楽譜、あるいは即興性と形式性といったさまざまな概念対を持ち出すことによって、一ノ瀬によって繰り返し指摘されている。それに依れば、前者は後者なしでは成り立たず、後者は前者が積み上げられ固定化されることによって成立する。この意味で両者は不即不離であると捉えられている。この点について、音楽化された認識論を標榜する一ノ瀬にとってもっとも事柄を鮮明に示しているだろう即興演奏と楽譜の対への言及を証拠として引いておこう。

何らかの持続的形式がなければ、そもそも即興「演奏」たりえない。けれども、同時に逆に、即興演奏の形式は、まさしく瞬間的な即興演奏によってはじめて顕現する。ブルースの演奏なしにブルース形式はありえないのだ。同様に、演奏的知識は楽譜的知識という持続的かつ固定的な形式性・イデア性のなかで瞬間的に立ち現われるのであり、同時に逆に、楽譜的知識は演奏的知識という即興性のもとでそのつど固定され継承されていく。即興と形式は対位法によって知識を奏し、つねにそれを繰り返し続けているのである。（一ノ瀬 1999, 185-186頁）

この対を形成する両者は単に不即不離の関係にあるわけではない。そこでは一ノ瀬哲学ではお馴染みの程度概念が導入される。即興性と形式性で考えれば、現実には存在しないまったくの即興とまったくの形式追従を両極として、その間にグラデーションが成立していると一ノ瀬は考える。そしてある音楽や知識がそのグラデーションの何処に位置するかは、即興という営みをおこなった人物に音楽や知識の所有権がどれほど帰属するかという三人称的視点から決定されると述べられている。この点は次の少し長めの印象的な引用箇所によって証されるだろう。

けれども、音楽にも知識にも、即興性の度合いの高いものから単なる模倣にすぎないものまで、多様な形態が現にあるではないか。和音進行という形式さえ取り払ったまったくのフリー・ジャズと、西洋クラシック音楽の場合のような純然たる再現演奏との違い。作曲と鑑賞の隔たり。当意即妙に討論のなかで紡ぎ上げられていく認識と、人が書いたこと語ったことをおうむ返しに繰り返すこととの大なる相違。こうした差異はどのように位置づけられるのか。私の考えは、端的にこうである。そうした差異はそれぞれの演奏や認識それ自体に内在する何かに由来するのではない、なぜなら、どんな演奏や知識であれ、即興的側面と形式的側面の相互反転によって生成していく点には変わりがないのだから。そうではなく、当の演奏や認識を超越した三人称的視点において、「所有権」の帰属の濃淡という形で、即興性と形式性のどちらかが優勢的に照らし出されることによって差異が生じるのだ、と。よって、こうした差異は断続的な系列をなすのではなく、連続的なグラデーションを示す。純然たる即興、純然たる形式的再現、など事実としてはなく、また、即興と形式の鮮明な境界線もない。「所有権」の判断、その生々しい実践のなかへと差異は回収されていくのである。（一ノ瀬 1999，186頁）

この程度の導入は、先に取り上げた２０１７年に開催された日本哲学会大会シンポジウムでの登壇者三人と一ノ瀬の分水嶺となる。というのも三者に共有された一般的な哲学の営みと哲学史研究の関係についての認識では、両者は分離して考えられるとされていなければならないからである。程度を導入することによって、一ノ瀬は両者が不即不離に存在し、両者の間に鮮明な境界線はないと主張する。この主張こそ人格知識論と音楽化された認識論から析出される哲学史研究と哲学という営みの本質であるといえる。

【第6節】絵画化された認識論に向けて

これまでみてきたように人格知識論と音楽化された認識論から哲学史研究は本来的に哲学という営みに資することが析出できる。この析出された関係を人格知識論と音楽化された認識論に適用してみよう。既に何度か指摘したように、音楽化された認識論は人格知識論を基盤とし、人格知識論がロック哲学解釈に基づいている。つまりロック哲学に基づいて、奏された音楽が人格知識論であり、音楽化された認識論はその人格知識論の変奏であると言える。

本節ではこのことを踏まえて、人格知識論の他の変奏の可能性を探っていく。そのためにまず人格知識論はどのように変奏されて音楽化された認識論とされるかを確認しておこう。「音楽化された認識論に向けて Towards Epistemology Musicalized」ではみられなかったものの、2013年と2007年に公にされた「「音楽化された認識論」の展開―リフレイン、そしてヴァリエーションへ―」及び'Remarks on Epistemology Musicalized'では「音楽化された認識論」という着想は概ね以下のような議論によって示されている。

そもそもa）知識・認識は言葉を媒介する。b）言葉は（内語も含めて）基本的に音声として語られる。よってc）知識・認識は（美的にどうあれ）音声としての音楽的構造を有している。それゆえd）知識・

認識を（比喩ではなく文字通りに）音楽として捉えてゆくことができる。

この中で「音楽的認識論」へと舵を切る際に、最重要の役割を果たしている主張は間違えなくｂ）であろう。すると問題となるのは、ｂ）がいかなる根拠によって主張されているかである。「音楽化された認識論に向けて」で一ノ瀬は、ｂ）の根拠として知識も音楽も共に「瞬間性・一回性」を本来的にもつことを挙げる。その一方で「「音楽化された認識論」の展開―リフレイン、そしてヴァリエーションへ―」及び 'Remarks on Epistemology Musicalized' では「一回性」、偶然的な即興性（Accidental Improvisationality）がｂ）の根拠とされる。

しかし、この選択の結びついた即興性、また即興性と結びついた瞬間性や一回性は音声のみがもつ特質だろうか。これを知識が比喩的に音楽として捉えることはまだしも、一ノ瀬の標榜する音楽主義のように文字どおり知識が音楽である根拠とすることはできるだろうか。そうではなくてこれらはすべての芸術に妥当するのではないだろうか。この点について実際に一ノ瀬自身も次のように述べている。

> 以上のように捉えてくるとき、瞬間性・一回性のなかで即興的に立ち現われてくる、という音楽的あり方は、美術作品のみならず、すべての芸術様態にも等しくあてはまることが容易に見えてくる。（一ノ瀬 1999, 170頁）

ここで一ノ瀬も指摘するように、「瞬間性・一回性のなかで即興性が立ち現れてくる」という特質はなにも音楽のみがもっているものではない。だとすれば人格知識論を受け入れて、知識がそういった特質をもっているとする場合に、どの芸術様態と知識を結びつけるかは任意であるのではないだろうか。

音楽とではなく、他の芸術様態と知識を瞬間性、一回性そして即興性を媒介にして結びつける可能性をロックは『人間知性論』で具現化している。ロックは音楽化された認識論を導き出す議論のうちで、a）知識・認識は言葉を媒介する。を拒否し、b）言葉は（内語も含めて）基本的に音声として語られる。を受け入れる。ロックにとって知識は、言葉なしに成立し、言葉は音である。このことは『人間知性論』の次の文言から読み取ることができる。

　というのも言葉はわたしたちの観念の記号であることを越えてはまったく空虚な音にすぎないので、(For Words being but empty sounds) 私たちのもつ観念に対応するときは同意しないわけにいかないが、それ以上にはすこしも及ばないのである。(Locke 1975,1.2.23)

ここで言葉は「空虚な音」とされている。音としての言葉が空虚であるのは、同意の対象である観念を欠いている場合である。同意が知識成立の構成要素であることを考えれば、ロックは音としての言葉は知識とまったく切り離されうると考えているといえる。またここで観念と切り離された言葉が「音」ではなく、「空虚な音」とされていることから、観念と結びついた言葉も音であるとロックは捉えているといえる。

　このような言語嫌悪は、言葉を音と捉える立場を共有しながらも、言葉と知識が切り離されうることを認めることで、一ノ瀬の音楽主義から異なる道行にロックを進ませる。具体的に言えば、ロックは言葉から切り離された知識がもつ特徴を一覧性（at once-ness）として捉え、この一覧性から絵画化された認識論という地平を切り開いていく。順を追ってこの点を確認していこう。

　よく知られた定義であるが、ロックに依れば知識は「わたしたちの観念の結合と一致あるいは不一致と背馳の知覚に過ぎない（Locke 1975, 4.1.2, 傍点は原文ではイタリック）」。そしてそうであるからこそ知識は「ただ観念にかかわるだけである（Locke 1975, 4.1.1）」とされる。

さらにロックは観念とのかかわり方によって、知識は程度をもつと考えるが、そのうちで他の知識を形成するという意味で基礎的で、もっとも確かであるという意味で基盤的な知識は、観念を直に捉える直観的知識（intuitive knowledge）である。この点については、次の引用が裏書きをする。

> というのも、もしわたしたち自身の思考の仕方を省察しようとすれば見出すだろうが、時に心は二つの観念の一致あるいは不一致を直接にそれら自身によって、他のどんなもの〔観念〕の介在も無しに、知覚することがある。そしてわたしはこれを直観的知識と呼ぶことができると考える。というのも、ここ〔直観的知識〕では、心は真理を証明ないし検討する労苦もなく、目が光を知覚するように、ただそれ〔真理〕の方向に向けられただけで真理を知覚する。……〈中略〉……そしてこの種の知識はもっとも明晰で、もっとも確実である。……〈中略〉……この直観にすべてのわたしたちの知識の確実性と明証性に基づく。（Locke 1975, 4.2.1,〔　〕内は著者の挿入）

このように知識一般に対して、基礎的で基盤的な知識である直観的知識は同時に一挙に知覚されるという一覧性（at once-ness）という特徴をもつとされている。このことは次の文言によって証拠立てられる。

> なぜかと言えば、三角形の三つの角は一覧できるようにもってきて（brought at once）、他の一つあるいは二つの角と比較することはできないからである。このことによって心はいかなる直接のあるいは直観的な知識をももたない。（Locke 1975, 4.2.2）

この箇所では三角形の内角の和が二直角であるという知識が、なぜ直観的知識ではなく、論証的知識であるかの理由が述べられている。それに依れば、三角形の三つの角を一覧することができないから、それは直観的知識ではないとされている。

さらにこの一覧性は、ロックによって絵画と関連するとされている。『人間知性論』第二巻十一章では、パスカルと天使を引き合いに出しながら記憶を巡る議論が展開されている。ここでさしものパスカルも過去の観念すべてを一覧することはできず、継起する観念を眺めるだけであるとされた後で、天使について次のような言及がみえる。

いろいろな階級の天使は、おそらく、いっそう広い視界をもち、ある天使は、過去の全知識をいっしょに把持して、一つの絵画のように過去すべてを一覧して目の前へ置く能力を付与されているかもしれない。(Locke 1975, 2.10.9)

ロックは天使にとっての記憶が、一つの絵画のようであり、それは過去すべてが一覧して目の前にあるとする。このように捉えるためには、一覧性と絵画は強い結びつきをもっていなくてはならない。これまでに確認をしたロックによる知識の絵画化をまとめてみることにしよう。ロックは概ね次のような着想を胚胎していたことを読み取ることができる。

そもそもe)知識・認識は言葉から切り離すことができる。f)言葉から切り離された知識が直観的知識であるためには、一覧性をもたなくてはならない。g)また一覧性をもつものは(美的にどうあれ)絵画的構造を有している。さらにh)直観的知識は基礎的で基盤的である。それゆえi)知識・認識を

（比喩ではなく文字通りに）絵画として捉えてゆくことができる。

［第7節］結びに代えて

人格知識論を採れば、哲学という営みと哲学史研究は不即不離である。前者は後者なしには成り立たないし、後者も前者なしには成り立たない。このことを人格知識論自身やその変奏である音楽化された認識論に適用すれば、両者はロック哲学と不即不離の関係にある。だからこそ一ノ瀬は、人格知識論にはより広範囲のロックによるテキストに対応した拡張可能性があることを予想する。

本稿はロックによるテキストから人格知識論が析出される過程をまったく受け入れる。受け入れたうえで、そこからいかなる絵画を描くことができるかについては、ロックによるテキストにその根拠をもたない音楽主義から訣別をする。そして一覧性を梃として、絵画化された認識論を一ノ瀬が勘案していないロックによるテキストから引き出した。この拡張可能性の提示は、音楽主義という音楽化された認識論の根拠を問う営みでもある。

◉注

＊1　松田（2017）, 24‐25頁を参照。

＊2　植村（2017）, 41‐42頁を参照。

＊3　納富（2017）, 45‐46頁を参照。本文でも指摘したように、納富も哲学史研究は事実としてのみ哲学的意義をもつと考えている点ではほかの二人と変わりがない。このことは「それなしには限りなく哲学が困難となる」というこの引用箇所の文言からも窺い知ることができる。なんとなれば仮に納富が事実としてではなく、後述する一ノ瀬のように本来的に

哲学史研究は哲学的意義をもつと考えているならば、ここで「限りなく」という文言は使えない。というのも本来的に哲学的意義をもつならば、哲学史研究なしには哲学という営みが成り立たないとしなければならないからである。

＊4　もちろんこの予想が外れている場合もある。しかし、その場合には同じ論文のうちで、一ノ瀬が「作品」という重要な術語について、特に明示もせずに異なる二つの意味で使っていると考えなくてはならない。言い換えればこのような不誠実な行いを一ノ瀬がするか、この予想が当たっているかの二者択一が迫れていると言える。

＊5　この点について一ノ瀬は次のように述べている。「これまで論じられたような音楽的な即興性は、なにも芸術作品に限らず、私たちのすべての認識や知識のあり方にも見いだされるのではないか。即興性は私たちのあらゆる営みにくまなく浸潤してしまうことになるのではないか。それは知識や認識の普通的性格にまったく反する合意なのではないか。そう、たしかに、これまでの論調を自然に奏で続けるなら、即興性は私たちの知覚全般、そして知識や認識へと浸潤していくことは必定である（一ノ瀬 1999, 171 - 172頁）。」

◉文献表

一ノ瀬正樹 1997『人格知識論の生成―ジョン・ロックの瞬間』東京大学出版会。

一ノ瀬正樹 1999「音楽化された認識論に向けて Towards Epistemology Musicalized」河本英夫編『感覚―世界の境界線』白青社、165-200頁。

一ノ瀬正樹 2007 'Remarks on Epistemology Musicalized.'『論集』25号、1-12頁。

一ノ瀬正樹 2013「「音楽化された認識論」の展開―リフレイン、そしてヴァリエーションへ―」『論集』31号、1-17頁。

植村玄輝 2017「哲学史研究は哲学的かつ歴史的でありえるのか――過去の主張についての規範的探求という観点からの提案」『哲学』第68号、28 - 44頁。

納富信留 2017「始まりを問う哲学史――複眼的ギリシア哲学史への試み」『哲学』第68号、45 - 62頁。

松田克進 2017「哲学史研究の哲学的意義――哲学史との間合いの取り方」『哲学』第68号、9 - 27頁。

J. Locke 1975. *An Essay Concerning Human Understanding*. Peter H. Nidditch (ed.), Oxford: Clarendon Press.

［第四章］

二人称的観点の認識論？

宮園健吾

広島大学大学院

［第1節］はじめに

哲学における「二人称的（second personal）」アプローチといえば、伝統的にはブーバー、レヴィナス、西田などの印象が強いが、近年、英語圏の哲学研究においても二人称的アプローチの存在感が、徐々にではあるが、着実に増してきている。英語圏における二人称的アプローチとして最も重要な位置にあるのはダーウォルによる二人称的倫理学（second personal ethics）である（Darwall 2006）。ダーウォルの二人称的倫理学は多岐にわたる内容を持つが、その核にあるのは、二人称的な理由というアイディアである。二人称的アプローチは、倫理学のみならず、行為論、言語哲学、心の哲学においても検討され始めている（＊1）。加えて、哲学外においても、心理学（e.g., de Kenessey & Darwall 2014; Reddy 2008）や脳神経科学（e.g., Schilbach et al. 2013）における二人称的アプローチも一つの潮流となりつつある。エイラン（Eilan 2017）は哲学内外におけるこのような近年の動向を“the you turn”と呼ぶ。

では、認識論における二人称的アプローチはどうだろうか。倫理学と認識論との間には類似性も多く、徳倫理学・徳認識論のように、一方の分野におけるアイディアがもう一方にも援用されるという例は少なくない。例えば、ダーウォルの二人称的倫理学を応用し、二人称的認識論というものを考えることができるだろうか。

二人称的認識論というアイディアに関する最も重要な懐疑論者はダーウォル自身である。ダーウォルは行為の理由の二人称性と信念の理由の三人称性とを繰り返し対比させ、行為の理由と信念の理由との間のギャップを強調するのであった。しかしながら、私の考えでは、ダーウォルの懐疑論は決定的なものではない。認識的な二人称性というアイディアの可能性はまだ閉ざされてはおらず、さらなる検討の余地が残されている。そして、その検討に際して重要な参照軸となりうるのが一ノ瀬認識論である。私の理解では、一ノ瀬認識論には、認識的な二人称性というアイディアに関する重要なヒントが含まれている。本稿ではそのヒントを明示的な仕方で取り出してみたい。ただし、あらかじめ断っておかなければならないが、認識論的な二人称性について、本格的に、詳細な議論を展開し、それを擁護するというレベルまでには本稿では到達できない。（それゆえに、本稿のタイトルには「?」が付いている。）本稿の狙いはいささか謙虚なものであり、一ノ瀬認識論に含まれているアイディアをできるだけ明確な形で記述することをひとまずの目標とする。

認識的な二人称性というアイディアの可能性を探るのに加えて、副次的な目標として、本稿は「二人称」をキーワードとして一ノ瀬認識論を解釈することを試みる。一ノ瀬本人は、自身の認識論を記述する際に「二人称」という表現は用いない。むしろ、一ノ瀬自身は自身のアプローチを二人称的ではなく三人称的だと捉えているようでもある。それでもあえて、「二人称」をキーワードとして解釈することで、一ノ瀬認識論が持つ特徴の一つを捉えることができ、一ノ瀬認識論の可能性の一端を明らかにすることができると私は考える。

以下の議論の流れは次の通り。第2節においては、まず、実践的な二人称性に関するダーウォルの見解、および、認識的な二人称性に関する彼の懐疑論を概観する。次に、第3節では、一ノ瀬認識論が持つ二人称的な側面を確認した上で、第4節において、一ノ瀬認識論を補助線として、認識的な二人称性というアイディアに具体的な内実を与えていく。

本格的な議論に入る前に、注意事項を一点記しておきたい。実践的な二人称性に関するダーウォルの議論のアナロジーとして認識的な二人称性を考えるというのが本稿の基本的なアプローチであるが、アナロジーの可能性を論じる前に、そもそも、実践的な二人称性に関するダーウォルの議論それ自体の妥当性が当然問題となりうる。実際、ダーウォルの議論に対してはいくつもの重要な批判が提出されてきている(＊2)。本稿では、しかし、この点について深入りする余裕はない。認識的な二人称性をめぐる本稿の議論は、実際には、条件的な形式を持っている。すなわち、本稿が論じるのは「認識的な二人称性というアイディアは擁護可能であるかどうか」という問いではなく、「もし実践的な二人称性に関するダーウォルのアイディアが擁護可能であるならば、認識的な二人称性というアイディアも同様に擁護可能であるかどうか」という条件的な問いである。この条件的な問いに対してダーウォル自身は否定的な回答を示唆しているが、これに対して、本稿は肯定的な回答の可能性を模索する。

とはいうものの、本稿が持つ条件的な性格は、必要以上に強調されすぎてはならない。上の条件的な問いの前件を積極的に擁護する作業、すなわち、実践的な二人称性についてのダーウォルの議論を積極的に擁護する作業は本稿では行わないが、しかしながら、確かにダーウォルの議論は少なくとも真剣な考慮に値することは間違いないからであり、よって、条件的な問いの全体も真剣な考慮に値するだろうからである。

【第2節】ダーウォルと実践的な二人称性

まず、「二人称」や「二人称性」といった表現について簡単に整理しておこう。ダーウォルは「二人称的な観点」を以下のように定義する。

> あなたとわたしが、互いの行動や意思に対する要求を行ったり承認したりする際にとるパースペクティブを、二人称的な観点と呼ぶことにしよう。（中略）二人称的観点から行われる思考と発話とには、〈わたし—あなた—わたし〉という相互に何かを宛てあう構造が終始一貫して見られる。（Darwall 2006, p.3）（＊3）

二人称的な観点からの思考は、例えば、憤り（resentment）や罪悪感（guilt）など、Strawson（1974/2008）がいう反応的態度（reactive attitudes）の形を取る。（事実、ダーウォルの「二人称的」の概念はストローソンの「反応的」の概念に非常に近い。）また、二人称的な観点からの発話は、例えば、要求する、非難する、謝罪するなどの発話行為の形を取る。

二人称的な観点からの思考や発話は、それが宛て（address）られた行為者の側に特有の種類の理由、二人称的な理由を生じさせる。この二人称的な理由というアイディアを説明する際、ダーウォルはHume（1751/2006）に由来する場面（「足踏みのケース」と呼ぼう）、すなわち、ある人Aがもう一人の人Bの足を踏んでいる場面を好んで用いる。この場面において、Aが足をどける理由を持つようになる際、その理由が生じる仕方には2通りの可能性がある。第1に、例えば、Bが足を踏まれていることによって苦痛を感じているという（三人称的な）事実により、Aは足をどける理由を持つに至るかもしれない。第2に、BがAに対して二人称的な観点からの思考ないし発話を宛てることにより、例えば、Aに対してBが足をどけるよう明示的に要求することにより、Aは足をどける理由を持つに至るかもしれない。

後者の場合、Bは要求などの明示的な発話、あるいは憤りなどの反応的態度を通じて理由をAに宛てているのであり、そのような仕方でAの側に生じる理由は二人称的な理由である。それは前者の場合に生じる理由、Bが感じている苦痛に由来する三人称的な理由とは質的に異なる。二人称的な理由と三人称的な理由は、とりわけ以下の点において明確に区別される。

［1］行為主体相関性：二人称的な理由は行為主体相関的（agent relative）である。Bが明示的な発話や反応的態度を通じてAに理由を宛てることに由来する二人称的な理由は、その理由が実際に宛てられた特定の行為者、すなわちAに対してだけ生じる。これに対して、三人称的な理由は行為主体中立的（agent neutral）である。Bが感じている苦痛に由来する三人称的な理由は、必ずしもAという特定の行為者に対してだけ生

じるとは限らず、Bを苦痛から救うことができるすべての人に対して生じる。（例：飢饉で苦しんでいるアフリカの子供たちを募金等によって助ける三人称的な理由は、アフリカから遠く離れた地域に住んでおり、飢饉に直接責任を負っているわけでもない日本人にも生じうる。）

［2］権威と応答責任：二人称的な理由は、理由を宛てる側の権威（authority）、および、それが宛てられる側の応答責任（accountability）を前提とする。BがAに対して足をどかすよう要求するとき、Bはそもそもそのような要求を行うことができるための権威や能力を持っているということが前提とされており、加えて、Aはそもそもそのような要求に応答するための責任や能力があるということが前提とされている。これに対して、三人称的な理由は権威や応答責任を前提としない。Bが苦痛を感じている事実によって生じる三人称的な理由は、BがAに対して行う要求等とは独立であるがゆえに、Bの側の権威やAの側の応答責任を前提としない。（飢饉で苦しんでいるアフリカの子供たちを助ける三人称的な理由は、苦しんでいるその子供たちが、きちんとした要求や説得などの能力を持たない、無防備で幼い場合であっても生じるし、むしろ、そのような場合にこそ生じる。）

さて、ここまでのダーウォルの主張が正しいと仮定しよう。（先に述べたように、以下の議論は「ここまでのダーウォルの主張が正しいならば」という条件つきの議論となっている。）二人称的な行為の理由というダーウォルのアイディアのアナロジーにおいて、二人称的な信念の理由というものを考えることができるだろうか。事実がどうであるか、事実に関してどのような証拠があるか等の三人称的なことがらに由来する三人称的な理由とは質的に異なり、他人との二人称的なやりとりに由来するような信念の理由、すなわち二人称的な信念の理由というものがありうるのだろうか。ダーウォル自身はこの可能性について一貫して否定的である。二人称的な信念の理由を検討する際、ダーウォルは証言を主に念頭においている。証言というプロセスは、一見、話し手が信念の理由を聞き手に宛てるという二人称的な構造を持っているように見えるが、ダーウォルによれば、そこで生じる信念の理由は、結局、「どこまでも二人称的だというわけではない」（Darwall 2006, p.57）。

この点についてダーウォルはいくつかの理由を提示している。第1に、信念は「独立した事実の秩序に呼応」し、「独立した真理によって統制される」(ibid., p.56) ような心的状態であるが故に、「われわれが何を信じるべきかは、究極的に、現にある世界に依拠」(ibid., p.57) している。すなわち、信念の理由は、究極的には、事実に関する三人称的なことがらによって決定されるのである。第2に、ある人から証言を得たとしても、「われわれが、その人の発言が物事の現実のあり方にランダムにしか関係していないと信じたとすれば (中略) その人はわれわれに信念の理由を与えることはできない」(ibid. p.57)。すなわち、証言によってもたらされる信念の理由は、証言者についての三人称的な事実、例えば証言者の信頼性についての三人称的な事実によって阻却可能である。

ダーウォルの主張、すなわち、行為の理由の二人称性は三人称性には還元できないが、同様のことは信念の理由には当てはまらないという主張を「非対称性のテーゼ」と呼ぶことにしたい。非対称性のテーゼは正しいのだろうか。もしこれが正しければ、エイランのいう“the you turn”は、少なくとも認識論には訪れないということになるだろう。

非対称性のテーゼについては、理論的にいって、二つの方向からの批判が考えられる。

第1に、ダーウォルがいうように、信念の理由の (表面的な) 二人称性は三人称性へと還元可能であるが、同様に、行為の理由の (表面的な) 二人称性も三人称性へと還元可能なのであって、そこに非対称性は存在しない、という批判がありうる (e.g., Faulkner 2014)。例えば、ダーウォルは証言によって得られる信念の理由は、結局のところ、その証言の信頼性に関する三人称的な事実によって阻却可能であると述べるが、同様のことは行為の理由に関しても指摘できるかもしれない。ただし、本稿では、行為の理由の二人称性に関するダーウォルの議論は正しいという想定の下で議論を進めているのであったから、この方向からの批判は、その想定と相容れないものとして、とりあえず脇に置いておく。

第2に、ダーウォルがいうように行為の理由の二人称性は三人称性に還元不可能なのであるが、実は、同じように、信念の理由の二人称性も還元不可能なのであって、そこに非対称性は存在しない、という批判がありうる。この文脈において、例えば、証言の認識論におけるいわゆる「請け合い理論（assurance theory）」を持ち出してくるかもしれない（e.g., Moran 2005）。請け合い理論によれば、証言に基づいて何かを信じるというのは、その話し手が言っていることを信じるというだけではなくて、その話し手自身を信じるということを含んでいる。話し手の証言は、証言において伝達される信念の正しさに関する（三人称的な）証拠としてではなく、特定の人間としての話し手がその信念に対して与える（二人称的な）請け合い（assurance）として理解されるべきである。

請け合い理論の観点から非対称性のテーゼを批判しているのは、例えば、モラン（Moran 2013）やマクマイラー（McMyler 2011）である。以下において、私もまた、この第2の方向から非対称性のテーゼを批判的に検討していくことになるが、私は、モランやマクマイラーとは異なり、請け合い理論を含む証言の認識論には焦点を当てていない。

認識的な二人称性を検討するにあたって、ダーウォルとその批判者は、証言の認識論に議論の焦点を絞る傾向にある。認識的な二人称性というアイディアが最も強い説得力を持ちうるとすれば、それは、証言の認識論においてであるという想定が、ダーウォルとその批判者との間で共有されているようである。だが、これは本当に適切な想定だろうか。証言の認識論は、本当に、認識的な二人称性を検討するための最適なトピックなのだろうか。実践的な二人称性に関するダーウォルの議論は、典型的には足踏みのケースのような場面をめぐって展開されている。とすると、そのアナロジーにおいて認識的な二人称性というアイディアの可能性を考えるとき、そのアイディアが最も説得力を持ちうるのは、足踏みのケースと構造上類似しているような場面、足踏みのケースの認識論的な対応物といえるような場面においてであると期待できるだろう。では、足踏みのケースの認識論的な対応物とは、具体的にはどのような場面だろうか。証言の認識論にそのような場面を見いだすことができるだろうか。これは、部分的には「証言」ということで何を意味するかにも依存する。わたしの考えでは、少なくとも、狭い意味での証言の場面、すなわち、ダーウォルらが念頭においている、話し手が聞き手に対して一方的に何かを伝えるような場面は、足踏みのケースの認識論的な対応物としてはあまり適切ではない。

足踏みのケースにおいては、まず、なんらかの理由によりAがBに対して、Bが受け入れることのできない行為など（例：足を踏む）を行い、それを受けて、BがAに対してなんらかの二人称的な反応（発話ないし思考）を示し、その反応によってAの側に二人称的な理由が生じる、という相互的なやりとりが成立しているのであった。他方、そのような相互的なやりとりは狭い意味での証言の場面には、少なくともその不可欠な要素としては見いだされないように思われる。これに関連して、狭い意味での証言の場面には「反応性（reactivity）」が欠けている。ダーウォルの「二人称的」の概念はストローソンの「反応的」の概念にほぼ重なるものであったことを思い起こそう。狭い意味での証言の場面においては、憤りなどの反応的態度は少なくとも中心的な役割を担ってはいないのであり、その点で、それらの場面はあまりダーウォル－ストローソン的とはいえない。

もちろん、例えば、聞き手が納得できないとき、証言者に対して何かしらの反応や応答を行うという場面の展開は十分に考えられる。私の考えでは、まさにそのような場面こそが、足踏みのケースの認識論的な対応物にふさわしい。ただし、そのような場面は、少なくとも狭い意味での証言の認識論の範囲を超えており、それはむしろ、証言というよりは不一致（disagreement）に関係しているというべきかもしれない（＊4）。この点について詳しく検討するために、以下（3節および4節）、私は一ノ瀬認識論を参照する。以下で論じるように、一ノ瀬認識論は足踏みのケースの認識論的対応物について検討する際の格好の題材となっている。

【第3節】一ノ瀬認識論の二人称性

「一ノ瀬認識論」ということで、私は、一ノ瀬が認識論的な話題について発表してきたアイディアの集まりのことを意味している。これらのアイディアは多様な側面を持っており、「人格知識論」(一ノ瀬 1997)、「音楽化された認識論」(Ichinose 2007; 一ノ瀬 2013)、「不確実性の認識論」(一ノ瀬 2006)、「不確実性のリアリズム」(一ノ瀬 2011a)、「死に基づく認識論」(一ノ瀬 2011b)、「責任の認識論」(一ノ瀬 2016) など、多様な名称が付与されている。多様な側面を持つ一ノ瀬認識論を単純に纏めることは非現実的であるので、以下では、とりわけ「人格知識論」と「音楽化された認識論」を中心に話を進めていくことにしたい。なお、一ノ瀬は前者と後者を連続的なものとして捉えており、本稿でもその理解をそのまま採用する。

私の考えでは、一ノ瀬認識論において足踏みのケースの認識論的対応物となるようなものが見いだされる。それについては4節にて詳しく論じるとして、まずここでは、準備段階として、一ノ瀬認識論とダーウォル倫理学とを大まかに比較してみたい。

一ノ瀬認識論とダーウォル倫理学とを比較してみると、注目すべき共通点が複数見えてくる。例えば、ダーウォルによれば、二人称的な理由の特徴は、それが行為主体相対的であること、そして、それが権威と応答責任を前提していること、であった。興味深いことに、一ノ瀬認識論にはこの二点に類似した論点が含まれている。

まず、ダーウォルにおける「行為主体相対性・行為主体中立性」の区別(および、前者の重視)は、一ノ瀬認識論、とりわけ人格知識論における「人格知識・没人格知識」の区別(および、前者の重視)に類似している。ダーウォルによれば、三人称的な理由とは異なり、二人称的な理由に関しては、それが**特定の誰かにとっての理由**であるという点が本質的である。同様に、一ノ瀬によれば、没人格的知識とは異なり、人格的知識に関しては、それが特定の誰か（人格）の知識である点が本質的である。

> 知識の持続性は、「誰が」その知識を主張したり獲得したりするのかという観点を意図的に排除したときに現出してくるのに対して、知識の瞬間性は、まさしく「誰が」その知識を主張し「誰が」その知識を獲得するのかという観点に立つとき姿を現してくる。（中略）この「誰か」とは「人格」に他ならないと押さえる。したがって、持続性の強調によって表象される知識のあり方は、「人格」との関連を積極的に欠いたところに成り立っているがゆえに、「没人格的知識」と呼ぶことができるであろう。そしてもちろん、瞬間性に注視することによって描かれる知識のあり方は、「人格」との本来的連関のもとで生成してくるがゆえに、「人格知識」と呼ぶことができよう。（一ノ瀬 1997, 6頁）（*5）

加えて、ダーウォルによれば、二人称的な主張や要求は、権威や応答責任と分かち難く結びついているのであった。一ノ瀬認識論にも同様の発想があり、一ノ瀬によれば、権利や責任の主体であるということ、すなわち人格であるということは、声を上げて他者に対して主張し、訴え、応答するということと分かち難く結びついている。この理由により、一ノ瀬は、英語の“person”を、「声の主体」、すなわち「声主」として理解することを提案する。

「自由」とは、簡単に言えば自由に行為する「権利」のことである。しかるに「権利」の根拠は何か。「権利」は、自然物のように端的に存在するものではなく、主張し訴えることによって生成するものである（*6）。つまり「声を上げる」ことによって生成してくる。この点で、自由な権利主体である「パーソン」が「声主」と捉えられるのはまことに自然な理解である。また、「責任」とは「応答当為性」

(responsibility) のことであり、それゆえ責任主体は「応答」するべき者でなければならない。つまり、「声を上げて」答えるべき者でなければならない。まさしく文字通り責任主体は「声主」でなければならないのである。(一ノ瀬 2013, 10頁) (＊7)

もちろん、しかし、上の点は、あくまで大まかな類似性という以上のものではない。加えて、一ノ瀬とダーウォルとの間には重要な違いもある。最も重要な違いは、一ノ瀬自身は、人格知識論を論じる際に、そこで論じられている人格は二人称的な次元ではなく、三人称的な次元にて確立されると明示的に述べている、という事実である (＊8)。

人格を本来的な意味で法廷的概念であるとすることは、人格の概念が、上告や棄却の概念と同じように、一人称的次元で確立されるものではなく、裁判官や陪審員などの側の三人称的次元で確立されるものである、とすることになるだろう。(中略) 本書で私は、人格概念の確立に媒介してくる他者を「三人称」あるいは「第三者」として表現している。二人称としての他者を媒介して確立される人格概念も当然あり得るのだが、人格概念が犯罪や責任という社会全般に関わる法的・道徳的概念へと連なっていくものである以上、二人称的に確立される人格概念とて、本来的に、他者一般の三人称的視点を予想していると考えられるからである。(一ノ瀬 1997, 70 - 71頁)

これはどう理解すればよいだろうか。私の理解では、この点における一ノ瀬とダーウォルとの相違は、「三人称」と「第三者」との関係をそのように理解するかに関する両者の対立に起因している。一ノ瀬は、上の引用において、「三人称」と「第三者」とを不可分なものと想定している。一ノ瀬によれば、「人格」が法廷的概念である以上、人格は、最終的には、法廷において裁判官や陪審員などの第三者の判断を通じて確立されるものであるから、結局、そこでの「人格」は二人称的次元ではなく三人称的な次元で確立されるものである。この論証の核心は、人格概念の「第三者」性からその「三人称」性を結論する最後のステップである。

他方、ダーウォルは一ノ瀬の論証の最後のステップを拒否する。ダーウォルは「第三者」と「三人称」を明確に区別し、前者は後者を含意しないと主張する。一ノ瀬が「人格」や「責任」といった概念の第三者性を指摘するのと同様に、ダーウォルは、要求などの発話や憤りなどの反応的態度が第三者性を帯びうることを認める。例えば、足踏みのケースにおいてBがAに対して要求を行う際、Bは、Aから足を踏まれた当人、すなわち第二者としてのみならず、「互いの足を踏まないよう要求しあっていると自己了解している成員からなる道徳的共同体の一員として」(Darwall 2006, p.7)も、すなわち第三者としても、その要求を行うかもしれない。そのような第三者性をともなっていたとしても、ダーウォルによれば、BがAに対して行う要求はやはりだれかに宛てられているのであり、その点で、二人称的なものなのである。

一ノ瀬が正しく、「第三者」と「三人称」は不可分であるのか、あるいは、ダーウォルが正しく、「第三者」と「三人称」は分離可能なのか。ここでこの問題について詳しく論じることはできないが、一ノ瀬自身の論述に抗いつつ、人格知識論を二人称的に解釈するためには、少なくともこの点に関してダーウォル側の見解を採用する必要がある。すなわち、「第三者」と「三人称」は実際には分離可能であるにもかかわらず、一ノ瀬はその点を見誤ったがゆえに、人格知識論の「第三者」性から、誤って、その「三人称」性を結論してしまった、と解釈する必要があるだろう。

［第4節］足踏みのケースと決定論者のケース

The Second-Person Standpoint において足踏みのケースを軸にダーウォルは自身の着想を説明するのと同様に、論文 "Remarks on Epistemology Musicalized"（Ichinose 2007）において一ノ瀬はある特定の場面を軸に音楽化された認識論の着想を説明する。その場面において、まず、話し手が「決定論は正しい」という断定的な主張を行い、それに対して、聞き手が、"how do you know that?" と、二人称代名詞を用いて問い返す場面である。同論文の後ろの箇所ではこの場面がさらに展開されており、そこでは、二人称の "how do you know that?" に対して、決定論者が応答し、またそれに対して聞き手が問いかけ……、と問答が続いていく場面が描かれている。これを「決定論者のケース」と呼ぶことにしよう。決定論者のケースはある種の不一致のケース、あるいは、より正確にいえば、不一致から生じる問答のケースである。

決定論者のケースは一ノ瀬認識論の持つ二人称性を象徴している。一ノ瀬はここにおいて、例えば、デカルトが『省察』において行ったように、自分自身の一人称的な観点から自分の知識を吟味する作業を行っているわけではない。決定論者のケースは、内的な省察の場面ではなく、相手との問答の場面である。他方で、例えば主流の英米系認識論でなされているように、ある場面（例：ゲティア事例）を外側から、すなわち三人称な立場から考察し、その場面において知識や正当化が成立しているのかどうかを考察しているわけでもない。決定論者のケースは相手との問答の場面であるのだが、一ノ瀬自身は、その問答を外側から、すなわち三人称的な観点から観察しているのではなく、その場面を内側から、すなわち、問答に実際に（聞き手の側で）参加し、（決定論者に対して）二人称的に応答する立場から考察している。一ノ瀬の問いは、例えば、その問答の外側から見て、その決定論者は知識や正当化の基準（例：信頼性主義的な基準、徳認識論的な基準、等々）を満たしているかどうかという三人称的な問いでは全くない。そうではなくて、その問答の内側から見て、そのような決定論者の主張を受けて「われわれはどのように応じる（react）べきか」（Ichinose 2007, p.1）という二人称的な問いなのである。

一ノ瀬によれば、決定論者のケースのような場面、すなわち、二人称的な問答の場面というのは認識を論じる際の基本的なモデルとなる。一見、二人称的な問答とは関係のないような認識プロセス、例えば、内的な省察のようなプロセスも、実は、二人称的な問答が内面化されたものとして、すなわち自分自身との二人称的な問答として解釈できるからである（*9）。さらに、音楽化された認識論においては、この二人称的な問答が「呼びかけと応答」という音楽的な現象に重ねられ、認識という現象一般が音楽的なメタファーによって分析される（*10）。

さて、私の提案は、端的に言って、一ノ瀬が論じる決定論者のケースをダーウォルが論じる足踏みのケースの認識論的な対応物とみなし、後者についてのダーウォルの二人称的な分析を後者についてもパラレルな形で適用する、というものである。以下、このアイディアを素描してみよう。

まず、ダーウォルによる足踏みのケースの分析を振り返ってみよう。このケースにおいて、まず［1a］AがBの足を踏み、それに対して、［2a］BがAに対する二人称的な要求を行う。［3a］この二人称的な要求は、Aの側に、なんらかの実践的な応答を行う行為主体相対的な理由を生じさせるが、［4a］この二人称的な要求は、Bの側がそのような要求を行うための適切な権威があるということ、そして、Aの側にそのような要求に応えるだけの応答責任があるということを前提としている。

私の考えでは、決定論者のケースはこれとパラレルな仕方で分析することができる。すなわち、このケースにおいて、まず［1b］AがBに対して決定論の正しさを主張し、それに対して、［2b］BがAに対する二人称的な要求を行う。［3b］この二人称的な要求は、Aの側に、なんらかの認識的な応答を行う行為主体相対的な理由を生じさせるが、［4b］この二人称的な要求は、Bの側がそのような要求を行うための適切な権威があるということ、そして、Aの側にそのような要求に応えるだけの応答責任があるということを前提としている。

もちろん、これは決定論者のケースの一つの可能な分析でしかなく、これが正しい分析であるのかどうかについては（ダーウォルによる足踏みのケースの分析を受け入れたとしても）大いに異論の余地があるだろう。それらの異論をきちんと論じるための準備と余裕はないが、少なくとも、以下のことだけは言えるだろう。すなわち、認識論的な二人称性の是非について検討するための適切な例は、足踏みのケースとパラレルな構造を持つ（少なくとも、そのように見える）決定論者のケース、あるいはそれに類似したケースに求められるべきであって、その点で、証言を中心に認識論的な二人称性を論じてきた従来の議論はいささか的外れである。

本稿を閉じる前に、上の分析について、とりわけ、［２ｂ］、［３ｂ］について説明を追加し、この提案の内容を少しでも明確にしておきたい。

［２ｂ］について。ここにおけるBからの二人称的な"how do you know?"は、単なる無垢な疑問文ではないことに注意したい。オースティン（Austin 1961）が指摘していたように、このような文脈における二人称の"how do you know?"や"why do you believe?"はトゲのある質問（pointed question）であり、これらの表現は"you don't know it at all"や"you oughtn't believe"という内容を含んでいる。私の解釈では、この点に関して足踏みのケースと決定論者のケースは非常に似た構造を共有している。足踏みのケースにおいて、Bが許容することのできない行為（すなわち、足踏み）をAが行ったことを受けて、BがAに対して二人称的に反応する。決定論者のケースでは、Bが賛同できない主張をAが行ったことを受けて、BがAに対して二人称的に反応（"how do you know?"）する。

足踏みのケースにおいて、Bの二人称的な反応は発話という形をとるかもしれないし、あるいは、反応的態度という形をとるかもしれない。同じことは決定論者のケースについてもいえるだろうか。決定論者のケースにおいて、Bによる二人称的な反応は、実際には"how do you know?"という発話の形式を取っているが、他方で、これは反応的態度という形式を取ることもできたのだろうか。トレフセン（Tollefsen 2017）はこの点に関して非常に興味深い提案を行っている。トレフセンによれば、ストローソン的な反応的態度、すなわち行為に関わる反応的態度の認識論的対応物、すなわち認識に関する反応的態度というものが存在する。例えば、医者が検査結果を読み間違えたせいで患者の診断を誤った場合、患者はその医者に対して情動的に反応するであろうが、その情動的態度は、誤診に関する倫理的な反応だけではなく、検査結果の誤読に関する認識的な反応も含んでいる。あるいは、誰かが馬鹿げた見解、信じ難い見解を表明しているとき、我々はその当人に対して情動的に反応することがあるが、その情動的態度をトレフセンは「認識的な憤り（epistemic indignation）」と名付ける。もしトレフセンが正しければ、この点、すなわち、二人称的反応が発話と反応的態度という二つの仕方で生じうるという点についても、足踏みのケースと決定論者のケースはパラレルだと言えるだろう。

［3b］について。足踏みのケースにおいてAに生じるのは、基本的に、足をどけることの理由である。これに対して、決定論者のケースにおいてAに生じるのは、Aが自身の決定論的な主張を「どける」、すなわち、それを改定することの理由ではなく、むしろ、その主張を明示的に正当化することの理由だと考えたくなるかもしれない。これは両者の間の違いと見ることもできるが、しかし、それは表面的な違いにすぎないとも考えられる。実際、足踏みのケースにおいても、Bからの二人称的な要求に対して、Aは足をどける代わりに、足を踏む行為を明示的に正当化（例：「あなたの足の上に毒蜘蛛がいたので、あなたを守るために踏みつぶしたのですよ」）するという形で応答することもまた可能であるだろう。また、決定論者のケースにおいても、Bからの二人称的な要求に対して、Aは決定論的な主張を明示的に正当化することができないならば、その主張を改定するというのが適切な応答となるかもしれない（＊11）。この点に関して、二つのケースの間に決定的な

違いがあるとは思えない。

なお、「主張の明示的な正当化」とは、正当化という活動（activity of justifying）、あるいは、活動としての正当化のことであり、正当化されている状態（state of being justified）、あるいは状態としての正当化のことではない（c.f., Leite 2004）。私の考えでは、状態としての正当化と活動としての正当化の区別は、大まかにいって、二人称性と三人称性の区別に対応する。Leite（2004）が指摘するように、活動としての正当化は、典型的には二人称的な問答において生じる、二人称的な活動であるだろう。（もちろん、それは一人の心の中で行われる場合もあるかもしれないが、しかし、その場合にも、それは往々にして自分自身内での問答という形式をとるといえるかもしれない。）他方、状態としての正当化は純粋に三人称的に理解できるだろう。すなわち、それは正当化に求められる三人称的な条件（例えば、信頼性主義的な条件）が満たされている状態として、純粋に三人称的に理解できる。

［第5節］結論

足踏みのケースなどを参照しつつ実践的な二人称性を擁護するダーウォルは、しかしながら、認識的な二人称性については否定的であった（非対称性のテーゼ）。認識的な二人称性を論じる際にダーウォルたちが主に念頭に置いているのは証言の認識論であったが、しかしながら、証言という現象は認識的な二人称性を考えるためのベストな実例とはいえないかもしれない。本稿では、証言の場面ではなく不一致の場面、とりわけ、一ノ瀬認識論における決定論者のケースのような、二人称的な不一致の場面においてこそ、認識的な二人称性というアイディアがとりわけ強い説得力を持つことを確認した。足踏みのケースと決定論者のケースには多くの重要な共通点があり、前者についてダーウォルの分析が正しく、そこに還元できない（実践的な）二人称性が含まれているのであれば、同様の理由により、後者についてもそこに還元できない（認識的な）二人称性が含まれていると考えることは、両ケースの間に重要な違いが存在しない限り、合理的であるだろう。無論、そのような重要な違いが存在するかどうかについては、さらなる検討が必要である。

【謝辞】

シンポジウム「因果・動物・所有 一ノ瀬哲学をめぐる対話」（２０１７年12月24‐25、東京大学本郷キャンパス）にて本稿の土台となる論文を発表した。会場からの質問および一ノ瀬正樹教授からのコメントに感謝する。加えて、岡山大学での研究ミーティング（２０１８年７月25日）でも同様のものを発表し、植村玄輝、Alessandro Salice、Alba Montes Sánchez、Simon Høffding の各氏から有益な助言をいただいた。この研究ミーティングに関して、サントリー文化財団（植村玄輝［研究代表者］：２０１７年度人文科学、社会科学に関する学際的グループ研究助成：「感情の哲学の学際化に向けた国際的研究体制の構築：現象学的方法の検討を通じて」）からの助成に感謝する。飯塚理恵、大谷弘、岡本慎平の各氏より詳細なコメントをいただき、その多くは最終稿に反映されている。また、Naomi Eilan 教授には“the you turn”についての質問に丁寧に答えていただいた。本研究はＪＳＰＳ科研費（宮園健吾［研究代表者］：18H00605：基盤研究（B）「行為者性の概念を拡張する：認知、行動、行為に関する国際的研究拠点の構築」）の成果の一部である。

◉注

＊1　この動向については、二人称的アプローチをめぐる *Philosophical Explorations* 誌上の特集（volume 17, issue 3）所収の各論文、とりわけ、エイランによるイントロダクションを参照せよ。

＊2　ダーウォルの提案の是非については、とりわけ、彼の *The Second-Person Standpoint* をめぐる *Ethics* 誌上でのブック・シンポジウム（volume 18, issue 1）、および、同書をめぐる *Philosophy and Phenomenological Research* 誌上でのブック・シンポジウム（volume 81, issue 1）を参照せよ。

＊3　なお、本稿におけるダーウォルからの引用、ダーウォルの用語は、多くの場合、寺田俊郎（監訳）・会澤久仁子（訳）による翻訳（2017『二人称的観点の倫理学：道徳・尊敬・責任』法政大学出版局）をそのまま踏襲しているが、多少手を加えたところもある。

＊4　例えば、Peter (2013) も同様の提案を行っている。

＊5　この引用と、ダーウォルからの以下の引用とを比較せよ。「行為主体中立的な理由は行為主体相関的理由と対照的である。後者を明確に述べれば、その理由が誰にとっての理由なのかという行為主体への言及が含まれることになる（『わたしがした約束を守る』理由、『他の人［つまりわたし以外の人］に危害を与えないようにする』理由などのように）。行為主体中立的な理由はこのような言及なしに言明できる。例えば「何らかの苦痛が誰かに（何かに）生じるのを防ぐ」理由のように。（Darwall 2006, p.6)

＊6　権利を求めるために声を上げるということは、しかし、常に特定の誰かに向けられているわけではないかもしれない。例えば、社会全体に向けられている場合もあるだろう。以下で述べるように、ダーウォルには、当事者ではない第三者が、道徳的共同体の一員として、誰かに対して二人称的な要求を行うという発想があるが、声が社会全体に向けられているケースはこの発想との関連において理解できるかもしれない。すなわち、そのようなケースは、誰かが特定の個人ではなく道徳的共同体の全体に対して二人称的な要求を行う場面として考えられるかもしれない。この論点について飯塚理恵の指摘に感謝する。

＊7　この引用と、ダーウォルからの以下の引用とを比較せよ。「誰かを人格として認知し、尊敬することも二人称的である、とわたしは考える。それは、人格の尊厳に根ざす二人称的理由を誰かに宛て誰かから宛てられる地位の承認であり、この場合その地位もまたどこまでも二人称的である。ロックが述べた通り、『人格』は『法廷用語』である。それは説明責任に概念的に関係している。平等な説明責任としての道徳によれば、人格であるとはまさに、相互に責任を負いあう平等な人々の共同体において、人格として他の人々に要求を宛て、また彼らから要求を宛てられる能力と地位を持つことである。」(Darwall 2006, p.126)

＊8　一ノ瀬は、しかし、別の文脈、とりわけ死を論じる文脈では二人称性を重視している。『死の所有』において、一ノ瀬は、一人称の死と三人称の死と対比する形で二人称の死について論じており、それを「苦しかったろうね、いまは楽になったかい、幸せな一生だったかいなど（中略）、死者に語りかけるときに私たちに顕現している『死』」のありよう、それこそが『二人称の死』にほかならない」（一ノ瀬 2011b, 12頁）と述べる。そして、死者に語りかけることが有意味だと考えられる観点を「彼岸視点 (the hereafter point of view)」と呼ぶ。

＊9　「私は、『なぜ』と『なぜならば』を実際に発話して用いている場面を基本モデルとして捉える。よって、それ以外の、単に自分の頭の中で自己問答している場面も、言葉を用いて内語として発話している状態として解したい。本を読んだり、メディアを通じて何かの情報を受け取る場合も、その情報内容の理解に至っている場合は、『なぜ』と『なぜならば』の自己問答を経ていると捉えたい。すなわち私は、総じて、推論であれ認識であれ行為であれ、それらについて何事かを理解するという知的営みは『なぜ』と『なぜならば』という発話を通じた『原因』と『理由』の理解実践であると、そう押さえたいのである。」（一ノ瀬 2006, 8頁）

＊10　「『呼びかけと応答』とは基本的には『通常異なる音楽家によって演奏される二つの別個なフレーズの連なりであり、そこでは第二のフレーズは第一のフレーズに対する直接的なコメントあるいは応答として聞こえる。これは人間のコミュニーケーションにおける応答のパターンに対応している』が、発祥元とされるアフリカ西部では『声や楽器による音楽的表現と同様に、市民に関する問題、宗教的儀式、などでの公的な集会など、民主的参加の普及したパターンでもある』。私はこれをさらに普遍化して、人間の理解実践一般のモデルと捉えたいのである。」（一ノ瀬 2006, 9頁）

＊11　意見の不一致に際して自身の主張を改定すべきであるという考えは、同等者間の不一致（peer disagreement）の認識論におけるいわゆる和解主義（conciliatory views）に通じるものである。和解主義によれば、同等者間の不一致に際して元の信念（の度合い）を維持することは合理的ではない。あるいは、意見の不一致に際して主張を明示的に正当化できないならばその主張を改定すべきであるという考えは、厳密には、Lackey (2010) の正当化主義（justificationist view）に通じるというべきかもしれない。ただし、ラッキーの正当化主義における「正当化」は状態としての正当化のことであるが、他方、（下で述べるように）我々の文脈での「正当化」は活動としての正当化のことである。

◉文献表

Austin, J. L. 1961. *Philosophical Papers.* Oxford: Oxford University Press.

Darwall, S. L. 2006. *The Second-Person Standpoint: Morality, Respect, and Accountability.* Cambridge, Massachusetts: Harvard University Press.

de Kenessey, B. & S. Darwall 2014. 'Moral Psychology as Accountability.' In I. J. D'Arms, & D. Jacobson (eds.), *Moral Psychology and Human Agency: Philosophical Essays on the Science of Ethics.* Oxford: Oxford University Press, pp. 40-83.

Eilan, N. 2014. 'The you turn.' *Philosophical Explorations,* 17(3): 265-278.

Faulkner, P. 2014. 'The moral obligations of trust.' *Philosophical Explorations,* 17(3): 332-345.

Hume, D. 1751/2006. *An Enquiry Concerning the Principles of Morals.* T. Beauchamp (ed.), Oxford: Oxford University Press.

一ノ瀬正樹 1997『人格知識論の生成―ジョン・ロックの瞬間』東京大学出版会。

一ノ瀬正樹 2006『原因と理由の迷宮―「なぜならば」の哲学』勁草書房。

Ichinose, M. 2007. 'Remarks on Epistemology Musicalized.'『論集』25巻、1-12頁。

一ノ瀬正樹 2011a.『確率と曖昧性の哲学』岩波書店。

一ノ瀬正樹 2011b.『死の所有―死刑、殺人、動物利用に向きあう哲学』東京大学出版会。

一ノ瀬正樹 2013「『音楽化された認識論』の展開―リフレイン、そしてヴァリエーションへ―」『論集』31巻、1-17頁。

Ichinose, M. 2016. 'An Essay towards an Epistemology of Responsibility: A Probabilistic Approach.'『論集』34巻、1-32頁。

Lackey, J. 2010. 'A justificationist view of disagreement's epistemic significance.' In A. Haddock, A. Millar, & D. Pritchard (eds.), *Social Epistemology.* Oxford: Oxford University Press, pp. 145-154.

Leite, A. 2004. 'On justifying and being justified.' *Philosophical Issues,* 14(1): 219-253.

Moran, R. 2005. 'Getting told and being believed.' *Philosophers' Imprint,* 5: 1-29.

Moran, R. 2013. 'Testimony, Illocution and the Second Person.' *Aristotelian Society Supplementary Volume,* 87(1): 115-135.

McMyler, B. 2011. *Testimony, Trust, and Authority.* Oxford: Oxford University Press.

Peter, F. 2013. 'The procedural epistemic value of deliberation.' *Synthese*, 190(7): 1253-1266.

Reddy, V. 2008. *How Infants Know Minds.* Cambridge, Massachusetts: Harvard University Press.

Rose, D., & J. Schaffer 2013. 'Knowledge entails dispositional belief.' *Philosophical Studies,* 166(1): 19-50.

Schilbach, L., B. Timmermans, V. Reddy, A. Costall, G. Bente, T. Schlicht, & K. Vogeley 2013. 'Toward a second-person neuroscience.' *Behavioral and Brain Sciences,* 36(4): 393-414.

Strawson, P. F. 1974/2008. *Freedom and Resentment and Other Essays.* London and New York: Routledge.

Tollefsen, D. P. 2017. 'Epistemic Reactive Attitudes.' *American Philosophical Quarterly,* 54(4): 353-366.

［第五章］

「規範性・確率およびメタ曖昧性」についての覚書

鈴木 聡

駒澤大学

【第1節】本稿の目的

一ノ瀬哲学の顕著な特徴の一つは、**哲学的思考における発想の自由さ**である。勿論、この特徴は、最近の彼の論文（Ichinose 2017）にも存分に発揮されており、規範性・記述性・主観的確率・曖昧性・規則遵守のパラドクスという分析哲学の主要なトピックが自由な発想のもとに有機的に結び付けられている。一ノ瀬（Ichinose 2017, p.3879）はこの論文の内容全体を次のように要約する。

> 本論文は、記述的な主張と規範的な主張との関係についてのある特定の問題にかかわっている。つまり、もし記述的な主張が規範的な主張を頻繁に含意する、およびその逆も成り立つと理解するならば、「ヒュームの法則」や「ムーアの自然主義的誤謬」の議論が提示したように、これら二つの間になされる伝統的な厳格な区別をどのように解釈するのか。とりわけ、この厳格な区別を再考するために、ウィトゲンシュタインの「規則順守のパラドクス」のクリプキによる解釈に特に焦点が当てられる。本論文は、もし記述的な主張と規範的な主張とが互いに排反的でないならば、この関係を理解する新しい枠組みが必要であると議論する。この点に関して、本論文は、曖昧性についての事柄から考えを取り入れる、とりわけ、これらの差異を図式的に理解するために、主観的確率による度合理論的なアプローチを用いる。その結果、本論文は、**規範性の度合**（degree of normativity）および**記述性の度合**（degree of descriptivity）（筆者による強調）が表現・測定されうる双曲線モデルを試験的に提案する。結果として、この試験的な提案が曖昧性一般についての議論を深めることに寄与することが望まれる。

この要約が示すように、（Ichinose 2017）のセールスポイントの一つは双曲線モデルである。このモデルは規範性の度合と記述性の度合とから定義される。これらの二つの度合の吟味は（Ichinose 2017）のより深い理解の手助けとなるだろう。本稿の目的は次の二つである。

［1］規範性の度合（*DN*）についての一ノ瀬（Ichinose 2017）の議論を示し、それに関する提案（定義）と疑問とを提示すること

［2］記述性の度合（*DD*）についての彼（Ichinose 2017）の議論を示し、それに関する提案（定義）と疑問とを提示すること

［第2節］一ノ瀬の議論とそれに関する提案（定義）と疑問

［1］規範性の度合についての議論とそれに関する提案（定義）と疑問

■1 SSの個人内比較可能性

一ノ瀬（Ichinose 2017, p.3890）は規範性の度合（*DN*）について次のように議論する。

期待承認（expected sanction）の（主に個人間の、）主観的厳しさ（subjective severity）（*SS*と略記）は、規範が破られるならば、そのときに与えられるべき処罰（sanction）の（主に個人間の、）主観的な、条件付き確率（*PS*）によって掛けられる。例えば、「*A*」を関連する文または表現であると仮定するとき、この考えを次の等式で表現できる。

規範性の度合

$$DN(A) = SS\,(A) \times PS\,(A)$$

一ノ瀬（Ichinose 2017, pp.3881–3882）は処罰とさまざまな種類の規範性について次のように議論する。

まず、私は、規範的な主張がすべて同じ質を持っているものとして表現する一方で、例えば、論理的・法的・道徳的な規範性およびカント的な超越論的なタイプ規範性の間での差異において見受けられるさまざまな形式の規範性が存在することを十分に意識している。これにかかわらず、カント的な立場を含む、これらすべての規範的な立場を定義する共通の特徴が存在すること、つまり、もし「すべし」語法を破るならば、科されるかもしれないある種の処罰がいつも存在することを私は理解している。

次の例を見よう。

A :=「鈴木 聡」が私を指示するという意味論的規則、
B :=「殺人をすべきではない」の意味論的値

ここでは、次の式が成り立たなければならない。

(1) $SS(A) > SS(B)$、$SS(A) = SS(B)$ または $SS(A) < SS(B)$

しかしながら、(1)のどの選言肢が成り立つのかという問いは回答不能であるだろう。なぜならば、意味論的な規範性と道徳的な規範性とを同じ尺度 SS で測定することが有意味でないのは、物体の質量と長さとを同じ尺度で測定すると同様に有意味ではないからである。ここで我々には次の疑問が生じる。

疑問1（***SS*の個人内比較可能性**） 各個人は、異なる種類の規範性を示す文の、それを破ったときに科される処罰の主観的な厳しさ*SS*をどのようにして個人内で比較（測定）できるのだろうか？

■2 SSの個人間比較可能性

さらに、「間個人性（interpersonality）」を重要視するならば、*DN*は、個人の数がn（nは十分に大きい）の場合、次のように定義し直すべきだろう。

定義1（*DN*）　$DN(A) := \frac{1}{n}\sum_{i=1}^{n} SSi(A) \times PSi(A).$

エルスターとレーマー（Elster & Roemer eds.1991）によれば、社会的選択理論において、効用の個人間での比較は、たとえ可能であるとしても、理想化された複雑な条件が必要である。社会的選択理論における効用の場合と同様に、処罰の主観的な厳しさ*SS*の個人間での比較は、たとえ可能であるとしても、理想化された複雑な条件が必要である。ここで我々には次の疑問が生じる。

疑問2（***SS*の個人間比較可能性**） 各々の規範性を示す文の、それを破ったときに科される処罰の主観的な厳しさ*SS*をどのようにして個人間で比較（測定）できるのだろうか？

［2］記述性の度合についての議論とそれに関する提案（定義）と疑問

1　間主観的（個人間）確率

一ノ瀬（Ichinose 2017, p.3895–3896）は記述性の度合（*DD*）について次のように議論する。

表現と現象との間に衝突がある場合、
記述性：表現は訂正されるべきであり、現象は変化不可能である。

規範性：現象は処罰されるべきであり、表現は保持される。

いずれにせよ、これらの考察に従う場合、（*DN* の場合のように「*A*」を関連する文または表現とし、*PrA* を「*A*」に関連する現象であると仮定するとき、）*DD* によって示される、条件付確率の形の次の式を提案できる。

記述性の度合

$DD(A) = P(PrA$ は変化不可能である $\mid A$ は PrA と異なる$)$.

しかしながら、*DD* は一個人の信念の度合だけから定義されるべきではない。個人の数が n（n は十分に大きい）のとき、*DD* は間主観的（個人間）確率から、例えば、確率集計（probability aggregation）（＊1）の方法として相加平均を採用すれば、次のように定義できるであろう。

定義2（*DD*）　$DD(A) := \frac{1}{n}\sum_{i=1}^{n} P_i(PrA$ は変化不可能である $\mid A$ は PrA と異なる$)$.

■2 PrA の定義可能性

一ノ瀬（Ichinose 2017, p.3895）は、例えば、ある特定の激しい暴風雨が２０１３年のある特定の日に日本に上陸したとき、「激しい暴風雨が２０１３年のある特定の日に日本に上陸した」という文の意味論的値の *DD* に値１が割り当てられうると議論する。しかしながら、

A := 「激しい暴風雨が２０１３年のある特定の日に日本に上陸した」という文の意味論的値、
PrA := 「激しい暴風雨が２０１３年のある特定の日に日本に上陸した」という文の意味論的値に関連する現象

とするとき、一ノ瀬の *DD* の定義に従うと、*DD*(*A*) は定義されないことがありうる。なぜならば、

P(*A*は*PrA*と異なる)＝0

となる可能性があるからである。

さらに、（Ichinose 2017, p.3896）の例において、

A := 「人間を二つに切り裂く」という文の意味論的値、
PrA := 「人間を二つに切り裂く」という文の意味論的値に関連する現象

とするとき、一ノ瀬の *DD* の定義に出現する「*A* は *PrA* と異なる」の意味を把握することが困難であろう。

以上の考察から、我々には次の疑問が生じる。

疑問3（***PrA*** **の定義可能性**）どのように PrA を定義できるのだろうか？

【第3節】まとめ

本稿で我々は一ノ瀬の議論に関して次の二つの提案（定義）を行った。

定義1（*DN*）　$DN(A) := \frac{1}{n}\sum_{i=1}^{n} SSi(A) \times PSi(A).$

定義2（*DD*）　$DD(A) := \frac{1}{n}\sum_{i=1}^{n} Pi(PrA\text{は変化不可能である} \mid A\text{は}PrA\text{と異なる}).$

また、我々は一ノ瀬の議論に関して次の三つの疑問を提示した。

疑問1（***SS*** **の個人内比較可能性**）各個人は、異なる種類の規範性を示す文の、それを破ったときに科される処罰の主観的な厳しさ *SS* をどのようにして個人内で比較（測定）できるのだろうか？

疑問2（***SS*** **の個人間比較可能性**）各々の規範性を示す文の、それを破ったときに科される処罰の主観的な厳しさ *SS* をどのようにして個人間で比較（測定）できるのだろうか？

疑問3（***PrA*** **の定義可能性**）どのように *PrA* を定義できるのだろうか？

◉注

＊1　確率集計については（Lehrer & Wagner 1981）を参照せよ。

◉文献表

Elster, J. & J. E. Roemer (eds.), 1991. *Interpersonal Comparisons of Well-Being.* Cambridge: Cambridge University Press.

Ichinose, M., 2017. 02bb 'Normativity, Probability, and Meta-Vagueness,' *Synthese,* 194: 3879–3900.

Lehrer, K. & C. Wagner. 1981. *Rational Consensus in Science and Society*. Dordrecht: Reidel.

［第六章］

条件文の分類と意味論

吉満昭宏
琉球大学

はじめに

多岐に亘る一ノ瀬哲学だが、その中枢となる分析道具の一つとして「確率的因果（probabilistic causality）」が挙げられる。だが、これと密接な関係にある「条件文（conditionals）」や「条件性（conditionality）」の分析は、あまりなされていないように思われる。実際、私の知る限り、これらについて主題的に扱っている個所を年代順に挙げると、以下の通りである。

2001年『原因と結果の迷宮』（『迷宮1』）第3章（特に166頁や注11）
2006年『原因と理由の迷宮』（『迷宮2』）第1章注23・注25、第2章第10節「ソライティーズの因果説」
2011年『確率と曖昧性の哲学』（『確率』）第5章第3節「二つの条件文」
2016年『英米哲学史講義』（『哲学史』）第15章第5節「条件文と確率」
2018年『英米哲学入門』（『入門』）第2章第4話「確率から条件分析へ」

本論は、「条件文の分類と意味論」という観点から一ノ瀬哲学での条件文の扱いを検討しつつ、示唆を与えるものである。

［第1節］条件文の分類

［1］分類作業の前に

「条件文の分類」に関しては、言語学からのものと論理哲学からのものに分けられるが、自然言語そのものの分析ではなく、それを介しつつも概念の分析を旨とする論理哲学的なアプローチを、ここでは見ていく（*1）。とはいっても、論理哲学の分野で本格的にこの問題を扱ったものはあまり多くはなく、未だ「統一見解」や「標準的見解」があるわけでもない。なので、この段階でヘマをするとその後の議論は全く「空回り（本論1.3節を参照）」する恐れがあることを断っておく。

今回、論理哲学的アプローチからの条件文の分類として、以下の二つの文献を参考にした（共に未邦訳）。

J・ベネット　1995「条件文を分類する」『マインド』104巻（［B-95］と表記）

N・レッシャー　2007『条件文』MIT出版（［R-07］と表記）

［B-95］は時制に着目して、特に未来に関する条件文の分類について論じている。［R-07］は第1－3章にて、条件表現・条件文を様々な角度から分類しており、私の知る限り、論理哲学的アプローチからの条件文の分類としては一番詳しいものとなっている。また今回、なぜこの二つを参考にしたかというと、一ノ瀬哲学での次の基本方針を踏まえてのことである。

> 第一は、過去から未来へという「時制」をとりわけ重大な考察軸に据えた、という点であり、第二は、因果的な理解をしているというその営み自体を考察対象に組み込むという「自己言及」をつねに行おうとした点である。（『迷宮1』vi頁）

つまり、『迷宮1』と『迷宮2』での「時制の重視」と「理解実践というエピステミックな視点の重視」という観点からして、条件文の時制に焦点を当てている［B-95］と、時制やエピステミックな観点に焦点を当てている［R-07］に、とりあえず「当たり」をつけてみたというわけである。

［2］レッシャーの「認知的アスペクト」からの分類

レッシャーは［R-07］第2章「アスペクトの諸相」にて、条件文を多様なアスペクトから分類しているが、本論での関心に照らして特に重要だと思われるのは、「認知的アスペクト（cognitive aspect）」だろう（pp.15-19）。それによると、何らかの条件文「AならB」の前件Aが、関連する背景知識と関係される仕方に応じて、以下の三つの条件文が区分される。

◉事実的（F：factual）条件文：前件Aが真として、知られている、または受け入れられている。英語だと「since 条件文」に相当する（*Since A is true, B is.*）。
◉反事実的（C：counterfactual）条件文：前件Aが偽として、知られている、または受け入れられている。英語だと「仮定法（subjunctive mood）」がよく用いられる（*If A were true, B would be.*）。
◉不可知的（A:agnostic）条件文：前件Aの真理値が未知である。英語だと、典型的には未来形をとる（*If A is true, B will be.*）。

ただし、この区分は程度問題であり、前件が実現すると見積もられる尤もらしさ（「仮説性（hypotheticality）」と彼は呼んでいる）には、「F>A>C」の順位がある。以下の実例で、これを確かめてみる（仮説性の順序は「［1］>［2］>［3］>［4］」である）。

［1］［F条件文］*Since Tom is home, he will answer the bell.*（トムは家にいるので、彼がベルに応答す

［表1.1］条件文の査定

コミットメント	査定された仮説性	尤もらしさ
受容	現実	確実性
真に傾いた不確実さ	実際の可能性	高い蓋然性
偽に傾いた不確実さ	薄い可能性	低い蓋然性
全面拒否	不可能性	ゼロ蓋然性

る。）

［2］［A条件文］*If Tom is home, he will answer the bell.*（トムが家にいるなら、彼がベルに応答する。）

［3］［A条件文］*If Tom were home, he would answer the doorbell.*（もしトムが家にいるならば、彼がベルに応答するだろう。）

［4］［C条件文］*If Tom had been home, he would have answered the doorbell.*（もしもトムが家にいたならば、彼がベルに応答しただろう。）

前件の仮説性とその「尤もらしさ（likelihood）」のそれぞれの関係については、以上のような表を提示しており（p.20 table2.2）、上記の［1］〜［4］はこの順で当てはまるとされる（表1.1）。

なお、レッシャーの分析は特定の自然言語によらない概念的な分析になっている点にも留意されたい。そして、上記のことは日本語でも（それがどう表現されるかはともかく）成り立っているといえるだろう（＊2）。

［3］ベネットの「DW条件文」の分類をめぐる議論

他方でベネット論文は、以下の三種類の条件文（この三つ組を「BL事例」と呼ぶことにする）に関して、未来に関する条件文（DW条件文）を、意味論的にどちらに分類するか（ストレートかコーナーか）を論じたものである（＊3）。

◉Didn't-did（DD）条件文：*If Booth didn't kill Lincoln, then someone else did.*（ブースがリンカーンを殺さなかったなら、他の誰かが殺した。）［$A \to B$：ストレート］

◉Hadn't-would（HW）条件文：*If Booth hadn't killed Lincoln, someone else would have.*（もしもブースがリンカーンを殺さなかったならば、他の誰かが殺しただろう。）［$A > B$：コーナー］

◉Doesn't-will（DW）条件文：*If Booth doesn't kill Lincoln, then someone else will.*（ブースがリンカーンを殺さないのなら、他の誰かが殺す。）（Con (A, B)（＊4）：$A \to B$なのか、$A > B$なのか？）

「コーナー」と「ストレート」の意味論については、本論第2節で詳述するものの、ここではとりあえず、コーナーの方は「事態間の客観的な結合」や「信頼できる何らかの因果的構造の存在」に基づくのに対して（＊5）、ストレートの方は話者の「信念体系における繋がり」に基づくにすぎない、と理解しておけばよい。そして、前者は可能世界の概念を使った意味論で、後者は主観的確率の概念を使った何らかの理論で扱われるとされる。

ベネットによると、伝統的にはDW条件文は「ストレート」に分類されてきたが、近年、DW条件文は「コーナー」に分類されるとする論者が増えている（かつてのベネットもその一人だった）。しかしながら、DW条件文は意味論的にはやはり「ストレート」に分類され、結局のところ「伝統的な仕方は正しかった」（当論文の副題）と結論する。

その際ベネットは、条件文に関する五つの性質を提示し、それを基にして、「ストレート」と「コーナー」の違いを特徴づけ、その上でDW条件文を吟味し「ストレート」に分類される、という流れで論を進めていく。では、その五つの性質を順に見ていくことにする。

◉**信用性質**（Confidence Property：「CP」と略）：或る人のCon（*A*, *B*）における確信が、Aを想定した上でBに同意する確率に比例するところの性質（［B-95］p.337を参照）

これはBL事例でのDD条件文で考えると理解し易いだろう。このDD条件文全体の確信度は、ブースがリンカーンを殺さなかったとするなら、他の誰かが殺したとする確率に比例する。ここから、CPを持つ条件文では、Con（*A*, *B*）を確信し、Aを確信する者は、他の事情が同じなら、Bを推論することも分かるだろう。また、CPを持つ条件文は、いわゆる「ラムジー・テスト」（＊6）をパスすることにもなる。

◉**破棄性質**（Opt-out Property：「OP」と略）：前件Aの真理を確信しようとするものなら、これを破棄するだろうという性質（［B-95］p.341を参照）

これはBL事例でのHW条件文で考えると理解し易いだろう。ブースがリンカーンを殺したと確信している者にとって、ブースがリンカーンを殺さなかった（A）と確信しようとするものなら、その人の信念体系は混乱し、この前件（A）そのものを破棄することだろう。

では、BL事例でのDW条件文の場合はどうだろうか？　ベネットはまず、ルイスの「**トリヴィアリティ結果**（triviality results：「TR」と略）（＊7）」を持ち出して、DWはコーナーではありえないと論じる（［B-95］sec.6や本論2.3節を参照）。そして、条件文一般について、CPとOPは両立しえないが、網羅的ではないことを論じる。その結果として、一方でストレートはCPを持ちOPを持たないが、他方でコーナーはOPを持ちCPを持たないとされる（ただし、CPとOPは網羅的でないので、稀にOPも持たないものもある（＊8））。ここから、「**DWはストレートに分類される**。」ととりあえず、結論づける（以上の議論については［B-95］sec.7を参照）。

更にベネットは以下の三つの性質を持ち出して、上記の結論を補強している。

◉**ゼロ性質**（Zero Property：「ZP」と略）：前件Aの確率が0のとき、誰もまともな条件文として取り合わないという性質（[B-95] p.346を参照）

◉**超ゼロ性質**（Superzero Property：「SZP」と略）：前件Aが因果的に不可能な場合、誰もまともな条件文として取り合わないという性質（[B-95] p.347を参照）

この両者に関しては、ZPがSZPを含意するのは自明だろう。そして、BL事例で確認するまでもなく、一般にDD条件文はZPを（故にSZPも）持ち、HW条件文はZPは持てないが、SZPは持つことも分かるだろう。

では、BL事例でのDW条件文の場合はどうだろうか？ この場合、ZPを持ち、それ故にSZPを持っているのも分かるだろう。ただし、DW条件文一般については、ベネットはその限りではないとしている（本論1.4節で後述）。

◉**空回り性質**（Stand-off Property：「SP」と略）：或る人がCon (A, B) を受け入れ、別の人がCon (A, $\neg B$) を受け入れ、かつどちらも間違っていない場合があるという性質（[B-95] p.352を参照）

これは、BL事例でのDD条件文で考えると理解し易いだろう（ただし、「なら」を「ので」に変えてある）。一方が「ブースがリンカーンを殺さなかったので、他の誰かが殺した。[$A \to B$]」を受け入れ、他方が「ブースがリンカーンを殺さなかったので、誰も殺さなかった。[$A \to \neg B$]」を受け入れているものの、真相はと

[表1.2]ベネットの議論のまとめ

	CP	OP	ZP	SZP	SP	意味論上の分類
DD条件文	○	×	○	○	○	ストレート
HW条件文	×	○(稀に×)	×	○	×	コーナー
DW条件文	○	×	○	○	○	ストレート

いうと、「ブースがリンカーンを殺した。[¬A]」の場合を考えてみよう。この場合、両者の主張は間違いではないものの、誤った前件の下で主張を行っているために、主張全体がもはや空回りしているのである（これはZPからの帰結でもある）。ここから分かるように、偽な前件を持つストレートは、SPを持つが、そもそも偽な前件を持つコーナーはSPを持たない。そして、DW条件文はZPを持つので、SPも持つことになる。

　以上のことを表にまとめると、表1.2になる。ここから、DW条件文がコーナーではなく、ストレートなのは明らかである。こうして、「DW条件文は、意味論的にはDD条件文と同類であり、ストレートに分類される」という伝統的な分類法は正しかったのである。

[4]レッシャーとベネットの議論のまとめと教訓

　以上を踏まえ、レッシャーによる条件表現の分類とベネットによる意味論上の分類とを掛け合せると、表1.3のようになる（「◎」は「典型的に当てはまる」を、「(△)」は「単に英文法の上で当てはまるが、条件性という概念分析としてはその限りではない」をそれぞれ表す）（＊9）。

　DD条件文の前件が、上記の四つの性質からして、典型的には事実的であり、反事実的ではありえないのは、もはや自明なことだろう。ただし、不可知的なDD（「A・DD条件文」と表現）があることも分かるだろう。それは、過去の出来事に関する条件文だが、その前件が実際に起こったかどうかが不確かな場合の条件文である。例えば、太郎のガールフレンドが殺され、その犯人として太郎が疑わ

[表1.3]条件文の分類と意味論

	事実的(F)	不可知的(A)	反事実的(C)	意味論上の分類
DD条件文	◎	○	×	ストレート
DW条件文	○	◎	×(△)	ストレート
HW条件文	×	×(△)	◎	コーナー

れている場合、「太郎がこの現場にいたのなら、彼が殺しただろう」と述べる場合である（この場合の「のなら」は、「ので」では置き換えられない）（＊10）。また、HW条件文が、上記の二つの性質からして、反事実的でしかありえないのも明らかだろう（＊11）。

注目すべきはDW条件文である。これは未来に関する条件文なので、典型的には、前件が不可知的［A］なのは明らかである。ただし、「お腹が空いているので、ランチにしよう。」のように、今の状態を前件にして、その後のことを述べる条件文も可能なために、事実的［F］なものもあることになる（本論4.1節も参照）。更にこの表から分かるように、ベネットによると「C・DW条件文」も［英文法上は］あるとされる。彼が引いている例文は、次のものである（p.348）。

◉ *If the sun goes out of existence in ten minutes' time, the earth will be plunged into darkness in about eighteen minutes time.*（太陽が10分以内に消滅してしまうなら、地球はおよそ18分後に暗闇に包まれる。）

これはどう見ても、表1.2の観点からして「コーナー」に属すように思われる（＊12）。そして、近年、DW条件文をコーナーに分類する論者が増えているのは、このような事例を介してであるとベネットは述べている。ただし彼は、このような例はDW条件文の「例外的な用法」であり、英語において間違っているのだが（本来なら"If the sun were to go out of existence in ten minutes' time, the earth would be plunged into darkness in about eighteen minutes time.”と表現すべきで、要は「偽装されたC・HW条件文」である)、通用している慣習的な用法にすぎないと見なしている。よって、この分析は、英語という自然言語固有の現象に関する分析である。なので、初めから「条件性」という概念分析をやっているという立場からすると、「C・DW条件文」はありえない[×]ことになる。

[第2節]条件文の意味論

[1]条件文の意味論の前に

ここまでの議論において、コーナーとストレートの意味論に関しては、本論1.3節での簡素な説明のままで進めてきた。ここでは、これらの意味論について詳しく見ていこう。

ここでの条件文の意味論は、[B-95]に従って、現在、標準的なものを考える。まず、条件の演算子を以下の三つに分ける(*13)。

「$A \supset B$」(ホースシュー〔馬蹄〕)
「$A \rightarrow B$」(ストレート)
「$A > B$」(コーナー)

このうち、ホースシューの意味論は「実質条件文(material conditional)」のものである。

[表2.1]ホースシューの意味論

A	B	$A \supset B$
真	真	真
真	偽	偽
偽	真	真
偽	真	真

表1.3からも分かるように、日常言語で使われる条件文や条件表現の意味論はホースシューではない。例えば、典型的なDW条件文は、そもそも前件が真でも偽でもないので、ホースシューではDW条件文を上手く捉えられない。またHW条件文は、そもそも前件が偽なのだが、この場合だと空に真になるので、ホースシューではHW条件文を上手く捉えられない（＊14）。

［2］ストレートの意味論について

次にストレートの意味論についてだが、本論1.3節でも見たように、ストレートはCPを持ち、CPは、「Aが与えられたときのBの主観的な条件つき確率でもって測られる」ことに等しい。よって、「A→B」の意味論は「ストルネイカーの仮説（$P(A \to B)=P(B|A)$）」でもって表現されるだろう。つまり、「「AならばB」という条件文に対する確率は、Aという条件の下でのBに対する条件つき確率に等しい。」というわけである（Stalnaker 1968を参考）。そして、このような確率的な扱い故に、他のZPやSZPやSPも自動的に満たされることになる。

もちろん、これに対してはルイス由来のTRの餌食になる（注7を参照）ので、TRを避けつつも確率の概念を活かしたストレートの意味論としては、以下の二つがよく知られている（［B-95］sec.5や伊藤1997第5章を参照）。

［1］ストレートの真理条件は、ホースシューのもの（表2.1）と変わらない。ただし、その「主張可能性」に関しては条件つき確率でもって説明される（例：Jackson 1987）。この場合、条件文の埋め込みや条件文を含む複文は、もはやその主張可能性を測れないとして、TRを回避する。

［2］ストレートはそもそも真理値を欠いているので、真理条件を持ちえない。それは標準的な条件つ

き確率を持つのみである（例：Adams 1975）。この場合、条件文の埋め込みや条件文を含む複文は、そもそも確率論的に計算できないとして、TRを回避する。

これらのいずれかを採るべきかに関しては、ここでは問わないことにする。

［3］コーナーの意味論について

最後にコーナーの意味論についてだが、これは現在の主流（＊15）としては、次の可能世界意味論に基づく条件法論理の意味論で与えられる。

◉$A > B$が現実世界w_0で真なのは、ちょうど、Aが成り立つ、w_0から最も近い世界の全てにおいて、Bが成り立つときである。なお、前件が不可能な場合には空に成り立つ（＊16）。

これを図示すると図2.1のようになり、こう説明される。現実世界w_0を円の中心にして、各々の可能世界がw_0との有り様における「類似性（similarity）」の観点から同心円状に並んでいるとされる。この場合、前件Aは現実世界w_0では当然、偽だが、これが成り立つ、現実世界から最も近い可能世界（複数あってもよく、この場合だと｛w_1, w_2｝）

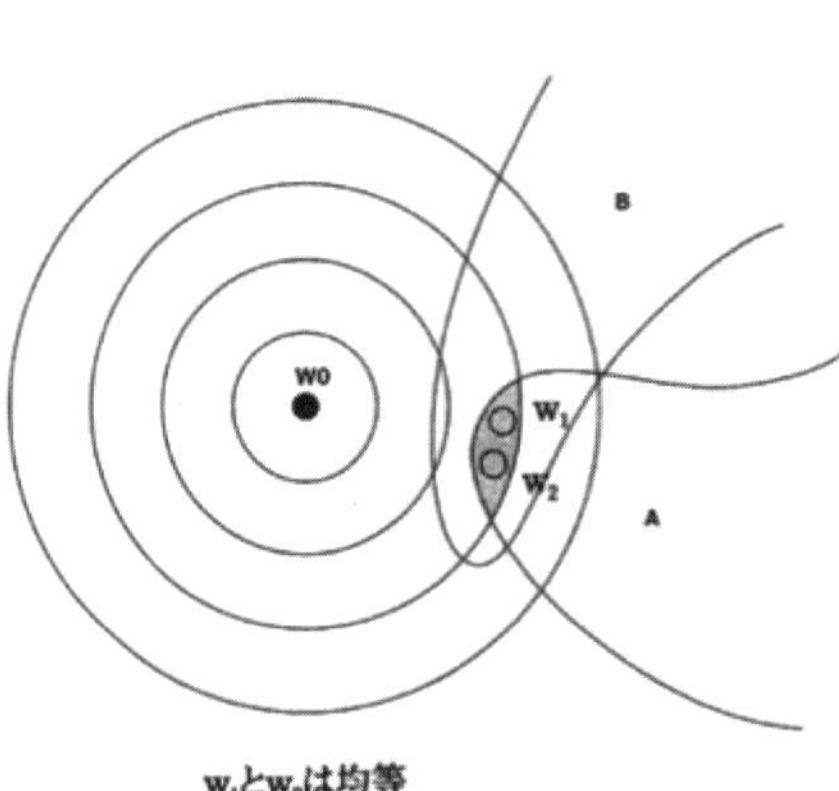

［図2.1］コーナーの意味論（Lewis［1973/1986］の邦訳解説295頁での図Ⅲを一部改変）

を見つけ出し、そこの全てで後件Bが真であれば（図でいうと、Bの成り立つ諸世界に包含されていれば）、条件文全体も真となり、そうでなければ、条件文全体も偽になるというわけである。ここで類似性が、「均等（tie）」を許していることに注意されたい。というのも、例えば、もし或る人が「林」という姓を持つことが判明した場合、その人が日本人か韓国人か中国人かは、現実世界から共に均等でありうるからである（この場合、三つの世界が考えられる）（＊17）。

条件法論理は今現在、反事実条件文の振る舞いを最も上手く捉えているので、反事実的条件文を用いた概念分析（例：因果性、傾向性、知識、フィクション）では重宝されている。そして、この意味論から示唆されるように、この意味論はベネットのいう「客観性ポイント」（注5を参照）と相性がよい。

以上を踏まえて、本論1.3節で述べた「ベネットはまず、ルイスのいわゆる「トリヴィアリティ結果」を持ち出して、DWはコーナーではありえないと論じる」を今や説明できる。DWがCPを持ちつつも、その客観性故にコーナーの意味論も持っているとしよう。すると、DWは自由により大きな条件文に埋め込みができ、かつ、CPもその中へと受け継がれるはずである。しかし、それではTRの餌食になってしまう。よって、DWは何よりもCPを有し、またTR故に、その意味論はコーナーではありえないというわけである。

こうして、コーナーとストレートは純粋な意味論のレベルでも存在論のレベルでもかなり異質であることが分かるだろう（明快に述べると、コーナーは存在的（ontic）で、ストレートは認識的（epistemic）である）。われわれが日頃何げなく使っているDD条件文とHW条件文がここまで意味論や存在論のレベルで異なっていていいのだろうかと、私は戸惑いすら感じる。

［第3節］一ノ瀬哲学における条件文の扱い

［1］一ノ瀬哲学における条件文の扱いと私の疑念

これまで二節分を費やして、条件文の分類と意味論について、私による試論も交えつつ、概観してきたが、ここでようやく一ノ瀬哲学の話題に入ることができる。まずは一ノ瀬の諸著作から条件文に関する文章を三つ引いて、私によるコメントを付すことで議論を方向づけたい。

◉引用A（『迷宮2』14頁）：

やはり、以上のような枠組み［「呼びかけと応答」という理解実践］を踏まえた上で、「なぜならば」文の中身を検討することこそが大切である。［中略］私が何としても強調的に主題化を果たしていきたいのは、「なぜならば」文に現れる「原因」や「理由」は「不確実性」(uncertainty) にすみからすみまで侵されているという、この問題なのである。

◉引用B（『迷宮1』166頁）：

さらに、そもそも条件性ということ自体すでに因果概念を含み持っていると考えられるから、条件性をもって因果概念の分析を行うことは循環に陥っている危険もある。

◉引用C（『迷宮2』（第1章注25）260頁）：

ただ、反事実的条件文の分析から自由意志を論じるという筋道を十分に展開することは、次作『原因と責任の迷宮』（『迷宮3』）での課題としておきたい。

引用Aに関してだが（これは吉満 2010 でも指摘しているのだが）、「なぜならば」文が「A［だ］からB（B

because A)」の形をしており、その中身を検討することが大切なら、まずもって解明すべきは「なぜならば」文の直接的な分析、またはその論理構造ではないのか？　そもそも「AからB」は、表1.3の分類を踏まえて、どう分析されるのか？　その考察の際に、上記の不確実性（ここに確率と曖昧性が絡んでくる）を派生的に扱うべきなのではないか？　ただし、この疑念に対しては、引用Bが打ち消しているようにも思える。

いずれにしても、以下で中心的に扱うのは、順に『迷宮2』第1章「確率の原因」、同書第3章「歴史の認識」、同書第4章「仮説の検証」、そして引用Cを受けて、条件文に関して直接触れている『確率』第5章第3節「二つの条件文」である（＊18）。

［2］『迷宮2』第1章での議論

この章では、「なぜならば」文における「不確実性」の内実を成す「確率」を主題的に論じている（＊19）。まずもって注目すべきは、ここでの「なぜならば」文はDD条件文だという点である。というのも、まず日本語・英語共に「なぜならば」文が反事実的条件文として表現されることはほぼない。「A：太郎は鳥である。」「B：太郎は自由に空を飛んだ。」としたとき、「AからB」は「太郎は鳥であるから、自由に空を飛んだ。」であり、これを、「事実に反してAとして、それ故にB」とする解釈は、通常無理だからという一般的事実がある。更に、一ノ瀬哲学固有の観点からすると、過去と未来の非対称性を中心に据えているので、尚更、DD条件文であることは明らかである。そして決定的だと思われるのは、この章は、次の「確率崩壊仮説」の擁護に費やされている点である。

私たちがある出来事を過去へと過ぎ去っていくのを観察するやいなや、そうした私たちの観察こそが、その出来事の確率が値1へと崩壊することの原因となる。（『迷宮2』54頁）

明らかにここでの「なぜならば」文は、分類としては過去言及であり、更に前件が確かなので、「F・DD条件文」である。

次に意味論についてだが、この章では「なぜならば」文をそれを発する人の理解実践に焦点を当て、その際に不確実性を確率で表現しようと努めているので、「ストレート」であるのは明らかである。以上をまとめると、以下のようになる。

◉分類：通常のわれわれの理解実践という文脈での「なぜならば」文は、「F・DD条件文」である。
◉意味論：上記の分類と確率概念を持ち込むために、「ストレート」である。
◉教訓：レッシャーとベネットによる分析（表1.3）は、一ノ瀬哲学での「通常のわれわれの理解実践という文脈での「なぜならば」文」にも当てはまる。ただし、この章には別の重要な教訓があるのだが、これは4.1節で述べる。

[3]『迷宮2』第3章での議論

この章では、「なぜならば」文の過去言及タイプにまつわる問題を「歴史認識」として論じている。その際、歴史認識における因果を三つのレベル（出来事、語り、動機）の順で考察しているが、ここでは「出来事レベル」に限って考察する（第3・4節を参照）。その際に、主観的な確率論（ベイズ的条件づけ）を用いて分析している。では、当文脈での「なぜならば」文は、表1.3でのどの分類や意味論に当てはまるのか？

まず分類についてだが、歴史認識なので過去言及なのは自明である。ここで注目すべきは、このレベルでの歴史的説明の際には、証拠に基づいてもはや誰も当事者のいない歴史的出来事を確率論的に推定することになるので、確率崩壊仮説が使えないことである。となると、「前件が不確か」なので「A・DD条件文」なのは明らかである。確かに表1.3から分かるように、「A・DD条件文」はDD条件文としては可能だが、典型的ではない。そして、このことは、この文脈での「なぜならば」文に対する何らかの違和感（「過去は確定的なはずなのに、なぜ確率をあてがうのか?」）を反映しているといえるだろう。

次の意味論についてだが、この章ではA・DD条件文を扱うのに、主観的な確率論（ベイズ的条件づけ）を用いて分析しているので、「ストレート」であることは明らかである。以上をまとめると、以下のようになる。

◉分類：出来事レベルの歴史認識という文脈での「なぜならば」文は、「A・DD条件文」である。
◉意味論：上記の分類と確率概念を持ち込むために、「ストレート」である。
◉教訓：レッシャーとベネットによる分析（表1.3）は、一ノ瀬哲学での「出来事レベルの歴史認識という文脈での「なぜならば」文」にも当てはまる。ただし、これはDD条件文としては典型例ではないが、このことはむしろ、われわれのこれに対する違和感を言い当てている。

［4］『迷宮2』第4章での議論

この章では、「なぜならば」文の未来包含タイプにまつわる問題を「仮説の検証」として論じている。この際に、主観的な確率論（ベイズ的確証理論）を用いて分析している（第2節）。更に、その分析の際に生じる諸問題（「証拠的関連」と「古証拠問題」）を、医療における意思決定の場面をヒントにして、総合的に解消している（第3～6節）。それを踏まえて、第7節では来るべき『迷宮3』で扱われる「責任の論理」についてのラフなスケッチを示して終わっている（*20）。では、当文脈での「なぜならば」文は、表1.3でのどの分類や意味論に当てはまるのか?

まず分類については、未来包含で、当然前件が不確かなので、「A・DW条件文」なのは明らかである。また表1.3から分かるように、「A・DW条件文」はDW条件文として典型的でもある。

次の意味論についてだが、この章ではA・DW条件文を扱うのに、主観的な確率論（ベイズ的条件づけ）を用いて分析しているので、「ストレート」であることは明らかである。以上をまとめると、以下のようになる。

◉分類：未来包含で、前件が不確かなので、「A・DW条件文」である。
◉意味論：上記の分類と確率概念を持ち込むために、「ストレート」である。
◉教訓：レッシャーとベネットによる分析（表1.3）は、一ノ瀬哲学での「「仮説の検証」という文脈での「なぜならば」文」にも当てはまる。また、これは、DWはストレートに分類されるという伝統的分類の更なる正当化にもなっている。

［5］『確率』第5章第3節での議論

引用Cを受けて書かれた後年の『確率』でのこの箇所は、「自由の問題」に関する限りでの条件文について述べている。

［……］二つの自由の区分は、「反事実的条件文」と「直説法条件文」との相違にも対応しているのである。この二つの条件文の違いは現代哲学のホットな話題の一つであって、それらの条件文はどういう点で異なるかについて多様な見解がある。［中略］いずれにせよ、二つの条件文の相違が、現代哲学の文脈で、意味論的あるいはメタフィジカルな意味においてきわめて重大な区別であると捉えられている限り、その区分に対応的に表れるp‐自由とf‐自由の区別も、自由論のなかで無視されてはならないはずで

ある。（『確率』243頁）

まずはここで出てきた用語について説明しておく。

◉p‐自由：「あのとき彼は自由に選択した。」といった過去時制における自由（過去視点的・回顧的自由）

p‐自由はいわゆる「他行為可能性基準」を持つので、以下のように「反事実的条件文」として捉えられるとされる（『確率』241頁以下）。

もしその特定の行為時にその気になったなら、あなたは別の仕方でも行為できたはずだろう。

そして、この文を一ノ瀬はD・デネットの議論を引用して、こうパラフレーズしている（『確率』242頁）。

もしこの現実世界にきわめて類似した可能世界にあなたがいたならば、あなたは別の仕方でも行為できたはずだろう。

◉f‐自由：「彼女は自由に投票できるだろう。」といった現在時制および未来時制における自由（未来視点的・展望的自由）

たとえば、私がf‐自由に外国に行けると想定してみよう。このf‐自由は、次のような直説法条件文(indicative conditionals) として表現できるだろう。

(d)もし私がある外国に行こうと思うならば、いつでもその国に行けるだろう。(『確率』242頁)

ここでの議論は示唆止まりなので、これまでの議論を踏まえた上での以下の指摘は、今後の議論展開に対して、何らかの足しになるかもしれない(＊21)。

p‐自由を条件文的に扱う場合：
◉分類：C・HW条件文なのは明らか。
◉意味論：「コーナー」なのは明らか。
◉教訓：これは、HWはコーナーに分類されることを正当化している。

f‐自由を条件文的に扱う場合：
◉分類：A・DW条件文なのは明らか。
◉意味論：直説法条件文への言及からして、「ストレート」なのは明らか。
◉教訓：これもまた、DWはストレートに分類されるという伝統的分類の正当化になっている。

[第4節] 総括

[1]まとめと示唆

以上の議論をまとめるなら、以下の二つの表で示されるだろう。まずは、一ノ瀬哲学における条件文の分

［表4.1］一ノ瀬哲学における条件文の分類（表1.3を参照）

	事実的(F)	不可知的(A)	反事実的(C)
DD	・歴史認識での過去言及タイプの「なぜならば」文	・通常の過去言及タイプの「なぜならば」文	×
DW	（？）	・未来包含タイプの「なぜならば」文 ・f-自由に関する条件文	×
HW	×	×	・p-自由に関する条件文

［表4.2］一ノ瀬哲学における条件文の意味論

	二種類の過去言及タイプの「なぜならば」文	未来包含タイプの「なぜならば」文	f-自由に関する条件文	p-自由に関する条件文
ストレート	○	○	○	
コーナー				○

類は表4.1のようになる。

これは表1.3と齟齬をきたさないので、問題ないだろうが、ここから逆に、一ノ瀬哲学では「F・DW条件文」（今の状態を前件にして、その後のことを述べる条件文）はどうなっているのかという問いが示唆されることだろう（＊22）。

次に、表4.1で出てきた限りでの条件文を対象にする場合、一ノ瀬哲学における条件文の意味論上の分類は表4.2のようになる。

これも（表を二つに分けたため、見づらいものの）表1.3と齟齬をきたしていないので、問題がないだろう。しかし、ここで別の問題が見て取れる。

◉Q1：唯一のコーナーである「p-自由に関する条件文」に、「程度」を読み込むことが困難になり、その際、「自由の程度説」とどう折り合いをつけるのか？

『確率』第5章第5節「「自由度」の概念」にて、一ノ瀬は自由の問題を論じる際には「自由」の程度が問題となると述べており、その測定についてこう示唆している。

> [……] p-自由とf-自由のいずれに関しても、第三者の観測者の視点に立った上で、物質的証拠や脳状態などについての科学的あるいは医学的方法論、主観的確率によるベイズ主義的手法などを総動員して「自由度」の測定は遂行されるべきだ、あるいは、少なくともそうした多様な方法を駆使することを一つの重要な手がかりとして遂行されるべきだ、とだけ述べておきたい。(『確率』255頁)

つまり、一ノ瀬としてはp-自由に関する条件文に程度を盛り込んで、自由度を測りたいのだが、p-自由に関する条件文の意味論はコーナーであるために、程度を読み込むことが困難になるだろうという問題である。

しかし、実をいうと、他ならぬ一ノ瀬哲学の内部にこれを処理できる可能性があるのだ！　それは、『迷宮2』第1章第10節でのいわゆる「ニューカム問題(Newcomb's Problem)」をめぐる記述である。ニューカム問題が引き金となって、'70年代半ばに「因果的意思決定論(causal decision theory)」が提起されたのは、意思決定論の分野ではよく知られた事実である(伊藤1997第4章を参考)。この理論では、従来の「証拠に基づく期待効用：V」[$V(A_i)=\Sigma_j P(S_j|A_i)DS_j$]に代わり、「因果に基づく期待効用：U」[$U(A_i)=\Sigma_j P(A_i>S_j)DS_j$]が採用される(＊23)。そして、一ノ瀬もこの箇所で因果的意思決定論を支持している。ここで、この式を見れば分かるように、コーナーを持つ条件文、つまり反事実的条件文[$A_i>S_j$]に対して、その[主観的]確率を計算している[$P(A_i>S_j)$]のである。ならば、Q1に関しては、元々コーナーであるp-自由に関する

条件文に対して、その［主観的］確率を測ることで程度を読み込むことができ、「自由の程度説」と折り合いをつける目途が立つというわけである。しかも、これは条件文の意味論における「エピステミックな包摂」（『迷宮2』第2章第4節を参照）とも見なせる事態であり、一ノ瀬哲学と親和性がある。だが、この場合でも更なる問題が生じる。

◉Q２：その場合、TRを避けることができるのか？

こうして、またしてもTRの問題に突き当たる。一ノ瀬は、『迷宮2』第2章にて独自の「曖昧性の因果説」の際にTRを話題にし、これをかわそうとしているが、因果的意思決定論にコミットした時点で、つまり『迷宮2』第1章の時点で、この問題は既に含意されていたのだ！

［2］展望

レッシャーとベネットの考察を基にした条件文の分類と意味論（表1.3）は、一ノ瀬哲学の解明の際にも有意義なことが示された。ただし、この枠組みは今回私が考案したものにすぎず、そもそも妥当かどうかが吟味されねばならない（これが妥当でなければ、まさに議論全体が「空回り」に陥る）。

上記の件はさて置き、私自身も「条件文の統一的な意味論」に関心がある。ストレートとコーナーが本論第2節で見たように、かくも異なるのは私には信じがたい。更にいうと「太郎がπが有理数であることを発見するなら、世界中の人々が驚くだろう」という有意義な「反可能的（counterpossible）条件文」（つまり、SZPすら持たない条件文）をも含めた「条件文の統一的な意味論」は可能だろうか？　私は、関連論理での関連条件とその自然な存在論に、その可能性があるのではないかと目論んでいる（＊24）。また、われわれの理解実践の解明という一ノ瀬哲学の問題設定に関しても私は賛同するが、確率によらない別の枠組みも可能ではないかと私は目論んでいる。その候補として私が挙げたいのが、「人間的な合理性[道理性(reasonableness)]」に基づく「議論理論(argumentation theory)」である(*25)。

因果性が哲学の一大問題であり、最高の迷宮度を有するものであるのは、一ノ瀬の諸著作で何度も指摘されている。しかし、条件性もこれに劣らないことは、その歴史と現状における広がりと錯綜からしても明らかである。となれば、「因果性」と「条件性」が交差する「なぜならば」文が生み出す迷宮度は、底なしである。よって、この小論で解明されるはずもないのだが、とりあえず、その足掛かりとなれば幸いである。いずれにせよ、一ノ瀬哲学のポテンシャルは計り知れないものがあり、私自身の関心とも重なる部分も多いため、今後の動向に引き続き注目しつつ、そこから真摯に学びたいと思う次第である。

◉注

*1　ただし、論理学・哲学の分野では、もっぱら「自然言語としての英語」をとりあえずの出発点として分析しており、実のところ、英語の分析なのではないかという疑念は残る。それ故に、英語表現や英文法に由来するバイアスがあるかもしれない(1.4節を参照)。ただし、表1.3のように最終的に分析されたものに関しては、日本語という英語とはおよそかけ離れた文法構造を持つ言語でも当てはまるので、「条件性」という特定の自然言語に依存しない概念の分析になっていると見なせるだろう。

*2　なお、[R-07]での条件文の意味論については、今日の標準的なものとはかなり異なるために、ここでは論じない(注3・15を参照)。

*3　ベネットの議論はタイトル通り「条件文を分類する」ことだが、実際にやっているのは「三種類の条件文をそれぞれどの意味論に分類するか」の議論なので、本論1.2節のような条件表現の分類の議論の後に来るべき議論となっている。この段階でレッシャーではなく、ベネットの議論へと舵を切るのは、後者は今日の標準的な意味論(一ノ瀬哲学もこれに

よっている）を前提にしているからである。なお、本論1.3節でのベネットの議論の私による記述は、かなり省略されており、実際の彼の議論は幾つかの補助概念などを援用して行われており、複雑なものとなっているので、留意されたい。

＊4　「Con(*A*, *B*)」は［B-95］において条件表現を中立的に表記したものである。

＊5　こうしたものを総称して、彼は「客観性ポイント」と呼んでいる（［B-95］sec.4を参照）。

＊6　Stalnaker 1968, p.44でのよく知られた定式化は、次のようになる。まず、あなたの信念の蓄積に（仮説的に）前件を加えよ。次に、（前件における仮説的信念を変容することなしに）整合性を保つために必要とされる調整を行え。最後に、その場合に後件が真であるか否かを考察せよ。これは、F・ラムジーの論文「一般命題と因果性」での考察にヒントを得たものなので、こう呼ばれている。

＊7　ただし、ベネットの用語では「ルイスの定理」である。これは、Lewis 1976で示されたもので、「条件文の確率は、前件が与えられた場合の後件の条件つき確率と常に等しいわけではない」という趣旨の定理であり、条件文の確率論的な扱いへの難関として立ちはだかる定理として知られている（『迷宮2』第2章第10節を参照）。この点は本論2.2節で再び触れる。

＊8　この点は表1.2に反映されているが、その具体例やその根拠については、本論の考察は直接関係しないので、省略する。

＊9　このような分類は、今回私が独自に打ち出したもので、何のコンセンサスもない。よって、そもそも枠組みや観点が異なる両者の分類を掛け合わせることが可能か、可能であったとしても、このようになるのかという点については、大いに議論の余地があることだろうが、これは、本論第3節での考察への布石になっていることに留意されたい。

＊10　英語の場合だと、"If Taro had been there, he would have killed her."となり、「仮定法の形を取るが、反事実的ではない条件文」で表現される（Stalnaker 1975, pp.200fを参照）。このような分析は、明らかに英文法の分析であり、条件性という概念の分析ではない一例である。なお、［B-95］ではこの種の条件文はそもそも扱われていない。

＊11　ただし、注10で述べたように、あくまで英文法上では「A・HW条件文」も可能である（概念分析的にはこれは「偽装されたA・DD条件文」なのだが）。だから、その欄には「（△）」を付してある。

＊12　その他には「このマッチを擦れば、火が点く。」という条件法論理でお馴染みの文や、自然法則の適用の際に述べられる文（「この球を手から離すと、地面に落ちる。」）が挙げられる。

＊13　様々な非古典論理学に応じて、それに固有の条件演算子も可能だろうが、ここでは特に条件文に特化した論理に限

っている。ただし、「関連論理（relevant logic）」も条件文に特化した論理なので、この扱いは無視できないだろう（実際、この点は4.2節で少しだけ触れる）。

＊14　ただし、P・グライスの流れを汲む研究者なら、ホースシューの意味論を保持しつつ語用論の観点から、自然言語における条件文の「主張可能性（assertability）」を説明することだろう（次節を参照）。よって、ここでは「上手く捉えられない」と譲歩した表現を使っている。

＊15　別の枠組みとしては、可能世界意味論登場以前に提起された「メタ言語的理論（metalinguistic theory）」がある（Lewis 1973/1986, ch.3 を参考）が、現在は主流ではない。ただし、レッシャー［R-07］での意味論は、基本的にこの理論に基づく。

＊16　これは、ルイスの条件法論理 C1 での意味論であり、ストルネイカーの条件法論理 C2 での意味論よりも弱いが、前者の方が今日では標準的である（その詳細と双方の違いについては、Lewis 1973/1986 やそこでの訳者解説を参考にせよ）。また、この意味論は幾分、簡略化されており、ルイスのものとは厳密には同じではない。更にはモデル論的に可能世界間の類似性関係に関する制約をきちんと示さないといけないわけだが、ここでは省略する。なお、最後の一文でもって、SZPを有していることも分かるだろう。

＊17　よって、類似性の均等を許すか否かが、C1 と C2 を分けることになる。

＊18　『迷宮2』は序章も含めると5章立てであり、第2章「曖昧な理由」に関しては、既に吉満 2010 で批判的かつ建設的に論じているので、省略する。また、本論「はじめに」で挙げている『哲学史』と『入門』での該当箇所は、新書という性格上、定説の概説的な記述にとどまっているために、特に扱わない。

＊19　そのもう一つの内実は「曖昧性」だが、これは第2章で主題的に論じられている。

＊20　このスケッチは『入門』第3章にて、より発展的に述べられている。なお、『迷宮3』は未だ出版されていない。

＊21　この本以降の一ノ瀬哲学の新たな展開として見なされるのが、『入門』第3章「世界に住まう」（255-350頁）だが、ここではこの問題はほとんど扱われていない。

＊22　また、「逆向き因果」を表現する条件文（『迷宮1』第3章を参考）が、どのようにこの表に組み込まれるのか、あるいはこの表を拡張・修正することになるのかという課題もあるだろう。

＊23　ここでDは「望ましさ（desirability）」であり、ほぼ「効用」と考えてよいので、いわゆる、通常の期待効用の式

となっている。この詳細については Gibbard & Harper 1978 を参考にせよ。

＊24　関連論理の観点からの条件文の統一的扱いに関しては、Mares 2004, part II を参考にせよ。

＊25　このような議論理論に関しては、Van Eemeren & Grootendorst 2004 を参考にせよ。

＊本論文は、JSPS 科研費 JP19K00033 の助成を受けたものである。

◉文献表

Adams, Ernest W. 1975. *The Logic of Conditionals.* Reidel: Dordrecht.

Bennett, Jonathan. 1995. 'Classifying conditionals.' *Mind* 104: 331-354. ［"B-95" と表記］

Gibbard, Allan. & Harper, William L. 1978. 'Counterfactuals and two kinds of expected utility'. Reprinted in Harper, Stalnaker, & Pearce. (eds.) 1981.

Harper, William L., Robert Stalnaker & Glenn Pearce. (eds.). (1981) *Ifs: Conditionals, Belief, Decision, Chance and Time.* Reidel: Dordrecht.

一ノ瀬正樹　2001『原因と結果の迷宮』勁草書房。［『迷宮1』と表記］

一ノ瀬正樹　2006『原因と理由の迷宮』勁草書房。［『迷宮2』と表記］

一ノ瀬正樹　2011『確率と曖昧性の哲学』岩波書店。［『確率』と表記］

一ノ瀬正樹　2016『英米哲学史講義』筑摩書房。［『哲学史』と表記］

一ノ瀬正樹　2018『英米哲学入門』筑摩書房。［『入門』と表記］

伊藤邦武　1997『人間的な合理性の哲学』勁草書房。

Jackson, Frank. 1987. *Conditionals*. Blackwell: Oxford.

Lewis, David. 1973/1986. *Counterfactuals* (Reprinted with corrections). Basil Blackwell: Oxford. ［邦訳：２００７『反事実的条件法』勁草書房］

Lewis, David. 1976. 'Probabilities of conditionals and conditional probabilities.' Reprinted in Harper, Stalnaker, &

Pearce. (eds.) 1981.
Mares, Edwin David. 2004. *Relevant Logic*. Cambridge University Press: Cambridge.
Rescher, Nicholas. 2007. *Conditionals*. The MIT Press: Cambridge, MA. [“R-07” と表記]
Stalnaker, Robert. 1968. ‘A theory of conditionals.’ Reprinted in Harper, Stalnaker, & Pearce. (eds.) 1981.
Stalnaker, Robert. 1975. ‘Indicative conditionals.’ Reprinted in Harper, Stalnaker, & Pearce. (eds.) 1981.
Van Eemeren, Frans H. & Rob Grootendorst. 2004. *A Systematic Theory of Argumentation*. Cambridge University Press: Cambridge.
吉満昭宏　2010「曖昧性と因果性」『科学哲学』43巻2号、95 - 109頁。

［第七章］

起源を問う思考をめぐって

乗立雄輝
東京大学大学院

［第1節］起源を問う倒錯——モリヌークス問題と制度的事実

一ノ瀬は、因果をめぐる議論を拡張し、安易に「起源」、すなわち、それ自身はそれ以前の何ものかによって決定されていないと仮定される、系列の第一項の問題を持ち出す思考を厳しく戒める（＊1）。その姿勢は、認識の起源を問うモリヌークス問題の倒錯的構造を批判する以下の文章によく表れている。

（……）だとすると、モリヌークス問題は純粋に理念的な問題であることが浮かび上がる。私たちは誕生した直後に時間感覚を持っているか、という問いと同様、どうとも言えるけれど、検証不能なのである。おそらくモリヌークス問題は、どのように認識が発生してきたのか、という発生論的問いの倒錯的な構造を浮き彫りにする鮮やかな試金石としての価値をもつ問いなのではなかろうか。（一ノ瀬 2007, 170頁）

ここでモリヌークス問題が指弾されている一つ目の理由は、認識の起源といった問題は、何を「認識」と呼ぶべきか、そして、仮に認識が何かが定まったとしても、それを検証する方法の困難さ、さらに言語的述定そのもののもつ曖昧さゆえに、どうしても恣意的な要素を排除できないということであろう。そして、二つ目の理由は、この問いが「純粋に理念的な問題であること」、すなわち実在的な（real）問題ではないということである。モリヌークス問題に代表されるような、私たちが誘われがちな起源を探る問いが倒錯的な陥穽であることは、後に「選択的不自然」と呼ばれ、次のように説明される。

これ［浮動的安定］に対して、内的な無理矢理な願望に従って、確実な岩盤の上に立って、浮遊しないで静止しようというような、本当はありえないはずの、しかし私たち人間がしばしば求めがちの、世界への態度のことは、「浮動的安定」ならぬ「選択的不自然」と呼べるかな。ゼロリスクを求めたり、不老長寿を求めたり、そんな態度のことです。(一ノ瀬 2018, 40頁、[ ] 内は筆者補足。)

ここで「本当はありえないはずの、しかし私たち人間がしばしば求めがち」なものとして批判される対象は、いわゆる「経験主義」の根幹にまで及ぶ。それが、「制度的事実/裸の事実(なまの事実)」という区別を自明のものとして導入する選択的不自然である。

この点から、私の提示している「制度的事実」の概念は、たとえばかつてサールが述べたような「裸の事実」(brute facts) に対する「制度的事実」(institutional facts) とははっきりと異なることが理解されよう。私は、およそ「実在」とはおしなべて「制度的」であると言いたいのであって、「制度的実在」以外の、それに対比されるような実在などあるはずがない、語れるはずもない、と考えるのである。あるいはこうも言えるだろうか、「裸の事実」と「制度的事実」という区別それ自体が制度的なのであって、その意味で全ての実在や事実は制度的と言うべきなのだ、と。(一ノ瀬 2001, 256-257頁 (*2))

ここで言及されている「裸の事実」とは、まさに、言語に媒介されておらず、制度的な負荷のない事実(*3)としてサールによって提示されているのであるが、しかし、そのような人為的な要素をすべて除去可能だと考えること自体が極めて作為的であるとする一ノ瀬にとって、あらゆる制度的な概念を超越した純粋無垢な事実やタブラ・ラサに初めて刻み込まれる最初の認識とは、悪しき意味での「理念的」存在者でしかないであろう。

この、すべての実在や事実が制度的というべきとする一ノ瀬の議論の展開に、筆者は、経験主義による経験主義そのものの自己批判という特異かつ真摯な哲学姿勢を見る。それは、原子論的な古典経験論の枠組みを批判し、「関係」といった、古典経験論では排除されてきた要素をも組み込んだ純粋経験（pure experience）の概念を立てるウィリアム・ジェイムズの「根源的経験論」（radical empiricism）や、そのジェイムズの学説に影響を受けたラッセルの「中立的一元論」（neutral monism）とはまったく逆方向の、しかし、それよりもはるかにラディカルな経験論の形態と考えることができよう。

このような一ノ瀬の、「実在」概念に根源的に根付いている制度性へのまなざしは、「ありのままの」（brute, なまの）や「真の」（genuine）といった形容詞をつけて語られがちな哲学上の意匠についての批判へと拡大していく。それが端的に表れるのが、スッピスの「真の原因」（genuine cause）への指摘である。一ノ瀬は、スッピスの確率的因果関係への考察に一定の評価を与えつつも、次のような慎重な意見を述べる。

> たとえば、スッピスの体系に従うならば、宇宙にはただ一つの真なる原因しか存在しないことになるかもしれない。すなわち、神である。スッピス自身が承認しているように、偽の原因の定義は、因果連鎖の最初の項だけが真なる原因であることを示唆している（Suppes 1970, 34（＊4））。これは極めて問題を孕む含意である。少なくとも、もっと形而上学的な次元で解明されるべき見方である。（一ノ瀬 2001, 204頁）

たしかに、偽の原因を慎重に選り分けていき、真の原因に遡っていくならば、この世界の存在理由とでもいうべき「究極の原因」（＊5）という仮像を抱いてしまうことは想像に難くない。このような一ノ瀬因果論の展開に沿うならば、あの悪名高き「なぜ、何もないのではなく、何かがあるのか」（Why is there something rather than nothing?）という問いは、真っ先に避けなければならないものとなるであろう。

というのも、周知のように、（おそらく、彼が初めてではないだろうが）ライプニッツによって定式化され、『理性に基づく自然と恩寵の原理』、『事物の根本的起源について』、『二十四命題』などで、ほぼ終生にわたって考察され続けてきたこの問題は、『理性に基づく自然と恩寵の原理』に見られるように、「世界の存在理由」と「神の存在証明（宇宙論的証明 cosmological argument）」がセットになる形で答えられるからである。言い換えるならば、ライプニッツがこの問いに答える形で示した「世界の存在理由」と「神の存在証明」は、両者が循環的な規定によって世界の存在を支える「確実な岩盤」となっており、一ノ瀬の言葉を借りるならば、「選択的不自然」の典型例と考えることができるのではないか。

［第2節］因果的超越という「選択的不自然」

このような一ノ瀬の批判の矛先は、「因果的超越」という、一ノ瀬因果論の中核をなす概念にも向けられる。筆者の誤解でなければ、『原因と結果の迷宮』そして『原因と理由の迷宮』（2006）において、「好意的」とまではいえないにしろ、考察すべき、そしてその実相を明らかにすべき対象として捉えられていた「因果的超越」が、最近の論考（『英米哲学入門』）では、それ自身が「選択的不自然」という克服されるべき対象として現れる。

まず、その因果的超越が『原因と結果の迷宮』、『原因と理由の迷宮』において、どのように規定されているのかを見てみよう。

しかるに、こうした因果の原理の特徴は、知覚や認識という事象の内部ではなく、その外部へと超え出ているという点である。そうした外部へと超え出ているさま、すなわち「因果的超越」を突き詰めていくならば、いつもつねに果てしなく後退し、ついに安定した原因性には至りえないという、その本質的な位相へと至りつかねばならない。けれども、気づかなければならないのは、こうした「因果的超越」の本質的な位相そのものも、私がここで一つの主張として提示しているものである限り、やはり単なる「結果」であって、因果的に超越されていかざるをえないということ、これである。ここには原因「ではない」という否定によってしか表現できない世界の不安定なありよう、いわば世界の奥底に潜む暗黒性、が立ち現れている。このことを一般的な概念で表現するならば、世界は徹頭徹尾「他律」(Heteronomy)に晒されている、と述べることができるだろう。私が因果性を扱う本書でつねに念頭におき、つねに追い求めようとしている課題、それはまさしくこの「因果的超越」という「他律」の働きの意味、これである。(一ノ瀬 2001, 9 - 10頁、傍点部の強調は筆者による。)

(……) 因果的な理解実践 (理由による意味的理解実践を含めても同じことである) それ自体が、因果的に生成してきたことに気づき、そしてその理解実践そのものの原因 (高階の原因) はいわば定義的に理解の外部にあること、理解実践を超越していること、に思い至る。もちろん、考察平面を改めて、そうした原因を理解していくことはできるが、そこでも再びその新しい理解実践の原因がその理解実践を超越していくという事態が生じて、かくして絶えず原因は超越され後退してゆく。これが「因果的超越」と私が呼んだ事態である。(一ノ瀬 2006, 13頁)

この記述に続けて、「なぜならば」文の連なりが「因果的超越」になるのではない、ということを一ノ瀬が強調している (同上14頁) ことからも分かるとおり、ありがちな、同一次元上の因果系列の無限後退が「因果的超越」と呼ばれているのではない。むしろ、私たちの因果理解が、常に高階の次元からの「他律」という様相の下にあり、それから逃れる術は、少なくとも通常の、もしくは既存の因果理解の中に見つけることができないという視点が、初期（と呼ぶことが許されるならば）の一ノ瀬因果論の極めて独創的な地平を切り拓いている。それは、水平方向の因果系列の無限連鎖ではなく、下方に向かう垂直構造の「超越」、すなわち、すべての妥当な因果理解を次々に飲み込んでいく、底なし沼のようなものとして考えられるであろう。

しかし、その前提を踏まえた上で、先述の通り、最近の論考において一ノ瀬は、この「因果的超越」へと誘われることそのものが「選択的不自然」であるという、これまでよりいっそう踏み込んだ、そして異なるニュアンスの考察を行っている。

それが『英米哲学入門』における因果的超越への批判的考察であるが、そこでは、因果理解によって生成する信念が常に高階の信念の生成を連鎖的に要請し、因果関係の基盤にいつまでも到達せずに、外側へ外側へと逃げていく様子として因果的超越が示され、この点において初期の因果論と軌を一にしている（同上208頁以下）。

しかし、初期の因果論において考察すべき事態として取り上げられていた「原因『ではない』という否定によってしか表現できない世界の不安定なありよう」が、拒絶すべきものとして捉えられている。そこでは、そのような不安定性をもたらしたヒュームが批判の対象として浮かび上がってくる。

（……）つまり、ヒュームの因果論は、こうした「因果的超越」の様相に陥る理論であって、それはつまり、私たちが世界に対面しているときに、本質的にいつも不安定にならざるをえない、そういう暗闇に置かれる、ということを意味すると思う。いってみるなら、世界は不安で充満している、というような見方ですね。

（中略）

だとしたら、因果関係がいつまでも決着しない以上、私たちは宿命的につねにふわふわと不安定な状態に居続けさせられるってことだ。キルケゴールやハイデガーだったらいいかもしれないけど、私はこういう世界を不安が取り巻く混沌と見なすような考えは受け入れられない。私の出発点である「浮動的安定」とは決定的に対立する見方だからだ（＊6）。（一ノ瀬 2018，210 - 211頁）

さらに一ノ瀬は、「浮動的安定」という生活実感をヒュームが捉え損なったのは、恒常的連接に因果関係理解の根拠を求めるというヒュームの論立てそのものが、無理にかつ恣意的に選択された不自然なやり方だったからであると論じ、ヒュームが自覚的にではないにしろ提示した「因果的超越」というあり方が「選択的不自然」の一例ではないかと主張する（同上211頁）。

このように、因果的超越が克服されるべき選択的不自然として捉えられるに至ったのは、一ノ瀬の議論において、「因果的超越」と「制度的実在」とが織りなすダイナミックな振幅の位相が、より明確な形で提示されえたからである（一ノ瀬 2011，76頁）。

そこでは、因果的超越の困難にもかかわらず、「ある瞬間のある文脈において、つまりはある制度的規制の下で、特定の因果的理解が抜き出され、それに実在性が付与されていくというのが「制度的実在」の意味するところであった」（同上）ということが、『原因と結果の迷宮』の序章での議論を参照し、引き継ぐ形で提示されている。

この、ある瞬間のある文脈において、その都度、その都度、制度的規制の下で特定の因果的理解が抜き出され、そこに実在性が付与されていくという事態を生活実感レベルで表現したものが最近の論考に現れる「浮動的安定」にほかならないと考えてよいと思われるが、それを再び、先述した「制度的事実」と（誤って）対比される形で現れる「なまの事実」へと視線を転じると、ある程度確立した科学理論が「浮動的安定」を保っている姿を鮮やかに示すものとなる。

周知のように、「なまの事実」の原語である'brute fact'には、科学理論の体系において公理(axiom)のような役割を担う「根拠なく受け入れねばならない事実」という訳語も与えられる。それは、たとえば、ニュートン力学における「慣性の法則」や相対性理論における「光速度不変の法則」のように、それ自身がなぜ成立するのかという疑問を不問にすることによって、すなわち、「根拠なく受け入れる」ことによって、体系の安定性と整合性が保たれるような事実である。言い換えるならば、説明項(explanant)にはなるが、被説明項(explanandum)にはなりえない「根拠なく受け入れねばならない事実」の存在が、説明の体系としての科学理論の健全性を証していると考えてよい。

そのような「根拠なく受け入れねばならない事実」とは、科学者の集団による慎重な吟味と評価によって定められるのであるから、逆説的な表現にはなるけれども、科学者の共同体によって受け入れるべき根拠をもっともよく説明された「制度的事実」にほかならず、その理論全体が有する説明力を享受するためには、「その事実がなぜ正しいのか」といった正当性への議論が封鎖される(それゆえ、その事実が「正しい」ということすらいえない)という強い規範性を持った事実でもある。

この「根拠なく受け入れねばならない事実」が持つ規範性が、諸現象の中から特定の因果的理解を抜き出し、そこに実在性を付与していくという、まさに理論によって認められる「制度的実在」を支えている(*7)わけだが、当然のことながら、理論が想定する事態を超える事象が現れた場合、「根拠なく受け入れねばならない事実」とそれに支えられる理論全体の改定が引き起こされる可能性に常に晒されているため、その理論の安定性は一時的な、すなわち「浮動的安定」にほかならない。むしろ、それが、いかなる批判も反証も原理的に受け付けない「絶対的に正しい科学理論」だと頑なに主張し始めた瞬間、一ノ瀬が批判する「選択的不自然」へと変貌してしまうと考えてよいだろう(*8)。

このように考えるならば、一ノ瀬が主張する「制度的実在」および「浮動的安定」の対極にある「因果的超越」とは、絶対確実な知識とその根拠という「選択的不自然」を安易に想定してしまったがために、「根拠なく受け入れねばならない事実」の持つ規範性がもたらす価値を軽視した結果、むやみやたらと科学理論の正当性を疑う態度として批判されるべきものとなるであろう。

[第3節]「愚かな問い」を救う因果的超越

それでは、因果的超越とは「選択的不自然」として単に克服されるべき存在なのだろうか。筆者は、そう考えない。その理由は、一ノ瀬の提示する因果的超越という概念が、制度的実在の肯定によって克服され尽くしてしまうには惜しい豊かな可能性と有効性を持っているように、筆者には思われるからである。

その一ノ瀬因果論における「因果的超越」という概念および、それによって示される事態が有効性を持つであろう問いとは、あの「なぜ、何もないのではなく、何かがあるのか」(Why is there something rather than nothing?) という問いである。

先ほど、一ノ瀬因果論の展開において、この問いはもっとも避けるべき問いになるであろうと述べたが、それは、「因果連鎖の最初の項」の存在を想定するという「選択的不自然」を犯してしまうからであった。しかし、そのような「系列の第一項」の存在を仮定せずに、むしろ、「因果的超越」という無限階層の存在そのものの提示が、その問いに対する応答になり得るとしたならば、事態は変わってくると筆者は考える。

もちろん、一ノ瀬が最近の論考において、「因果的超越」そのものを「選択的不自然」としている境地から考えるならば、「なぜ、何もないのではなく、何かがあるのか」という問いに対して、「因果的超越」を持ち出すことが、大幅な後退に見えることは間違いない。

しかし、この問いに取り組んでいる近年のほとんど（少なくとも筆者の見る限り「すべて」といっても過言ではないと思うが）の哲学者たちは、一ノ瀬が『原因と結果の迷宮』で提示した「原因「ではない」という否定によってしか表現できない世界の不安定なありよう」、そして、「世界は徹頭徹尾「他律」（Heteronomy）に晒されている」という因果的超越という事態に気づいていない、もしくは、それを安易に考えているように思えるのである。

だからこそ、一ノ瀬因果論において筆者がもっとも重要な概念であると考える「因果的超越」を、この問いをめぐる考察の中に導入することには、一定の意義があると筆者は考える。

さらに、この論考の範囲を超えることであるが、「なぜ、何もないのではなく、何かがあるのか」という問いに哲学が取り組む際に発せられる、もっとも素朴で、しかも、手強い疑問である「なぜ、その問いに物理学をはじめとする自然科学ではなく、哲学が取り組む必要があるのか」という批判めいた言葉への回答への糸口が、一ノ瀬因果論にあるのではないかとも筆者は考える。それは、この問いに対する自然科学が示す解答が一ノ瀬のいう「楽譜的知識」（Knowledge in Score）としての「没人格知識」（Person-Free-Knowledge）であるのに対し、哲学が示そうとする解答は「演奏的知識」（Knowledge in Play）としての「人格知識」（Person-Knowledge）ではないかと考えるからである（＊9）。

それではまず、この問いを考えるにあたって「因果的超越」という問題に気づいていない例として、デイヴィッド・ルイスを見てみたい。ルイスは、この問いの妥当性そのものを疑問視し、これを「愚かな問い」と呼ぶ。

「なぜ、何もないのではなくて、何かがあるのか。」
「もし何もないのだったら、その問題を問う君もここにいないことになるじゃないか。」

愚かな問いには、愚かな答えが返ってくる（Ask a silly question, get a silly answer.)。（中略）この答えを愚かにしているものとは、それが、その問いを発した人が既に知っているに違いないこと以上のものを教えてくれないからだ。（Lewis 1983, p.23）

このルイスの主張の力点が、この問いを「愚かな問い」として拒絶することに置かれているのは間違いないが、ここで私が問題にしたいのは、ルイスがその「愚かさ」を見いだしている、「その問いを発した人が既に知っているに違いないこと以上のものを教えてくれない」(it tells the questioner no more than he must have known already) とする「もし何もないのだったら、その問題を問う君もここにいない」(If there were nothing, you wouldn't be here to ask the question.) という答えである。

はたして、この答え、そして、この答えを導いてしまった問いの双方は「愚か」なのであろうか。たしかに、このルイスの言葉を参照し、それを別の形で示したニコラス・レッシャーの言葉を借りるならば、「スミスは、なぜ、このドアを通ってきたのか？」という問いに対して、「なぜなら、彼が部屋の中にいるからだ」と答えるのと同じ愚かさを見いだすことはたやすい (Rescher 2013, p.6)。それを、「なぜ？」(Why?) の問いかけを「どのようにして？」(How?) と誤認してしまったこととも理解することができるが、やはり、ルイスのいうように、「何もなければ、それを問う君もいなかったはずだ」という、問う者と答える者にとって分かりきった事実を反復してしまったことにこそ愚かさがあるのだろう。

しかし、ルイスは、「何もなければ、それを問う君もいない」、さらには「それに答える私もいない」という事実、すなわち、一ノ瀬が「因果的超越」という概念で示そうとした、「世界が徹頭徹尾『他律』に晒されている」という事態を、単なる問いの「愚かさ」に矮小化しているのではないだろうか。

そのルイスによる「因果的超越」の軽視は、逆説的な形で、彼が、一ノ瀬が「原因「ではない」」という否定によってしか表現できない世界の不安定なありよう」を一面的にではあるが理解していることからも明らかとなる。

ルイスは、因果的説明が、説明項（explanant）として働く「存在者の外挿」（existential inputs（*10））を要求するということを踏まえて、次のように述べる。

［「なぜ、何もないのではなくて、何かがあるのか」という問いによって説明されるべき］被説明項（explanandum）である世界の性格があまりにも包括的（global）であるため、そこには、世界それ自身と区別された原因が入り込む余地がなく、したがって、世界はいかなる因果的な履歴（causal history）ももちようがない。（Lewis, ibid., p.32,［ ］内は筆者の補足。）

これを見ても明らかであるが、ルイスは、世界の存在が説明されるべきもの、すなわち「原因ではない」被説明項であるということは認めている。そして、いかなる「原因」が、世界の存在の因果的説明における説明項としてもたらされたとしても、それは世界の包括性という性格から、すぐに被説明項としての世界の中に吸収されてしまい、いつまでたっても世界が存在する「原因」にはたどり着かないし、それが原理的に不可能であると主張する。

ここでルイスは、一ノ瀬が「因果的超越」という概念で示そうとした事態の、一歩手前までたどり着いているということができるだろう。

しかし、それは、まさしく「一歩手前」までにとどまっている。なぜなら、ルイスは、そこから底なし沼のように「原因」を飲み込み続ける世界の前で、無限後退の愚を犯すことを恐れて立ち止まり、「世界はいかなる因果的履歴ももちようがない」と、目の前に開けてきた「因果的超越」から目をそらし、この問いを「愚か」として片付けるのである。

それとは反対に、一ノ瀬は、因果の原理の特徴として「知識は認識の内部ではなく、その外部へと超え出ていく」本性を挙げ、それが「いつもつねに果てしなく後退し、ついに安定した原因性には至りえない」という事態を突き止めようとする（一ノ瀬 2011, 9頁）。

ルイスと一ノ瀬のこの反応は、似ているようで、まったく異なるものだといってよいだろう。それは、ルイスが、世界が新たに出現する原因を次々に飲み込んでいってしまう「無限性」に論理的困難を見いだし、それゆえに、この問いを「愚か」と言い放つのに対し、一ノ瀬は、世界の中で因果を理解しようとする認識主体それ自身の背後から覆い被さるように因果性が立ち現れてくるという事態に、むしろ、「因果」というものの本質を見て取ろうとするからである。

それは、「もし何もないのだったら、その問題を問う君もここにいない」（If there were nothing, you wouldn't be here to ask the question.）という答えが、その問いを発した質問者が「既に知っているに違いないこと」であるとあっさり片付けてしまうルイスの態度と、「もし何もないのだったら、その問題を問う君もここにいない」という答えが、むしろ、因果的超越によって明るみに出された「世界の奥底に潜む暗黒性」を示すと考える一ノ瀬との間の根底的な世界観の差として現れているといってもよいのではないか。言い換えるならば、一ノ瀬にとって「もし何もないのだったら、その問題を問う君もここにいない」という答えは、既に分かりきったことを教えているどころか、既に分かっていたと思い込んでいたことが分からなくなってくる瞬間をもたらす答えなのではないだろうか。

それは、先述した、一ノ瀬が慎重に、「なぜならば」文の連なりが「因果的超越」になるのではない、と強く注意を喚起していることからも理解できる（一ノ瀬 2006, 14頁）。つまり、ルイスにとって「なぜ、何もないのではなくて、何かがあるのか？」という問いが愚かしくなってしまうのは、同一次元上、すなわち、水平方向の因果系列の無限後退が発生するからであるのに対して、一ノ瀬の「因果的超越」がこの問いに対して新しい局面を開くのは、「原因」の無限後退ではなく、垂直方向の「因果理解」という認識過程そのものの階梯が無限発散するという事態を明らかにしてくれることによってであると筆者は考える（＊11）。言い換えるならば、一ノ瀬の「因果的超越」という概念は、「なぜ、何もないのではなくて、何かがあるのか？」という問いの「困難さ」を正しく示すためにこそ、導入されねばならないのである。

［第4節］因果的超越を飼いならす（？）

さて、「なぜ、何もないのではなくて、何かがあるのか？」という問いへの応答を試みるにあたって、一ノ瀬因果論における「因果的超越」という概念を導入するべきではないかと筆者の提言に対しては、問題を解くのではなく、ただ単に問題をさらに分かりにくくするだけではないかという批判が当然のように起こるであろう。

たとえば、レッシャーは、この問いを、妥当かつ重要な問いではあるが、解答が極めて困難であり、そして、それゆえに、この問いを「神聖化」してしまう態度を「神秘化主義」（‘Mystificationism,’ Rescher. ibid., p.16）として批判するが、筆者の試みもその一つであると思われるであろうし、これもまた「選択的不自然」の一例と考えられても仕方がないかもしれない。

しかし、因果的超越にこだわる筆者の意図は、イアン・ハッキングの著書『偶然を飼いならす』（*The Taming of Chance, 1990*）のタイトルに倣っていうならば、「因果的超越を飼いならす」（taming of causal transcendence）ことが一ノ瀬因果論、さらには、一ノ瀬哲学の枠組みにおいて可能かということを考えてみることにある。

もちろん、このような思いつきに対しては、「飼いならされるようならば、それは因果的超越ではない」という批判が、(おそらくは一ノ瀬自身からも)向けられるであろうが、「因果的超越」に対して、それを「選択的不自然」としてではなく、それがもたらす不安定さを肯定的に捉える可能性があるのではないかと考えたいのである。

そこで筆者が立ち戻りたいのは、本論の冒頭で掲げた「モリヌークス問題」のような、「系列の第一項」がもたらすアポリアである。そこでは、どのように認識が発生してきたのかという発生論的問いが倒錯的な構造を持つことが一ノ瀬によって示されていた。それは、有限な個人の人生の時間の中には、必ず「最初の認識」があるはずだ、という「本当はありえないはずの」一点の存在を根拠なく確信していることから生まれる「選択的不自然」という倒錯であろう。

しかし、それでもなお、認識の系列の第一項があるはずだと食い下がる質問者に対して、どのように答えるべきなのだろうか。

筆者は、そのようなものは「ない」と答えるべきだと考えるが、そのとき、「第一項がない」のではなく、「その系列に端はない」という答え方が可能ではないかと考える。それは、(比喩として用いるのが適切かどうか、批判を乞いたいが)線分が連続しているということを、線分を途中で切断したとき、片方の線分には端があるが、もう片方の線分(と呼んでよければ)には「端がない」ということで示そうとしたデデキントの切断のような仕方で考えることができるのではないか。それは、有限の量の中に、無限の連鎖が「端がない」という形で存在しているということである。

それを、因果系列(これには垂直方向の高階の因果系列も含む)に置き換えるならば、その系列の第一項もしくは最高階がないからといって、因果系列の存在そのものが否定されているのではなく、「端がない」という形で超越している、すなわち「因果的超越」が発生していると考えることが可能かどうかを問うてみたいのである。それは、一ノ瀬が「外部へ、外部へ」と逃げていくさまと表現していた因果的超越の方向を転じて、「内側へ、内側へ」と「超越」している事態と捉えることは可能かという問題でもある。

このことは、「因果的超越」を、（このような表現が可能であるならば）「内在的な超越」と見ることであり、「なぜ、何もないのではなくて、何かがあるのか」という問いが、ルイスの見立てによれば、常に外部を必要とすることによって破綻するがゆえに「愚か」であったのとは反対に、世界そのものに内在する「因果的超越」を示す問いとして理解することへつながると筆者は期待している（＊12）。

◉注

＊1　一ノ瀬と同様、「系列の第一項」の存在に疑問を呈する議論は、パースが、対象から直接的（非媒介的、immediately）に獲得される直観的認識（intuition）を批判し、すべての認識は、それ以前の認識に媒介された記号的認識であるという主張の中にも現れる。そこでは当然、ある個人の認識の系列における第一項が何によって媒介されるのかという問題が現れるが、そこからパースは、連続体（continuum）そして無限小（infinitesimal）の考察へと進んでいく。そして、最終的に、パースは実在（reality）を「共同体」（community）の決定に依存する存在と考えるわけだが、（筆者の誤解でなければ）後述する一ノ瀬の「制度的実在」という概念と親和性を持つ主張として考えることが可能であろう。一ノ瀬やパースの議論に見られるように、系列の第一項を批判する思考が「制度」や「共同体」という概念へと必然的に導かれていくのかどうかという問題は興味深い問題であり、これについては意見と批判を乞いたい。

＊2　なお、同じサールの brute fact と institutional fact への批判的言及は、一ノ瀬（2011）11頁以下［初出は「自然主義的認識論の揺らぎ——制度と曖昧性をめぐる考察」『哲学雑誌』2005年所収］、一ノ瀬（2018）132頁以下などにも見られる。

＊3　一ノ瀬（2011）12頁など。

＊4　ちなみに、一ノ瀬が参照しているスッピスの論考は、以下のものである。Suppes, *A Probabilistic Theory of Causality*, North-Holland Publishing Company, 1970.

＊5　一ノ瀬は『原因と理由の迷宮』の「序章」において、「原因」と「理由」の差異について極めてクリアな分析を行い、近世前期まで、両者が同一視されていたこと、そして、「「原因」と「理由」の対比をどう捉えるかという点を基準にして哲学史を叙述すると、指向の流れがクリアに浮かび上がってくるのではないかとひそかに思っている」という貴重な示唆を与える。実際、ライプニッツにおいて「原因」（causa）とは、「実在的理由（根拠，realis ratio）」と同義である（『二十四命題』第2命題）。

＊6　ヒュームへの批判、そして不安定を嫌う志向を持つ哲学者として思い浮かぶのがヒュームの同時代人、トマス・リード（Thomas Reid, 1710-96）である。筆者の勝手な読み込みもあることは承知の上だが、一ノ瀬の「選択的不自然」と「浮動的安定」の対、そしてヒュームの（いわゆる）「懐疑」とリードの「常識」（common-sense）の対の対比は哲学史的関心も呼びこむテーマである。ちなみに、先述したパースはリードを高く評価し、自身の哲学を「批判的常識主義」(Critical Common-sensism) と呼ぶ。

＊7　このような実在観は、先述のパースの「実在は、共同体の最終的な決定に依存する」という思考、そして、そのパースの理論を評価した（一時期の）パトナムによる「内部実在論」と通底する。

＊8　「制度的実在」と「浮動的安定」の親和性に関する一ノ瀬の議論は、一ノ瀬（2018）284頁以下を参照。

＊9　この一連の知識の対照関係については、一ノ瀬（2011）序章、特に17頁以下などを参照のこと。ただし、本稿では、この問題を考えることができなかった。

＊10　この表現は、Rescher (2013) p.31 から借りた。

＊11　紙幅の関係で述べることができなかったが、ルイスより少しだけ前に進み、一ノ瀬の「因果的超越」へとさらに接近している哲学者として、これまで度々ふれてきたレッシャーがいる。レッシャーは、通常の因果理解が「生成における同質性の原理」(the Principle of Genetic Homogeneity)、つまり、原因と結果、双方の出来事の「基体」が同一の存在のカテゴリーに入らなければならないという偏見を捨て去ることによって、この問いを解く道があるのではないかと提唱する。それは、実体的な物理的存在者という結果をもたらす原因が非実体的な「事態」(a state of affairs) や法則であってもよく、さらには、「存在」が「価値」から導出されるという、自然主義的誤謬を敢えておかすような試みを行っている。

これは、たしかに、ある因果理解を成立させている高階の因果理解を、存在のカテゴリーの上昇によって説明しようとしているようにも思えるが、筆者の考えるところ、ルイスが陥った水平方向の無限後退を、「ただ単に」垂直方向へとむき直しているだけのようにも思える。というのも、レッシャーの関心は、無限後退をある一点で停止させることにあり、一ノ瀬の示すような因果的超越がはらむ根源的な困難への意識は低いように思えるからである。それは、「選択的不自然」の一つの例であろう。Rescher, ibid. を参照のこと。

＊12　これを、制度的実在として「浮動的安定」を保っているものの中に、「因果的超越」が常に既に組み込まれているという事態として理解したいが、批判を乞いたい。

◉文献表

一ノ瀬正樹 2007「モリヌークス問題―認識発生をめぐる問いの倒錯的構造」松永澄夫編『哲学の歴史6　知識・経験・啓蒙』中央公論新社、168‐170頁。

一ノ瀬正樹 2001『原因と結果の迷宮』勁草書房。

一ノ瀬正樹 2006『原因と理由の迷宮』勁草書房。

一ノ瀬正樹 2011『確率と曖昧性の哲学』岩波書店。

一ノ瀬正樹 2018『英米哲学入門』筑摩書房。

Lewis, David. 1983. *Philosophical Papers.* Vol. 1. Oxford: Oxford University Press.

Rescher, Nicholas. 2013. *On Explaining Existence.* Berlin: De Gruyter.

［第八章］

「死の所有」と生のリアリティ

中 真生——神戸大学大学院

序

「死の所有」とは、著書のタイトルにもなっている通り、一ノ瀬の思想を代表する主張の一つといえるだろう。本稿はこれにあえて疑問を投げかけた上で、「死の所有」に代わる別の見方、しかもじつは一ノ瀬自身の考えにも沿うのではないかと考えられる別の見方を示してみたい。先取りしていえば、それは、死の際に浮き彫りになるその人の生のリアリティに焦点を当てる見方である。人が死ぬとき、残された人に何かが差し出されるのだとすれば、それは一ノ瀬がいうような「死の所有」ではなく、死によって浮かび上がる、その人の生のリアリティなのではないかと問うことになる。そして最終節では、それまでの考察の延長線上に、一ノ瀬自身はくわしく言及していない死の一つ、胎児の死を取りあげて、新たに考察を展開してみたい。

【第1節】「死の所有」の観念の検討

【1】「死の所有」とは

「死の所有」の観念は、同名の著書、『死の所有』において、死刑を議論する中で導入される。一ノ瀬によれば、「死刑を論じる文脈からこそ「死の所有」の観念が立ち上がってくる」(100)。一ノ瀬はまず、人々がしばしば死刑を正当化する、その一般的な論理に疑問を呈するところから始める。人々は死刑について、加害者は「他人のいのちを奪ったのだから、自らのいのちを差し出して償わなければならない」と、「因果応報的均衡の観念のもとで正当化」(16)することがあるが、このときの、「いのちを差し出す」、「いのちをもって償う」という考え方はおかしいのではないかと一ノ瀬は考える。というのも、人が死ぬとき、その人によって何かが差し出されていると感じるのは確かだとしても、そのとき差し出されているのが「いのち」だとするのは論理的に不整合であるからだという。ということは、差し出されているのは、じつはいのちではなく死なのではないかと考えることを提案する。

なぜ「いのちを差し出す」とか「いのちをもって償う」とかの、混乱した表現を、混乱しているという自覚なしに多くの人たちは死刑の正当化に使用できると考えるのだろうか。それは、やはり、存在者がいのちを終止して死ぬとき、何かが差し出されるという実感があるからであろう。それによって償いが何らか達成されているように感じられているからであろう。では、何が差し出されると考えるべきだろうか。死が差し出されると、そう考えてみたらどうだろうか。(17)(＊1)

その上で、人が死ぬとき、死が差し出されるといえるのならば、それに先立ち、人はみな死をあらかじめ所有しているはずだ、と一ノ瀬は考え進める。

しかるに、存在者が死んだとき、その「死」が差し出されるなら、その存在者は死ぬ前から死を持っているのでなければならない。つまり、「死」が差し出されるという表象を事態的にしている限り(事実そうである)、すべての存在者は、生前から死を所有していると考えられなければならないのである。かくしてここに、死の所有の観念が出現してくる。(17)

こうして、「死の所有」の観念が導入されるに至る。しかしこの観念について、筆者にはさまざまな疑問が生じる。それに言及する前に、まず、死を所有しているとは具体的にどのようなことだと一ノ瀬が考えているのかから見てみたい。一ノ瀬は簡単に次のような例を挙げる。死の所有とはたとえば、「いつでも自由に死ねるという態勢を所有すること」とか、「自分が死ぬことを媒介して他者に働きかける力を有していること」であると。前者はすぐあとに、「自由に自分で死ぬことを選ぶ権利」（17）とも言いかえられ、後者の一例としては、「「死んでやる」という言葉で周囲の人々をコントロールする事例」（70）が挙げられる。

そしてこのように、じつはすべての人は死を所有していると暗に想定することではじめて、死刑は応報的な視点にのっとって正当化されるのだという。「すなわち、殺人を犯した者は、他者の死の所有、つまり自由に自分で死ぬことを選ぶ権利を侵害し喪失させたのだから、殺人の加害者もまた、応報的均衡の帰結として、自らの死の所有を喪失しなければならない、つまり当人の自由ではない強制的な仕方で死刑に処せられなければならない、というように」（17）。

つまり、誰もが死を所有しているということを前提とした上で、そのうちの誰かが他人によって死の所有を喪失させられるとき、つまり殺されるということが起こったとき、加害者も被害者と同様に、その死の所有を、死刑というかたちで強制的に失うことが相応であると人々は考えている、と見るのである。死刑を正当と考えている人々が意識的にこのように考えているわけではないが、死刑が妥当という漠然とした感覚を分析してみれば、このような仕組みになっているのではないかと一ノ瀬は考える。人々は、意識しないかたちで、「死の所有」という観念に依拠しているのではないかということである。逆にいえば、もしこのように死の所有を想定しなければ、死刑を正当化することは論理的に不可能であると一ノ瀬はいう（＊2）。

［2］「死の所有」の観念への疑義と検討

さて、右記のように提示された死の所有の観念について、次に検討してみよう。一ノ瀬の議論の特徴の一つは、論理のレベルと、本人を含む人々の実感のレベルとの両方を参照しつつ考え進めるところである。正確にいえば、前者の論理のレベルが主であり、それを補強するために、しばしば実感あるいは経験のレベルに訴える。ただ、本書が、心揺さぶる愛犬の死の記述から始まることからも分かるように、一ノ瀬が死について議論する動機の一つが、自らの切実な実感に言葉を与えたいというところにあることは容易に想像できる。しかし一ノ瀬の場合、この論理のレベルと実感のレベルのあいだに、時折齟齬があるように筆者には思える。あるいは、論理のレベルと実感のレベルのすり合わせが、ときに粗いように思える。そしてその齟齬がもっとも際立っているのが、死の所有という考え方に対してであると筆者は考える。以下、論理のレベルと実感のレベルに分けて検討したい。

■[a]論理のレベルでの検討

まずは論理のレベルで、死の所有の観念が成立すると考えられる過程をもう一度たどり直してみたい。一ノ瀬は、殺人の加害者は、自らのいのちを差し出すことで殺人という行為を償って当たり前であると、人々がしばしば、応報的な観点から死刑を正当と考えていることを確認するところから出発したのだった。その上で、いのちを差し出すという考え方はよく見ると不合理であることを論証する。その論拠の一つは、人は生命を「所有」できないことであり、もう一つは、仮に生命を所有しており、それを譲渡したとしても、受け取った人は、いのちを二つもつことになってしまうという点である。一ノ瀬は問う。「単に死ぬ、ということではなく、いのちを差し出す」(17)ことなどできるのかと。そして、「死ぬことは「生命」が消滅することであって、したがって死ぬことで「生命」を差し出すことなどできない」(69)、と結論する。

このように、少し考えれば論理的に不整合で、「混乱した表現」である、いのちを差し出すという考えを、なぜ人々は保持し、死刑の正当化に使用するのかといえば、一ノ瀬によればそれは、じつはその裏に隠れた論理、つまり死の所有という論理があって、それを媒介することで、整合的であるかのように思えてしまうからである。

しかし一ノ瀬は、もちろん、死の所有という考えが正しいというのではなく、むしろ死の所有という論理は「虚構」(101)であり、その虚構に依拠することで、一般に死刑は正当化されているのだという。つまり、実際には、人々が死を所有しているとは考えられないのだが、その論理を密かに導入することで、死刑という制度は論理的に支えられているのだという。言いかえれば、論理上は、いのちをあらかじめ所有していてそれを差し出すのではなく、死を所有していてそれを差し出すと考えることで一応は整合性を保てるのだが、それは事実を正しく反映しているわけではなく、論理的な正当性を得るために創り出された虚構であるということであろう。

ところが一ノ瀬は、それが虚構であるというのとほぼ同時に、「死の所有」という観念もまた、論理的に整合的でないという。

実を言えば、「死の所有」の観念には、倒錯であるがゆえの陥穽が忍び入っている。というのも、「死の所有」の観念をそのまま受け入れるならば、当人が死んだ後も、「死の所有」を譲渡した者という形で所有主体の概念が要請されてしまうように思えるからである。(70)

いったんは、いのちを所有し、それを差し出すということは「支離滅裂」(17)だが、死を所有し、それを差し出すと考えるならば、支離滅裂とはいえず、一応は整合性を保っているといっておきながら、あとから、それが虚構であると看破するのはよいとしても、虚構であるだけでなく、論理的にも不整合であるというのは、議論として一貫性を欠いているのではないかと思える。なぜなら、双方ともに論理的に不整合であるなら、いのちを差し出すのではなく、その代わりに、死を差し出すのだと考える必要がないからである。もっといってしまえば、私たちは「裏の論理」(100)としても、死を所有し、それを差し出すなどと想定しているとは、そもそもいえないことになってしまう。

最終的にはどちらも論理的に不整合であるならば、なぜ一ノ瀬はいのちを差し出すという代わりに、死を差し出すという方をいったんは採用するのだろうか。正確には、なぜ一ノ瀬は人々が暗に後者に依拠して、死刑を正当化していると考えるのだろうか。

それを解く鍵は、論理のレベルではなく、実感のレベルにあると筆者は考える。というのも一ノ瀬が、いのちではなく死を差し出すのだと考えるとき、彼は、実感、あるいは「リアリティ」に訴えているように見えるからである。つまりいのちを差し出すのは実感に沿わないが、死を差し出すというのは実感にも合っている、というその点に依拠して、いったんは後者を採用しているように見えるのである。一ノ瀬は次のようにいっている。

確かに、いのちが差し出されるというのは、どう考えてみても支離滅裂だが、「死」が差し出されるというのは、実感を反映しているように感じられる。（17、傍点引用者、以下同様。）

人が現に死んだとき、生命が差し出されたという感覚にはリアリティが実際ない。生命など差し出されようがない。むしろ、残された人々に死が差し出された、と描写するほうがはるかにリアリティがある。（69）

しかし、少なくとも一ノ瀬にとって、いのちを差し出すというのは、死を差し出すというのとは比べられないほど、一見して支離滅裂だとしても、最終的には双方ともに論理的に成り立たないのだとしたら、なぜ死を差し出すという方がまだましなのか、なぜ人々の「裏の論理」として死を差し出すことに依拠することで、一応は論理的整合性を繕うことができるのかを丁寧に説明しなければならないのに、この二つの違いを、一ノ瀬は、実感に沿うか、リアリティを感じるかに見いだして、それを根拠にいったん後者に軍配を上げてしまっている。論理のレベルでの論証を実感がさらに補強することはあり得るとしても、論理の曖昧さを実感で穴埋めしてしまうことは本来できないのではないか。しかも筆者には、その実感が、論理のレベルでの一ノ瀬の説明に整合しているとは思えない。つまり先にも述べたように、論理のレベルと実感のレベルのあいだに齟齬があるように思えるのである。

■[b]実感のレベルでの検討

そこで次に、実感のレベルに視点を移してみよう。なぜ一ノ瀬は、死が差し出されるという方が、実感やリアリティがあると考えるのか。これについては次のように続ける。

> そうした差し出された死とは、死体という情景であったり、その人への切なく生々しい追憶であったり、その人の不在による存在感、虚無感、安心感などだったり、死を想うことへの重たい誘発であったり、いろいろな形に解釈されよう。(69)

死体や、その人への追憶、その人の不在による存在感が、ここで、死が差し出される具体例として挙げられている。そしてさらに次のように続ける。

しかるに、そうした、死が差し出されるという感覚、それが発生することで、翻って、だったら生きている時にも死を所有しているはずだ、という論理が生成してくる。実際確かに、私たちは生きている時からすでに死を所有している、と考えることはできなくない。それはおそらく、いつでも死ねるという姿勢の所有であったり、死を介して周囲に影響を及ぼせる能力の所有であったり。実際、死んでやるという言葉で周囲の人々をコントロールする事例など。(70)

つまり死が差し出されるということが、私たちの(少なくとも一ノ瀬本人の)実感によって保証され、その上で、そのことが私たちに、人は生前死を所有しているのだと考えるよう促す、というのである。そして死の所有の具体例として、先にも挙げた、「いつでも死ねるという姿勢の所有」や、「死を介して周囲に影響を及ぼせる能力の所有」に言及する。

まずは、死が差し出されることの実感から考えてみよう。その例として、一ノ瀬は上の引用で、「死体という情景であったり、その人への切なく生々しい追憶であったり、その人の不在による存在感、虚無感、安心感などだったり、死を想うことへの重たい誘発」を挙げている。確かに身近な人が死んだときに、そのようなものが、残された人にどうしようもなく迫ってくるというのはその通りだろう。そのことを、残された人に亡くなった人の「死が差し出されている」のだと表現するというのなら、それも比較的すんなりと受け入れることができる。

しかし、その差し出されている死を、その人は生前所有していたのだというふうに、「所有」の観念が出てきたとたん、その考えを共有することが筆者には難しくなってくる。というのも、その人への追憶や、不在感、その人がいないならいっそ死んでしまいたいと誘発されること、さらに死体の情景が迫ってくることさえも、それらは、残された人の側に生じること、正確には、亡くなった人と残された人とのあいだで生じることであって、亡くなった人が生前「所有」していたそれらを、死ぬときに「差し出している」とは思えないからである。

確かに一ノ瀬は、論理の上では、所有しているものを譲渡するならば、譲渡した後も、その元の所有者が残っていなければならないが、死の場合はそうではないと指摘し、死の譲渡がじつは、論理上成り立たないこと、「虚構」であることをあとから指摘してはいる（101 - 2）。しかし筆者には、それは、論理の上だけでなく実感にも、はじめからそぐわないように思える。というのも、死ぬ者は死を自ら差し出しているのではなく、自らの意思に関係なく、意思の及ばないところで、死が差し出されてしまっていると描写した方がよいように思えるからである。差し出していることと、差し出されていることには、一ノ瀬は時折等価に考えているところが見受けられるが（17、69 - 70、100、149 - 152、344他）、実際には大きな違いがあるだろう。前者は差し出す人に軸があるが、後者は、差し出されている人、つまり残された人に軸があるからである。そうすると、死ぬ人が差し出したつもりはなくとも、残された人が、差し出されたと強く感じてしまうことが起こり得る。（あるいは一ノ瀬は、所有やその譲渡を、譲渡する人の意思に関係なく成立し得ると考えているのだろうか。）

以上のことを、一ノ瀬の挙げる死の所有の具体例と合わせて考えてみると、違和感はさらに大きくなる。一ノ瀬は上の引用で、死の所有の例として、「いつでも死ねるという姿勢の所有」（69 - 70）や、「死を介して周囲に影響を及ぼせる能力の所有」（70）を挙げていた。まずは前者について考えてみたい。

一ノ瀬は、死を差し出すこと（あるいは死が差し出されること）と、死の「所有」を差し出すこと（あるいは死の「所有」が差し出されること）とを、はっきりとは区別しておらず、場合によっては同じものとして扱っているように見えるが、先にも触れた、一ノ瀬の挙げる両者の例を見る限り、死が差し出されることと、死の「所有」が差し出されることは、かなり様相の異なるものである。というのも、一ノ瀬がいうように、「いつでも死ねるという姿勢を所有していること」が死の所有のあり方の一つだとしたら、人は死ぬとき、多かれ少なかれその所有を喪失し、その所有が差し出されるのだということになる。他方で、死が差し出されることの例としては、「死体の情景」や「追憶」、「不在感」などを一ノ瀬は挙げていたから、もし死が差し出されることと、死の「所有」が差し出されることが同等のものだとしたら、いつでも死ねるという姿勢の所有を喪失し、それが差し出されることが、たとえば「死体の情景」や「追憶」、「不在感」などとして現れる――といっていることになってしまうが、実際には必ずしもそうはいえないだろう。

これら両者のあいだの不整合が、図らずも、死が差し出されることは、じつはあらかじめ所有していた死を差し出すこととは異なる、ということを示しているのではないか。より踏み込んでいえば、死が差し出されるとき、そこに「所有」は介在していないという可能性、言いかえれば、死が差し出されるという事態は、所有という観念によっては説明できない可能性を示唆しているのではないか。

そもそも、「いつでも死ねるという姿勢を所有していること」が、死を所有していることの例とされるのは、殺人や死刑を典型とする、他人によって死を強制される事態の否定あるいは対極としてそれが想起されているからであろう。議論の展開から見てもそうである。殺人と死刑が、被る害として等価であるという、死刑を正当化する論理を検討する中で、死刑を支持する人々は、一方の、殺人によって自分の死の所有を差し出すよう強制されることと、他方の、死刑によって自分の死の所有を差し出すよう強制されることとは等価であると考えているのだと一ノ瀬は見る。それを確認したあとで、ではそれに先立ち、死を所有しているとはどのようなことだろうかと一ノ瀬が考えたとき、それは、強制されずに、いつでも自分で死ねるということになるはずだと、このように導き出されるのだろう。

しかし、「いつでも死ねるという姿勢を所有している」という事態は、掘り下げて考えてみようとすると、じつは実体がないように見える。それは、さしあたり死を強制されることなく生きていられることというように、死の強制の否定としてしか意味がないものなのではないか。そのように本当はさしたる実体のないもの、言いかえれば、死の強制がないという消極的事態を、あえて死を所有しているというように、積極的事態としてとらえ直そうとしているから、（一ノ瀬本人とは異なり）私たちには実感にそぐわないと感じられてしまうのではないか。実際に、一ノ瀬は本書の論を進めるごとに、殺人や死刑だけでなくあらゆる死（病死や安楽死、自殺も含め）は、多かれ少なかれ、死の所有を奪われることだと考えるが、もしそうであるなら、いつでも死ねるというのは、さしあたりは死が迫っていないという程度の、否定で表される意味しかなく、死を「所有」しているなどとして、積極的に描写することに意義があるような状態ではないのではないか。

次に、先に挙げた、死を所有していることの二つの例のうち、もう一つの例を検討してみたい。それは、「死んでやるという言葉で周囲の人々をコントロールする事例」であった。そしてさらにその具体例として一ノ瀬は、「死を介して周囲に影響を及ぼせる能力の所有」（70）を挙げているが、この二つ目の例で彼は、むしろ次のようなことがいいたかったのではないか。生きている人は、周囲の一部の人から、暗黙にでも死んでほしくない、生きていてほしいと思われていて、だからこそ、その人が死ぬと、その人たちに、悲しみや追憶、不在感、虚無感、悔恨、死の誘惑などの影響を及ぼすのだと。これは先に見た、死が差し出されるときに、残された人に生じる感情や事態である。だとすれば、一ノ瀬がいっているのは、人が死ぬと、残された人に悲しみや不在感などを通じて死が差し出される、そしてその人は生前、その可能性を保持している、ということにすぎない。このことを言い表すのに、あえて「所有」の観念を持ち出す必要はないように思える。

つまり、一ノ瀬が論理のレベルで言いたいことも、また実感として感じていることも、じつは、人が死ぬとき、残された人には死が差し出されたと感じられる、ということだけであって、そのことから、だから人はみな生前に死を所有している、と考える必要はないのではないか。またそのように所有の観念に訴えることでさまざまな齟齬が生じるように思えるのである。

確かに、死の所有という観念は「虚構」であり、「実体性をもたない」（101）と一ノ瀬自身いう。しかし同時に、一ノ瀬は、そのような観念が虚構としては成り立っており、それがあたかも事実であるかのような強い影響力を及ぼしており、多くの人が密かにそれに依拠しているとも考えている。その現実認識を、筆者は共有できないと感じる。

[3]生のリアリティと解される「死の所有」

実際に、「死の所有」という観念は、本書の後半にいくにしたがって、死刑論での文脈とは用いられ方が異なるところもあり、ほとんど、「死が差し出されること」と同義に使われることも多い。確かに、死の所有の観念は、死刑を正当化する論理を検討する中で導入されたものであり、どんな死の場面にも同じようにそれが適用されるわけではないだろう。しかし、死刑とは異なる死の場面で用いられる死の所有の用いられ方の方が、私たちの実感にもしっくりくるし、一ノ瀬自身の実感にもじつは合っているように感じられる。では、その用いられ方とはどのようなものだろうか。たとえば、戦争における死を扱う章で、一ノ瀬は次のようにいう。

> 原爆投下を正義だといまでも信じる人々は、個々の死に対する眼差しなど持たないのかもしれない。けれども、それは本当に消失してしまっているのではない。本当に個々の死に対する眼差しを持っていないのではない。単に、そうしたものを一時的に消失しているかのような装いをしているだけなのである。死体を現に見たり、戦没者のありようを知るとき、やはり戦争での殺戮も殺人なのだという再認識がいやおうなく発生し、何かが与えられてしまっていて、それを償いきれないという実感、すなわち死の所有の観念へと至る。個々の死に対する哀切と涙へと、誘引されていく。(266)

ここでは、「個々の死に対する眼差し」をもつことあるいは「再認識」することが、死の所有の観念をもつこととほぼ等価にとらえられていることが分かる。つまり人の死を、三人称の死として、言いかえれば、客観的、統計的に淡々ととらえるのではなく、それぞれ固有のリアリティをもった個々の生の終焉としてとらえることが、死の所有の観念をもつこと、つまり、そのものが死を所有していることに思い至ることなのだという。同様のことが、別の章で、動物の死に関していわれる。

> （……）「いのちをいただく」という言い方をしているとき、人は（……）動物の「死」がもたらす重み、そうしたものを感覚しようという態勢に実はなっている。すなわち、動物の死の所有を、隠蔽するようでありながら、実はそうした死の所有の観念に浸潤されつつあるのである。(321)

ここでも、「動物の死がもたらす重み」を感覚することが、「動物の死の所有」の観念をもつことと等価なものとされている。それらは、動物実験や肉食においてそうであるように（第7章参照）、「隠蔽」されたり、逆に後ろめたさを感じるときのように、想われたり、さらには人を「浸潤」したりし得るものである。だからこそ一ノ瀬は、おそらくは動物の死をも含めて、「私たちは、個々の死を想い、その死の所有の観念を知覚していこうではないか」(267)と呼びかけるのである。

上記で用いられている「死の所有」とはしたがって、個々の存在の重み、あるいは個々の生のリアリティと言いかえることができるものだろう。さらにいえば、そのような個々の存在の重みや、生のリアリティは、死によって断ち切られるときにはじめて、あるいは少なくともそのときにもっとも際立って立ち現れるものである。だから個々の死が、そのものが生前死を所有していたこと、そしてそれがいまや永久に失われてしまったことを、死後になってまざまざと実感させる、という遡及的な構造を呈しているのだろう。

一ノ瀬はさらに、このように解される死の所有の観念を、死の場面から出発しつつも、それにとどまらず、日常生活のうちにも見いだしていく。死の所有の観念はじつは、私たちの生きているときの人々との交流にも染み渡っており、それは折に触れて現れるのだという。一ノ瀬によればそれは、互いへの「かすかな憎悪や嫌悪や無視」というかたちで、そしてそれが引き起こす「罪と罰の構造」(151)として現れる。つまりよく見てみれば、死が訪れる前から、私たちの日常には、死の所有の観念と地続きの「罪と罰の構造」が潜在しており、死の所有という視点をとることで、そのことが改めて浮かび上がってくるのだと一ノ瀬は考えているといえる。

こうした死刑概念の分析から導かれてくる死の所有の観念は、決して死刑の場合にのみ現れるのではなく、日常的にも普遍的に現出しうるということ、これである。私たちは、互いの身近な交流において、かすかな憎悪や嫌悪や無視をし合う。(……)ならば、私たちの交流には、根源的次元において、疑似的であれ、罪と罰の構造が巣食っていると考えられよう。しかしもちろん、こうした構造はつねに表面に現れているわけではない。だが、人が死んだとき、亡くなった人の存在感が前面に剥き出しになり、自分との関係性が露わとなり、深層に宿る罪と罰の構造が表に現れてくる。(151)

死の所有をもつことを、先に考えたように、個々の存在の重みを尊重することと考えればこそ、上の引用は、死の所有の観念の文脈で理解することが可能になる。つまり、私たちは日常、家族や友人、職場の同僚の存在の重み、あるいは生のリアリティを、つねには尊重せずに、軽視したり、無視したり、踏みにじることもある。それが私たちにかすかな罪の意識を抱かせ、罰を受けても当然だという感じ方につながる。そうした負い目は普段は意識されないが、その人が死んでしまったときに一挙に噴き出す。その人の存在の重み、言いかえれば「死の所有」をきちんと認めていなかった罪を、その人の死に面してはじめてはっきりと感じるものの、その時はもうその小さな罪の蓄積を償うことが永遠にできなくなっている。その悔恨を、一ノ瀬はここで、死の所有の観念によって言い表そうとしているのではないか。

　当人が死んだあとも残るさまざまな想い、いや、死んだからこそありありと現れ出てくる想いや、その人の不在がもたらす虚無感、そうしたものに注目し、掬い上げようとすること、それが本書に一貫する一ノ瀬の姿勢であり、考察の出発点でもあるだろう。しかし一ノ瀬自身が指摘するように、それに注目することは、形而上学的あるいは存在論的に考えて不合理に陥るように見える。なぜなら、人が死んだあとは、その人は非存在、無になるのであり、その不在が、残された人に何らかの影響を及ぼし得ると考えることは、現に存在するものだけに考察を厳密に限定しようとする視点――これを一ノ瀬は「現世視点」(16他)と呼ぶ――をはみ出して、死の向こう側へと歩を踏み出してしまうことだからである。つまり、何らかの死後の「存在性」(321)やそれとの生者の交流可能性を認める視点、一ノ瀬自身の言葉でいえば、「彼岸視点」(16他)を持ち込んでしまっていることになる。彼岸視点は、一ノ瀬によれば、宗教の存在根拠となるものである。なんらかの死後の存在を認めなければ宗教はほぼ成り立たないのだから。

　ただ、宗教や文学においてだけでなく、現世視点を厳密に維持しなければならないはずの法制度もまた、この「彼岸視点」の混入をひそかに許してしまっていると一ノ瀬は考える。なぜなら、死刑制度は彼岸視点を持ち込んで考えなければ論理的に成立し得ないのだから、というのが一ノ瀬の死刑論のスタンスである。(というのも、死後も、殺人という害を被る存在が何らかの仕方であると考えるからこそ、その害を死刑によって償う必要があると考えられるからである。死後、被害者はまったくの非存在になるのであれば、加害者の死によって償う当の相手がいないことになる。)そして死の所有の観念が導入されるのは、まさにここにおいてである。

死の所有の観念がともかくも有効に働くためには、死んだ後もその人は何らかの仕方で主体として存続しているのでなければならない。けれども、そう考えることは、死んだ人は死んでいない、というように等しいだろう。［それは］彼岸視点を持ち込むということである（101、括弧内は引用者による補足）。

確かに死刑を語るとき、いやそれだけでなく、私たちが死を語るときはいつでも、かすかであっても「彼岸視点」を持ち込んでしまっている、そうでなければ死を適切に考えることさえできないというのはその通りであろう。そして宗教や文学としてではなく、哲学として、それも形而上学あるいは存在論として、その彼岸視点をも含みこんで死を理論化しようとする一ノ瀬の試みは画期的であり、大きな意義があるだろう。ただ、そのような彼岸視点が、死の所有の観念と考えられなければならないことにはならないのではないか。先にも述べたように、彼岸視点を取り込むために「所有」の観点に訴える必要はない、あるいはむしろ、所有の観点を持ち込むことで却って私たちの実感から離れてしまっている、というのが筆者の考えである。

実際に、死刑論以外では、死の所有の観念はほとんど、彼岸視点、あるいは死のリアリティ、不在のリアリティを感じること、認めることと等価に用いられており、そこではとくだん「所有」の観念が効いているとは思えない。あえてそれが効いているとすれば、そして一ノ瀬が所有に引き付けて考えようとしているところがあるとすれば、それは次のような場面である。（しかし、筆者にはこれも、所有とは別の仕方で考えられるように思えるのだが。）

こうして日常的な、身近な人の死の場合に、死の所有の観念が浮かび上がり、亡くなった人が死の所有を差し出し、残された者は無償で死の所有を受け取ると感じられることになる。おそらくここには、残された者にとって、死の所有という最大事なものを、不当に不均衡な形で差し出され、償われすぎている、という感覚、そしてそれを解消するため自分から何か償いたい、しかし現実にはその償いは達成されないという思い、こうした感情が生起し、死者に誘引され続けるという事態が発生するだろう。私はこれこそ別離の感情の正体だと考えている（151‐152）。

ここでは、死の所有を差し出す者とそれを受け取る者、そしてその両者の損失と利益が不均衡であるという見方で、死を、あるいは死が差し出されているという実感を説明している。また、残された者が感じる「別離の感情」とは、不当にもらいすぎたという、いわば「負債」の感覚だという。

確かに、身近な人が亡くなったとき、一ノ瀬がいう「著しい不均衡の感覚」（349）のようなものが生じるのは事実であろう。なぜあの人は死ななければならなかったのか、なぜ自分だけが生きているのか、なぜ自分ではなくあの人なのかという不均衡、あるいは不公平の感覚、そしてそれを享受してしまっている自分のうしろめたさ、自分にはその資格があるのかと自問せざるをえないいたたまれなさを感じる。しかしこの感覚は、死の「所有」とその喪失、そしてそれを不当に受け取ったことによって説明する必要があるものなのだろうか。必ずしもそうとはいえないように思える。そのような説明では、死が差し出されるという、人と人との**あいだ**に生じる興味深い事象に着目していながら（＊3）、結局は、そうした死も、閉じた個人間のやりとりであるという想定を抜け出ていないように思われる。

そこで次章では、一ノ瀬の文脈に沿いつつも、死のリアリティを、所有の観念から離れて描写することを試みたい。

［第2節］「死が差し出される」ことを生のリアリティから考える

一ノ瀬は、死の所有の観念を導入する際に、まず、誰かの「死が差し出される」と感じることがあるという私たちの実感に訴えるところから始めるのであった。この出発点の、「死が差し出される」と呼べる事態があることには筆者も深く同意する。ただそこから、そうであるならば、人は生前死を所有しているはずだと、「死の所有」の観念を導き出す段階から、筆者は一ノ瀬と考えを共有できなくなるのであった。そこで、一ノ瀬と同じく「死が差し出される」という事態から出発しつつ、しかしそこから死の所有の観念に訴えることなく、その事態を別様に解釈してみたい。

一ノ瀬は、身近な人が亡くなったとき、その死が差し出されたと感じるという。それは具体的には、「死体という情景であったり、その人への切なく生々しい追憶であったり、その人の不在による存在感、虚無感、安心感などだったり、死を想うことへの重たい誘発であったり」(69)するといわれ、同様のことが、「死んだ人への尽きない想い」、「死への恐怖」、「死へのあこがれ」、「引きずられるような誘引感」、「不在がもたらす静寂感」(151)などともいわれる。

これらは、最初の「死体という情景」以外、みな、残された者の側が感じたり抱いたりするものである。それに死体という情景も、物理的な死体ではなく、死体がそれを見る人の感情を喚起し、揺さぶる基点になっているような、残された者が目の当たりにする「情景」であることを考えれば、やはり同列に考えることができるだろう。

このように、残された側が感じ取るものを、死んだ者が差し出した「所有」を受け取ることだと考えるのには無理がある。もちろん、残された者が一方的に感じ取るのではなく、死んだ者がそれを引き起こすのであり、感じ取るものの内容や強弱は、死んだ者の性格や行い、そしてそれが残された者に与えてきた影響、または逆に、残された者が死んだ者に与えてきた影響など、総じて、死んだ者と残された者との関係性によって変化するだろう。ということは、死が差し出されているという事態は、両者のあいだに生じているといえるのではないだろうか。言いかえれば、両者を巻き込んださまざまなものが交じり合ってはじめて、そして唯一無二のものとして成立しているのではないか。したがって、死んだ者と残された者、その関係、そして死が訪れた時期、死に方など、そのどれか一つが異なっても、差し出される死のありようは異なるはずである。だから残された者が複数いる場合、その一人一人にとって、同じ人物の死によって差し出されたものは異なることになる。

それを、死んだ者が「所有」していたものの喪失あるいは譲渡と表現してしまうと、誰に譲渡しても同じものがあらかじめあって、それを所有したり譲渡したりしているようにとれてしまう。また、殺人や死刑でない限り、死んだ者が、ある程度意図的に譲渡したようにもとれてしまう。少なくとも、「所有」というとき、所有者がその所有しているものを、ある程度コントロール下においていることを意味しているようにとれる。実際に一ノ瀬は、死の所有の具体的な言いかえとして、「いつでも自由に死ねるという態勢を所有すること」、つまり「自由に自分で死ぬことを選ぶ権利」とか、あるいは、「自分が死ぬことを媒介して他者に働きかける力を有していること」を挙げていたのであった。

しかし一ノ瀬が、死が差し出される例として挙げる、残された者に引き起こす不在感などの感情は、「与える者」の意思やコントロールを超えているもの、しばしばそれらと無関係に生起するものでさえあるだろう。確かに、親への当てつけ、あるいは自分をいじめた者、ふった者への当てつけに自ら死ぬことがあり、想定通り、残された者に悔恨や自責の念を起こさせることができるとしても、その質や強さ、持続する程度、あるいはその人の抱く想いの複雑で細やかな全容を、事前に知ること、あるいはコントロールすることは決してできない。死は、図らずも残された者に差し出されてしまうのであって、死ぬ者が自ら死を差し出すのではない。この相違は、先に見た、死が差し出されることと、死の「所有」が差し出されることとの相違にも通じているだろう。しばしば一ノ瀬は、これらを交換可能なものとして論じているのだが。

確かに一ノ瀬も、死において、他者との相互作用が重要な働きをしていることを、たとえば「人称の交錯」を論じることで適切に指摘してはいる（11以降）。しかし、所有の観念に固執する限り、それは徹底されることができない。なぜなら、所有しているものは、所有者に還元してしまうか、あるいは所有の譲渡というかたちで他者に受け渡してしまうかのどちらかであるからである。しかし実際には、当人と残された他者とのあいだに、あいだにのみ、誰の所有というのでもなく、差し出されるというかたちで生じるのが、その人の死なのではないか。

では、一ノ瀬のように、死の所有が差し出されると考えるのでなければ、何が差し出されているといえるのだろうか。それは、先に一ノ瀬に沿いつつも別様に解釈した、生のリアリティなのではないかと筆者は考える。その人の生のリアリティ、あるいは固有の生の重み、それがその人の死によって固定化し、結晶したかたちで差し出されるのだとはいえないだろうか。先に見たように、一ノ瀬自身も、しばしば死の所有を、生のリアリティ、あるいは存在の重みと考えているように見受けられる箇所が複数あった。一ノ瀬が、死が差し出されているように感じるというときに念頭においているのも、おそらく生のリアリティのことだといえるだろう。そこで一ノ瀬の主張を、所有の観念に訴えることなく、筆者なりに敷衍してみたい。

人はみな、それぞれ固有の生の重みをもっているはずだが、ふだんはそのことがほかの人によって十分には考慮されないで過ぎていく。群衆も、一人一人をクローズアップして見れば、それぞれ固有の生を生きているが、ふだんは単なる数とみなされがちである。顔や名前を知っている知人であっても、その一人一人の固有性をいちいち考慮してはいられない。ただ、その一人に何かがあったとき、とくに亡くなったとき、私たちはその人の固有性にほとんどはじめて十全に注意を向ける。そしてその人と自分との関係、交わしたやりとり、その人の発した言葉や表情を思い出して、それが自分にとってもった意味や、背景にあったその人の気持ち、事情などにあれこれと思いを馳せる。お葬式や追悼の場などはそのよい機会である。そのときはじめて、残された人にとっての亡くなった人の生のリアリティは、その全容を現す。死がはじめて鮮やかに、定まったかたちで見せてくれる生のリアリティである(＊4)。それがそのように現れるのは、死んだからこそなので、ある意味では一ノ瀬がいうように、死のリアリティと言いかえることもできるだろう。というのも、そのときはもうその人の生のリアリティは更新されることがないのだから。死によって永久に固定され、決定されてしまう。生きている間は、それが最終的にどのような形をとるかは定まっておらず、つねに変動し、更新されている。しかし生のリアリティの更新が死によって止まると、止まった時点の断面が、その人の最終的な姿として、その人を想う人にまざまざと現れるのだ。

このことが、残された人に悔恨を引き起こしもするだろう。その人の生の固有性は、固定される前に、つまり生前に、十分に尊重されただろうか。自分はそれに貢献しただろうかと。その人の固有性はもっと尊重されてもよかったのではないか。自分の扱いが、不当にそれを低めてしまったのではないか。もっと先まで、もっと豊かに更新させてあげられたはずなのに。もっと大事にされ、評価されてよい人だったのに。自分もそうするのを怠っていた負い目。軽んじたまま、不十分なまま閉じてしまったことへの負い目。その人が自分にもたらしてくれたことに比して、自分は十分に返し切れていないという思い。次の機会があると思っていたから、いつか挽回できると思っていたのに……。

それが身近な人や家族であれば、その悔恨はいっそう強くなるだろう。もう少し優しい言葉をかけてあげられたのに、たまには一緒に外出したり旅行に連れて行ったりすることができたのに、その人が自分にしてくれたように、その人の生の固有性はもっと尊重されてもよかったはずなのに、不当にないがしろにしてしまったという悔恨。その不足を補う機会を永遠に逸してしまったという悔恨。これが一ノ瀬のいう、「不均衡の感覚」なのではないか。それは所有や譲渡とは関係がないだろう。

そうだとしたら、死の際に差し出されるのは、死の所有ではなく、死によって「最終版」となって浮かび上がる、その人の生のリアリティなのではないか。死によって固定化され、最終版となって現れた生のリアリティが、差し出されるのではないか。しかもそれを感じ得る人がいることによってはじめてそれは差し出される。

確かに、死がはじめてそれを生々しく浮かび上がらせるのは事実だとしても、差し出されているのは死ではなく、死によってはじめて確かなかたちをとった、生のリアリティなのではないか。遺体も、その人の残り香も、遺品も、その人の死が促す哀切の想いも、みなその人の生のリアリティを想う拠り所となるものである。生きているあいだは決してそれとして浮かび上がらず、死によって切り取られ、断面図として浮かび上がる生のリアリティである。生のリアリティが死によってはじめて浮かび上がるという遡及的な構造がそこにはある。

そしてそのように死によって浮かび上がる生のリアリティは、他の人に対して表れてくるものという側面をもつ。その意味で、死とは関係的なものだといえる。死とは他者との関係であり、他者とのあいだではじめて成り立つものである。他者に差し出され、他者に受け取られて、他者に何らかの影響を及ぼすことで、「個々の死」は成立するのである。そうした他者から独立して、人があらかじめ「所有」している死があるのではない。

［第3節］胎児の「存在性」と生のリアリティ

一ノ瀬は『死の所有』で、「害グラデーション説」（216－222）と自ら名づける主張を提示し、さらに、論文「死の害についての「対称性議論」をめぐって」でこれを展開することで、死者も害を被り得ることを論証しようとする。確かに、人は死ぬと、その存在は無に帰するけれど、死んだとたんにゼロになるのではなく、害を被る主体になり得る、その人の「存在性」（236－237）と呼べるものは残っており、それは漸次に減少してやがて消失するというグラデーションになっているのではないかと一ノ瀬は考える（＊5）。したがってこの観点からいえば、害のグラデーション説は、存在性のグラデーションをも主張していると言うことができる。同書での一ノ瀬の関心は、主に死後の存在性に向けられているが、同様のことが誕生前にも言えるだろう（＊6）。

ここで取り上げたいのは、妊娠中の胎児の存在性についてである。確かに胎児の場合、母胎の中にすでに物理的に存在しており、それはエコーや尿検査等によっても証明可能であるから、死後の場合と全く同じではない。とはいえ法律や制度の観点から見れば、胎児もまた、その存在が、誕生後の人間と同じ程度には社会的に認められていない。そこで、一ノ瀬の主張する存在性のグラデーションと、（一ノ瀬の「死の所有」の観念を前章まで筆者なりに修正した）生のリアリティの観点を適用することで、胎児の存在のこの微妙な位置づけにより迫ることができるのではないかと考える。

確かに胎児の存在は、制度によって完全に掬い取ることはできないが、私たちはその存在をはっきりと実感している場合が多い。妊娠している女性やそのパートナー、また家族らにとっては、胎児はすでに家族の一員であり、もっとも大事な存在の一つとなっている。ただ、胎児の親にとってさえ、その存在性は不安定でもある。親さえも、制度的な見方と自分の実感のあいだを揺れ動く。ときには自分の実感すら不安定に揺れ動く。たとえば、やむをえない事情によって中絶を選択するときや、あるいは出産時に、母親と胎児の命がともに危険にさらされ、母親を助けることを優先させるような場合には、苦渋の決断ではあるものの、まだ見ぬものの「存在」よりも、すでに生まれ生きている者の命や幸福を優先させようという判断が働いているといえる。これは胎児の誕生後には、法律が禁止しているからとはいえ、起こりえない考え方である。このことからも、胎児の存在は、場合によって、誕生以後の人間と同じ十全な存在とみなされることもあれば、その存在とははっきり区別され、それより存在性が少ないとみなされたり、あるいはほとんど無に近くみなされることもあることがうかがえる。胎児の存在がこのように不安定で、それがリアリティをもって感じられるかどうかは、ひとえにその周囲の人の受け取り方によっているという事情(＊7)も、死者の場合と同じだといえるだろう(＊8)。

[1]胎児の死が差し出されること

そうだとしたら、胎児が死ぬとき、先ほど死者について見たのと同じように、死が差し出されているということはできるだろうか。胎児の存在性が不安定で、人と場合によって変動し得るのに呼応して、死が差し出される場合とそうでない場合も変動するといえるだろう。中絶や流産、死産の経験は、母親や父親、またその他の家族にとって、通常の死よりもいっそう振り幅が大きく、多様に経験されうる。ある人々は、すでに誕生している肉親の死と同等かそれ以上の悲しみや喪失感を抱くが、別の人々にとっては、ほとんど死とすら意識されないことがある。あまり罪悪感を抱かずに、粛々と中絶を行う場合や、新生児を遺棄する場合などがそうである。ただ、抑圧されたかたちであっても本当にそれらの感情をもっていないかどうかは、本人にしか、あるいは本人にもわからないだろう。一ノ瀬が戦時の死について語るように(266-267)、何らかのきっかけで、あるいは事後的に、それらの感情が噴き出さないとはいえないし、現にそういう事例がたびたび報告される。

それでは、胎児の死に際して、とくに死が差し出されたと感じるのはどのようなときだろうか。先に身近な人の死について考えたのと同じように、それは、胎児の「生のリアリティ」が感じ取られるときだと考えてみたい。ただしそれは不安定でもある。先の身近な人の死の場合、死体や遺品など遺されたものを手がかりに、過去の当人の視点に仮託することでリアリティが得られるのだと一ノ瀬は考えた。胎児に関しても、その遺体を手がかりにリアリティが得られることは場合によってはあるだろう(＊9)。しかし、ほとんど「過去」のない胎児の死の場合、胎児の未来の視点に仮託することで生のリアリティを得るという構造が、普通の死の場合よりもいっそう強くあるのではないかと筆者は考える。

［2］未来の視点への仮託

身近な人が亡くなったとき、私たちを一番苦しめるのは、その人の笑顔がもう二度と見られないこと、その人と話すことも、その人に触れることも、一緒に経験を重ねることも、もう二度とできないということだろう。その人に関する過去の記憶がことあるごとに蘇ってきて、自分が永遠に失ったかけがえのないものはこれだと痛感する。喪失感の核にはそれらの記憶がしっかりと根づいている。

これに対して、胎児の死の場合、その存在を感じたのはせいぜい数週間から数か月で、直接見たことも、触れたこともない。それにもかかわらず、すでに存在する肉親の死と同等かそれ以上の悲しみや喪失感を抱くことも多いのはなぜだろうか。それは、誕生後の人の死の場合とは別の仕方で、やはり胎児の生のリアリティを強く感じているからだと筆者は考える。具体的には、胎児本人の未来の視点に仮託するという仕方で。確かに胎児と共有していた過去はほとんどないかもしれないが、その存在が維持され成長したとき、それは自分たちにとってかけがえのない存在になるという確かな予期が、現にその時点ですでに、胎児をかけがえのない存在にしている、という構造があるのではないか。つまり未来への仮託が、現在、胎児を大事な存在にしているのである。先に、死によって現れたその人の生のリアリティが、現にこのとき生じているといわれたのと同じように。一ノ瀬は、身近な人の死について次のように述べている。

> 臨終近くの直筆の走り書き、事故の際に着ていられた衣服、口に注いだ末期の水の残り、身に着けていたものに残る生前のかすかな匂い。そんなものが過去の死にゆく害経験からの因果的帰結として、静かに存在している。そこからさらに何が発生するか。さらに連なる因果の行き先は何か。「哀切」の想い、と表現したい。いなくなってしまったということの切なさ、もの悲しい別離感、深い穴の開いたような不在感。被殺人者あるいは死者の、まさしく死が差し出されたというリアリティ。いないという不在感の持つリアリティ。(……)殺され、亡くなってしまった死者そのものに寄り添う(と仮託された)、(過去時点での)死者そのもののありようを主体とする想いなのである。/こうした想いは、決して幻覚のようなものではなく、(……)一つのリアリティ、実在性である。死者の生きていた過去時点でのあり方を主体とするという意味で、不在性に色濃く染まってはいるのだけれども、幻覚とは質的に異なるリアリティを放っている。(……)そこに、不在でありながらも確固たるリアリティを認めるのである。(233-234)

死者によって差し出されたリアリティは、死者の生きていた過去時点でのあり方に仮託するかたちで得られるものであり、それは「不在性に色濃く染まってはいる」ものの、「幻覚」ではなく、確かな現実であるという。これと対照的なことが、胎児についても、未来に関していえるのではないかと考えるのである。つまり、そのまま生きていたら存在していたはずの胎児のありようを主体とする想いが、胎児のリアリティを形づくっているのだと。そのとき、身近な者の死の場合のように、仮託する際の手がかりとなるもの、拠り所となるもの——上の引用では、「直筆の走り書き」や「衣服」、「匂い」など——はほとんどない。だからときに、胎児のリアリティは不安定で、親自身にとっても移ろいやすい。自分が強く感じている喪失感の核が、はっきりとはとらえがたく感じるのである。

ここで試みに、筆者自身の経験を振り返ってみる。かつて流産を経験したとき、それまでにない衝撃と大きな喪失感はあるものの、何を失ったのかつかみどころがないような感覚を、同時に覚えたのを記憶している。妊娠する以前の数週間前と同じ状態に戻っただけともいえなくないのに、何がこんなに打ちのめすのだろうと。「現世視点」の理屈では説明しきれないもどかしさと、でも自分がそれを掬い上げるのを諦めたら、なかったことにされてしまうような焦燥感。現に制度的には十全には認められていない存在だから(＊10)、親がそれを感じなかったら、なかったも等しいことになってしまうかもしれない。流産やときには死産でも、一部の人にしかその事実を告げないことが多く、告げたとしても、よくあることとか、次があるからと流されてしまうことも少なくない。確かに統計的にはありふれたことではあるが、亡くなったのがその人の親兄弟であるなら、それが統計的にもっとありふれたことであっても、よくあることといってすますことはないだろう。

亡くなった胎児を体外に出す手術を待つあいだ、待合室でたまたま読んでいた本に、出産時に命を落としかけた二歳になる子が、最近片言の言葉を話し、笑顔を向けてくるようになった――というくだりがあった。それを目にしたとたん、自分が失ったのはこれだと、瞬時にかたちを得たような気がした。それと同時に、悲しみの焦点がようやく合ったことで、一気に噴き出してきたように感じた(＊11)。

たとえばここに見られるように、胎児の場合、その存在を未来に延長した、その子の存在のありようを主体とした想いから翻って、胎児の存在のリアリティを得ている部分が大きいのではないだろうか。しかも、一ノ瀬が身近な人の死についていうように、単なる想像や幻覚という次元を超えた、確かな現実としてそれを感じている。ほかにも生殖医療の体外受精において、凍結保存した受精卵の扱いが問題の一つとなっているが、受精卵のリアリティは、その親にとって、胎児の場合よりもさらに不安定で、その振り幅も大きい。子どもを得るまでは、少しでも出産に至る可能性を上げたいと、質の良い受精卵が一つでも多くできることばかりを考えがちだが、いったん子どもが生まれてその成長を見るうちに、残された受精卵、あるいは破棄してしまった受精卵に想いを馳せるようになったという実例がしばしば報告される（マティ 1995, 66－78、96－106頁）。受精卵をその現在と過去だけから見ると、人によっては大きなリアリティは感じられないが、その存在の未来のありようを主体として考えたとき、すでに生まれた子どもとほとんど同じリアリティをもって迫ってくるのだといえるだろう。

そうだとすれば、このリアリティを、さらに受精以前へと少し前倒しして考えてみることももしかしたら可能かもしれない（＊12）。確かに物理的な存在という観点から見たら、受精以前と以後でははっきりとした違いがあるように思えるが、生のリアリティを感じとる者の想いは、その境界をまたいで連続している。生のリアリティは、必ずしも物理的な存在に呼応して生じたり、増減したりするのではなかった。同じ週数の胎児に生のリアリティを感じるかどうかは、それを受ける側によって大きく異なり、しばしば無に等しくもなり得るのだった。逆に、妊娠を待ち望んでいる人々にとって、自分たちの子どもの生のリアリティを先取りして強く想い、未来の子を現に今大事に思う想いと、実際に妊娠し、生まれた子どもに注ぐ想いとは、妊娠発覚、出産などの節目で大きく質と強さを変えるにしても、やはり連続しているはずである。いずれかの節目を境に、突如無から有へと転換するようなものではない。いってみれば、子どもの生のリアリティを先取りしてあらかじめ想っているところに、実際に生まれた子どもが迎え入れられるというような、倒錯した構造がそこにはあるのではないか。とはいえこのことは、実際に子どもが生まれてもなかなか愛情が湧かず、異物のように思える子どもと格闘するうちに徐々に愛情が大きくなっていったり、あるいはいかなかったりする事態と両立し得る。というのも、死者に対する想いから容易に想像できるように、生のリアリティは一枚岩ではなく、複層的でもあり、相矛盾する要素を同時に抱え込んでいるはずだから。

上記で、胎児や受精卵について見た未来への仮託は、胎児においてもっとも大きいとはいえ、じつは胎児に限ったことではないだろう。どんな死者にもその時点で死なければ未来があったはずで、残された者にとっては、過去の思い出と同時に、当然あったはずの未来が断たれてしまったことも、喪失感の大きな部分を占める。あるいは両者は、分離できないかたちで混ざり合っている。とくに子どもの死は、その親にとって、未来への仮託から生じるリアリティがよりいっそう大きく、痛切に感じられるだろう。子どもを失った親が、生きていれば同じ年頃の子どもたちをつい目で追ってしまうという経験が語られることがある。今頃はランドセルを背負っていたはず、今頃は成人式の着物を着て、今頃は子どもを抱いていたかもしれないと、年月を経るごとに、亡くなった子どもと同じ年代の人たちの姿や話題が、他人事とは思えずに気になってしまうことがあるだろう。

そうだとすれば、胎児や受精卵も含め、あらゆる「人」の死によって差し出される生のリアリティは、過去時点への仮託と同時に、未来時点への仮託によってもまた得られるものではないか。そしてその配分や程度の違いなどは、その「人」の年齢や、残された者とその「人」の関係等によってそれぞれ異なるのだろう。

さらに、生のリアリティは、人が亡くなったときにもっとも鮮やかに、固定されたかたちで現れるとはいえ、一ノ瀬が指摘するように、生きているあいだにもそれが感じられたり、あるいは軽視されたり無視されたりし得るのであった。そうであれば、「死の所有」に代わると私たちが考えた、生のリアリティという視点から見れば、それは、誕生前から死後に至るまで、グラデーション状に変動するのだといえるのではないか。つまり、誕生も死も、それを境に急に生のリアリティが無から有に、あるいは有から無へと移行するような出来事ではなく、私たちは、その人の過去や未来の時点に仮託することで、誕生や死という境界線をまたいで、生のリアリティを先取したり、あるいはその残響を聞き取ったりする。そしてそれは、そうする人が死を迎えるまで、濃淡や帯びる意味を変えながら、たえず変容し続けるのではないだろうか。そのように、一ノ瀬のグラデーション説を延長しつつ考えている。

◉注

＊1　一ノ瀬（2011）からの引用は（　）内に頁数のみ記す。

＊2　これを一ノ瀬は「死刑不可能論」と呼び、59頁以降で展開している。

＊3　一ノ瀬が死の所有を論じる中で、死が「差し出される」という言葉を多用するのは、死が他者との関係の中で成り立つ現象だということに注意しているからだといえるだろう。

＊4　一ノ瀬自身は次のようにいう。「死んだ後で、その人のその人性が、ああこの人はこういう存在だったのかという思いが、はじめて味わう重みでもって如実に迫ってくるという感覚である。こうも言えよう。死んだとき、その死んだ者のリアリティが、その者が生きていたときとは別な仕方で、生きていたとき以上に近しく、新しく誕生してくる、と。そう、「死」が誕生してくるのである」（8）。最後に、これを「死」の誕生と呼んでいるところには筆者は同意できないが、この立場の相違が、死の所有の観念についての意見の相違にもつながっている。

＊5　「私たちは死後も何かを残すのであり、それらは、グラデーションをなすように程度を変容させながら、そしておそらく時間の経過とともに無に限りなく近づきながら、生きているときの私たち自身と因果的に連続した結果として、かすかなかたちであったとしても、現に存在しているのである」（一ノ瀬 2019, 18頁）。

＊6　ただし前掲論文では、胎児についてではないが、誕生前の（非）存在についても検討している。

＊7　筆者は本稿で、胎児の生のリアリティという言葉を用い、その不安定さや、人によって異なることを論じているが、同様のことを、中（2015）で「生殖の身体性」として展開した。

＊8　このことは、中絶の是非を考えるために、胎児から新生児に至る過程において、どこからが「パーソン」であると言えるか線引きしようと試みる「パーソン論」に抗し、グラデーション説はそれに代わる見方を提供し得ることを示しているといえる。一ノ瀬によるパーソン論への批判は同書、136頁以降参照。またアニマル主義との関連でパーソン主義を考

察する論文、一ノ瀬（2015）も参照。

＊9　死産の場合など。あるいは出生前診断等を経た人工妊娠中絶でも、両親が遺体に服を着せたり、ぬいぐるみなどと一緒に棺に入れて弔う例が少なくない。このような場合、胎児の遺体を「仮託」の手がかりにするとともに、実体がないように感じられがちな誕生前の死に際して、親が自らの感情の拠り所にしているように思える。信濃毎日新聞取材班（2015）第二部参照。

＊10　妊娠十二週以降に胎児が死亡した場合は、役所に死産届を提出し、火葬することが法律で義務付けられているが、それ以前の死ではその必要はない。

＊11　手術後一年余り後に生まれた長男が小学校に上がったころ、話の流れで何気なくその子のことを話したところ、思いがけず大きな衝撃を受けたようで、狼狽しながら音も立てずに涙を流し始めた。それほどの衝撃とは思わずに不用意に話してしまったことを申し訳なく思ったが、そのとき長男がどのような気持ちだったかは今でもリアルに感じ取ることができない。妊娠していた親である私自身も、産まれてくるまでは他の生きている者と同等の存在ではないという、制度に沿った考え方に、無自覚に相当染まっているのだろうと思う。そのような考え方にまだ縛られない長男がどう感じたのかを正確に想像することができないのだから。

＊12　一ノ瀬自身も、「近い将来に妊娠することを希望している女性」が「可能的な赤ちゃんが害されてしまう」ことを懸念して健康的な生活を心がける例を挙げ、誕生前の赤ちゃんの何らかの存在性を想定している。前掲論文、15－16頁。

◉文献表

一ノ瀬正樹 2011『死の所有　死刑・殺人・動物利用に向き合う哲学』東京大学出版会。

一ノ瀬正樹 2015「断章　いのちは切なし―人と動物のはざま」『哲学雑誌』130巻802号、46－74頁。

一ノ瀬正樹 2019「死の害についての「対称性議論」をめぐって―因果概念に照らしつつ―」『The Basis 武蔵野大学教養教育リサーチセンター紀要』第9号、105－125頁。

マテイ、ジャン－フランソワ 1995『人工生殖のなかの子どもたち 生命倫理と生殖技術革命』浅野素女（訳）、築地書館。

中真生 2015「生殖の「身体性」の共有―男女の境界の曖昧さ」『理想』No. 695、103－119頁。

中 真生◉

信濃毎日新聞取材班 2015『不妊治療と出生前診断 温かな手で』講談社。

［第九章］

クアエリ原理と野放図因果

一ノ瀬因果論についての一考察

次田　瞬
名古屋大学大学院・日本学術振興会

［第1節］はじめに

ヒューム以来、因果性（causation）は英語圏の哲学における重要なトピックの一つとなってきた。実際、因果性は互いに関連しあった様々な哲学的問題の構成要素として顔を出してくる。いくつか例を挙げよう。

◉因果関係はどのような存在論的身分をもつ関係なのか。
◉因果関係の種類は一つだけなのか。
◉因果関係をどうやって認識するのか。
◉因果関係は道徳的責任とどのように関係するのか。

ただちに気づかれるように、これらの問題は形而上学や認識論、倫理学といった哲学部門の垣根を越えている。それゆえ、因果性について統一的なビジョンを打ち出すことは容易ではない。そんな中で、一ノ瀬正樹は因果性をテーマとする著作をいくつも公刊し、長年にわたってこの野心的な仕事に取り組んできた稀有な哲学者の一人である。

一ノ瀬が因果論を展開している著作として、多くの人々は『迷宮』シリーズをまず思い浮かべると思う。しかし、本稿では『英米哲学入門』（以下、『入門』と略）を主要な検討の対象とする。『入門』の特に終盤で展開されている因果論は、近年の一ノ瀬自身の研究を踏まえて書かれているからである。たしかに『入門』は入門書らしい平易な言葉で書かれているが、すぐに内容を把握できるような易しい本ではない。『入門』は独創的でユニークな内容を大量に含んでおり、慎重な検討に値する本である。

以下では、『入門』第3章で一ノ瀬が提示している論点・学説を検討する。2節では、一ノ瀬因果論の出発点となるクアエリ原理について検討する。3節と4節では野放図因果の問題をめぐる一ノ瀬の議論を検討する。検討に際しては、単に疑問を提示するのでなく、場合によっては一ノ瀬の議論を積極的に読みかえることで、一ノ瀬因果論のバリエーションのようなものを提示してみたい。なお、特に指定しない限り、カッコ内の数字は『入門』のページ数を参照していることを断っておく。

[第2節] クアエリ原理

日常生活の中で、ときにわれわれは通常ならざること、不規則な事態に直面して、何か変ではないかという思いを抱く。通常ならざることの典型例は、事故・災害・犯罪などの価値的にネガティブな事態だが、ポジティブな価値をもつ事態であってもよい。とにかくそうした何か通常ならざる逸脱が生じたとき、われわれは「なぜだ」と問う。その問いへの応答として因果関係が立ち上がってくる。そうすると、逸脱に気づいて、「なぜだ」という疑問を発するところにこそ、因果関係の理解の本質があるのではないか。

一ノ瀬は、因果関係理解の基軸を疑問に置くこのような立場を「因果の逸脱基底的・疑問依存的理論」(deviation-based, question-dependent theory of causation: DBQDT) と命名する。DBQDT の立場は次の標語によっても表現される。

クアエリ原理：因果的であるとは問われることである(268)。

この標語は、簡潔なだけに、それ自体様々な疑問を呼び起こすが(*1)、さしあたり次のように理解しておこう。まず、何らかの逸脱的出来事 e が生じたとする。われわれは「なぜ e なのか」と問う。これに対し

「cだから」という答えが与えられる。この答えが適切であるときそのときに限って、cとeは因果関係に立つ。

しかし、それでは**逸脱が生じていない場面**ではどうなるのだろうか。何も異常がないときに「変ではないか」とは考えないはずである。自明でデフォルトな事柄については、疑問に思う必要に迫られないからである。そうすると、クアエリ原理に従えば、この場合因果関係が成立しないことにならないか。

一ノ瀬の答えは明快である。彼はこの問いに、そういう場面では因果関係というものは端的に**ない**、と応じる(265)。この応答は、因果性はわれわれの興味関心と独立に実在する、と考える人には驚きをもって迎えられるだろう。実際、一ノ瀬自身もDBQDTはラディカルだと自負している(272)。他方で、因果関係の理解は通常ならざる逸脱との遭遇によって発せられる「なぜだ」という疑問とともに立ち上がる、という一ノ瀬の観察は多くの人の直観に訴えるところがある。そうだとすれば、これはジレンマである。

本節の残りでは、このジレンマを抜け出す方法を提案する。一ノ瀬によれば、クアエリ原理はバークリのペルキピ原理との類推で立てられている。ここにジレンマを抜け出すヒントがある、と私は考える。ペルキピ原理とクアエリ原理の平行性を、一ノ瀬が念頭においているよりも一層厳密になるよう考察を推し進めてみよう。

ペルキピ原理に対する素朴な反論は、私が知覚していないときでも私の家は存在するように思える、といったものである。この種の疑問に対するバークリの答えは、「もし私がそこにいたならば家は知覚されるであろう」という仮定法の条件文は成り立つ、というものである(92-93)。さて、このような方法でペルキピ原理を擁護できるなら、一ノ瀬のクアエリ原理も同じやり方で擁護できるはずである。クアエリ原理に対する素朴な反論は、因果関係が成立するのは実際にわれわれが「なぜだ」という疑問を発したときだけだというのは信じがたい、というものである。この種の反論には、クアエリ原理の読み替えによって応じればよい。

すなわち、通常ならざることだとは思っていない自明の出来事であっても、「「なぜだ」という疑問をもしも仮に発したならば、しかじかの答えを与えるだろう」という仮定法の条件文は成り立つ。現実に「なぜだ」という疑問が発せられるかどうかは関係ない。仮に発せられたならば与えられるであろう適切な応答によって因果関係が立ち上がる。それゆえ、逸脱が生じていない場面でも因果関係は成立する。

もしクアエリ原理を仮定法的に読むことが許されるならば、なぜ疑問と因果性の間に一ノ瀬が見いだした概念的な繋がりを保持しつつ、クアエリ原理からラディカルさの見かけを取り除くことができるだろう。しかし、クアエリ原理を仮定法的に読むなどということはそもそも可能なのか、と疑う向きもあるかもしれない。自明でデフォルトな事柄に対し、われわれは「なぜだ」という疑問を発することなど本当にできるのだろうか。仮に発することができるとしても、あえてそんなことをするのは神経症めいていないか。因果性が問題になるのは通常のコースからの逸脱が起きたときだけだ、と考える方が健全な精神のあり方なのではないか。

私はそうは思わない。なぜなら、自然科学の営みは自明か自明でないかという区別からある程度独立しているからである。例えば、科学哲学における科学的説明に関する議論を参照してみよう。たしかに、一般に、何かを説明するということは、自明でないことを、誰もが受け入れるであろう事柄（その意味で、自明の事柄）を参照して説明することである（*2）。しかし、科学的説明における被説明項は自明な事柄（夜空が暗いことなど）であってもよいし、説明項は一般常識からかけ離れた抽象的な科学理論でもよい（Salmon 1992, p. 14）。そうであるなら、時間・空間の中で生じる通常通りの出来事に関しても「なぜだ」という疑問を発することは不可能でない。それが一見不可能に思えるのは、自分が特に驚いているわけでも困惑しているわけでもない出来事について「なぜだ」という言葉を発するのに慣れていないがゆえの心理的な抵抗があるからだろう。

こうした心理的な抵抗は、その気になれば、多少とも弱められると思う。というのも、自明でデフォルトな事柄について「なぜだ」と疑問を発することは、つねに無駄な営みに終わるとは限らない。たしかに、例えば、正常に作動している機械について「どうして正常に作動しているのか」と問うのは、それだけ取り出してみれば、機械が故障したときに「なぜだ」と問うよりも奇怪な振る舞いではある。しかし、「どうして正常に作動しているのか」という疑問に適切に答えられることは、やがて故障したときに適切に対処するために必要な知識を構成することだろう。もしそうなら、「なぜだ」という問いが現実に発せられるかどうかは、自然に関するわれわれの知識が成立するにあたって結局のところそれほど重要ではないかもしれない。かくして、クアエリ原理を仮定法的に読むことは可能だと私は考える。

ところで、クアエリ原理をもともとの定式化で解釈するにせよ、仮定法的に解釈するにせよ、「なぜeなのか」という問いに対する「cだから」という答えが適切でなければ、因果関係は立ち上がらない。この制約がなければ、どんなcであってもeの原因となりえてしまう。それでは、どのような答えなら適切なのか。次にこの点を考察しよう。

【第3節】通時的野放図性

現代の因果論において有力な立場の一つに、反事実的条件分析がある。反事実的条件分析にも様々な種類があるが(*3)、大まかには、反事実的条件法を利用して、因果概念についてのわれわれの理解をあぶりだそうとする立場である(239-240)。例えば、出来事eが生じたとき、「もしcが生じなかったとすれば、eは生じなかっただろう」という反事実的条件文が成り立つような出来事cは、eの原因である、とする。

反事実的条件分析が人気を集めているという事実は、前節の議論を踏まえれば理解できないことではない。DBQDTによれば、因果関係は逸脱的な出来事の発生に対して「なぜ」という疑問を発するところから立ち上がる。ここでいう「逸脱的な出来事」は、価値的にポジティブでもネガティブでもありうるが、典型的にはやはりネガティブな出来事だろう。そのため、因果関係の語りには「どうしてこうなった」という後悔の念がつきまといやすい。そして、後悔の念は「もしこれこれしなかったら、こうはならなかったのに」という反事実的思考を引き起こす（271-272）。

こうした反事実的条件分析は、前節のクアエリ原理（仮定法的なバージョン）と組み合わせることができる。もし「なぜeなのか」と問われたならば「cだから」と**適切**に答えられるであろうとき、そのときに限って、cとeは因果関係に立つ。その際、「cだから」という答えは「もしcが生じなかったとすれば、eは生じなかっただろう」という反事実的条件文が真であるとき**適切**である。

しかし、一ノ瀬は、真な反事実的条件文を手にするだけでは因果関係の成立には不十分だという。というのも、この種の反事実的条件文が成り立つようなcは無数に見いだせるので、どこかで歯止めをかけなければ出来事eの原因の範囲はとめどなく野放図に広がってしまうからである。したがって、一ノ瀬によれば、因果性と反事実的思考の間には重要な関連があるものの、反事実的条件文の成立は因果関係が成立するための十分条件ではない。これを野放図因果（profligate causation）の問題と呼ぶ。一ノ瀬によれば、因果論の究極の課題とは、野放図因果の問題を考慮した上で、一層厳密に原因を指定する方法を探ることである（278）。

野放図因果の問題は通時的なバージョンと共時的なバージョンの二つに分けられる。共時的なバージョンは次節で取り上げることにして、本節では通時的な野放図因果の問題を取り上げる。例えば、次のようなケースがある。

> 船の中でマッチが擦られた、マッチのそばにラム酒の樽があってそこに火が燃え移った、ラム酒樽近くの可燃物に火が燃え広がった、船が燃えて沈没した、船の保険が掛けられていたロイズ銀行が大損し

た、ロイズ銀行の保険担当重役が精神的にまいってしまった、その重役が自殺してしまった。(279)

ここで「重役の死の原因は何か」と問うてみよう。精神的にまいったこと、ロイズ銀行が大損したこと、船が沈没したこと、可燃物が燃えたこと、ラム酒樽が燃えたこと、マッチが擦られたこと、これらすべてが原因の資格をもつ。これらすべてに対して、「もしそれがなかったならば、重役は自殺しなかっただろう」といえるからだ。しかし、これは望ましい状況ではないと一ノ瀬は考える。この重役の死を悲しむ遺族はマッチを擦った船乗りに対して因果的責任を追及できるだろうか。それは難しいかもしれない。他方で、精神的にまいってしまったことが死の原因であるのは明白である。それゆえ、遺族は会社が精神的ケアを怠ったことに対して責任を厳しく追及するかもしれない。

こうした通時的野放図の問題に対する一ノ瀬の提案は、大まかにいうと、結果の出来事が反事実的依存の関係にある個々の原因候補に**原因候補としての適切度**を割り当て、適切度の高いものを原因として優先的に扱うというものである。原因候補の適切度は、予防可能度(degree of could-have-prevented: DCHP)という尺度によって与えられる。DCHPとは、原因候補に介入することでどのくらい容易に結果の出来事が生じるのを防げるか、の尺度である。一ノ瀬はDCHPの値を[i]コスト、[ii]所要時間、[iii]結果からの時間的な距離の関数であろう、と示唆している。たとえeがcに反事実的に依存していても、cでない状態を生み出すことに大きなコストや時間を要するならDCHPの値は小さい。また、cとeの時間的距離が大きくても、やはりDCHPの値は小さい。そのような出来事は適切な原因候補とはみなされない、というのが一ノ瀬の提案の大筋である(300-306)。

この提案を重役の死のケースに適用してみよう。仮定により「マッチが擦られなければ重役は死ななかった」と「精神的にまいらなければ重役は死ななかった」という二つの反事実的条件文はともに真である。しかし、マッチを擦ったことと精神的にまいったことの原因候補としての適切度はどうか。一ノ瀬によれば、マッチを擦らないことは造作もないことで、時間もかからないものの、重役の死よりずっと以前のことなので、原因としての適切度は低く見積もられる。他方、精神的にまいった人をケアするのはコストや時間もかかるだろうが、精神的にまいったのは比較的新しい出来事であるため、DCHPの値はそれほど低くない(306–309)。

DCHPの定式化に関して、一ノ瀬はスケッチであることを断っている。実際、疑問の余地がないわけではない。例えば、結果からの時間的距離が原因指定の適切さを大きく左右するようなパラメータなのか、私はそれほど確信がもてない。一ノ瀬が結果からの時間的距離を重視する理由は、それが「家を建てたことが火事で家が燃えたことの原因だ」という言明の奇妙さを説明するのに有用だからである(＊4)。家を建てないことはコストも所要時間もかからないので、コストと所要時間以外のパラメータが必要だろう、というわけである(303)。しかし、新築の家が火事に見舞われた場合には、結果からの時間的距離が小さいので、この説明はその場合には適用できまい。

同様の問題は、「誕生が死の原因である」(237)、あるいは、マルクス兄弟の「離婚の原因は結婚である」といったジョークにも当てはまる。たしかに、通常の場合には、誕生から死までの時間的距離、結婚から離婚までの時間的距離は大きい。しかし、幼くして死ぬケースや、結婚して早々に離婚するケースもある。誕生や結婚のコストと所要時間をどう考えればいいのかは判然としないが、これらの言明を「家を建てたことが火事で家が燃えたことの原因だ」の類例とみなせるなら、コストと所要時間は小さい。よって、早々に死亡したり離婚したケースではDCHPの値は高くなってしまう。しかし、早々に死亡したり離婚したケースであっても「誕生が死の原因である」「離婚の原因は結婚である」というのが奇妙であるのは変わりないと思う。重篤な遺伝性疾患や助産婦の判断ミスなどの方が誕生そのものより死亡の原因と呼ぶにふさわしい。

こうした問題が解決不能だとは考えたくないが、何らかの工夫は必要であろう。

現段階では、DCHP の厳密な定式化は一ノ瀬の今後の研究に期待するほかない。しかし、DCHP の定式化の問題とは別に、そもそも「原因候補としての適切度」という表現は二種類の読みを許すのではないかという疑問もある。このような疑問をたてるのは、二つの読みのうちの一つに従うと、一ノ瀬の意図に反して、反事実的条件分析は必ずしも退けなくて済むように私には思われるからである。

「原因候補としての適切度」の一つの読みは、因果言明の真理度（degree of truth）と解釈することである。真理度とは何か。例えば、曖昧述語を含む文、例えば「x は若い」は「x」の指示対象が「若い」の境界事例のときには真とも偽とも言い難いので、真理には程度があると考える人がいるかもしれない。そこで、真を1、偽を0とした上で、[0, 1] 区間に属する任意の実数を真理値として措定してみよう。真理度の与え方はケースごとに工夫する必要がある。ここでは便宜的に、x の年齢を age(x) として「x は若い」の真理度を 1–age(x)/75 で与えておく（＊5）。因果言明の真理度については DCHP によって計算する。その際には、DCHP の値域は [0, 1] 区間になるよう調整しておけばよい。曖昧性の文献で因果関係が曖昧述語の例として取り上げられることは稀だが、一ノ瀬は因果関係がまさに曖昧述語だと考えている（298）。そして、この解釈のもとでは、DCHP の値が小さな原因候補はほとんど原因とはみなせないため、この解釈は反事実的条件分析と両立しない。

これに対し、因果関係が客観的に実在すると考える論者は、一ノ瀬のいう「原因候補としての適切度」をむしろ因果言明の受け入れやすさの程度を表現するための心理学的ないし語用論的な装置として解釈するかもしれない。こちらの解釈によれば、反事実的条件分析によって正しい因果言明とされるなら、それは正しい因果言明であり、せいぜい DCHP の値が低いがゆえに受け入れるのに心理的な抵抗があるだけだ。この場合、言明の真理値はもちろん真偽の二つだけで済む上に、一ノ瀬の本来の意図に反することにはなるが、

DBQDTと反事実的条件分析のいいとこ取りもできる。

どういうことか。まず、仮定により「マッチが擦られなければ重役は死ななかった」という反事実的条件文が真なので、反事実的分析により「マッチが擦られたことは重役の死の原因である」という因果言明は真である。ただし、原因と結果の時間的距離が大きいことなどの理由でマッチが擦られたことに対するDCHPの値は小さいため、この因果言明は心理的には受け入れがたい。なるほど、このままでは、正しいはずの因果言明が、会話の中で「なぜだ」という疑問に対する答えとして自然なものとして受け入れられないことになってしまう。しかし、この不安定な状況は解消できる。結局のところ、不自然に思われた因果言明はよく考えるとさほど不自然ではない、といえばよい。たしかに、背景知識が何もなければ「船員がマッチを擦ったから銀行の重役が死んだ」といわれても何のことやら理解できず、心理的に受け入れがたい。DCHPはその直観を捉えている。けれども、マッチを擦ることから重役の死までの因果連鎖が具体的に示されれば、その因果言明が真であることは納得しうる(＊6)。われわれの行為がしばしば意図せぬ結果や望まぬ結果をもたらす、というのはおなじみの発想だからである。マッチを擦ったことで重役が死んだというのも、その一例である。

それでは、通時的野放図性の問題はどうなるのだろうか。一ノ瀬も述べているように、反事実的条件分析は通時的野放図を許容している。私の考えでは、因果関係は実際に通時的に野放図である(＊7)。しかし、そのことは真である反事実的条件文ならどんなものでも因果言明として自然に受け入れられるということを含意しない。因果言明が会話の中で自然なものとして受け入れられるには、DCHPの値が十分に大きくなければならない。この制約が野放図に歯止めをかける。なぜそのような制約があるのかは想像に難くない。例えば、後悔を次の機会に生かすためには、あまりに遠い昔の出来事が原因であるという情報は役に立ちそうにない。結果の出来事と時間的に近く、コストや所要時間といった面から参照する価値のある原因こそ、会話の中で交わされるに値する。

かくして、一ノ瀬のDCHPを心理学的・語用論的な仮説として読みかえることは、通時的野放図性の問題を回避しつつ、因果性と因果言明の結びつきを分析するための有益なツールになりうる。そういう選択肢を示すのが、ここでの私のポイントであった。

［第4節］共時的野放図性

本節では、共時的なバージョンの野放図因果の問題を取り上げる。まず、次のケースを考える。

フローラはいつもまったくの好意から隣家の蘭の花に水をやっている。しかし彼女が蘭に水をやるのを止めると、蘭の花は枯れてしまう。常識的に判断して、フローラの不作為が蘭の花の枯死の原因だったといえるだろう。なぜなら、もし彼女がいつものように水をあげていたならば、蘭の花は枯れなかっただろうからである。(276)

蘭の花に水をやるという出来事の不在（absence）が花の枯死の原因というわけである。このように、出来事の不在が因果関係に立つケースは、ふつうの（garden-variety）因果関係との対比で「不在因果」と呼ばれる。不在因果にはこの例のように何らかの不作為が出来事の原因とみなされるケースのほかに、何らかの出来事が生じるのを阻止することで不在を引き起こすケースや、後述する二重の阻止（double prevention）もある。いずれにせよ、反事実条件的分析に従えば不在因果は因果性の一種として認められそうである。

しかし、不在因果は問題も生み出す。上の引用は次のように続く。

問題はこういう［原因推定の］定義があまりに多くのものを含みすぎるという点である。こういう考え方をとると、常識的には原因として認定されないような、あらゆる種類の不在を原因として認めることになってしまう。常識的な直観では、フローラが蘭の花に水をあげなかったことがその枯死の原因として指定されるのであって、ほかの隣人が水をあげなかったことが原因とされるのではないし、ましてや、その蘭について知るはずも気にするはずもない地球の反対側の人々が水をあげなかったことが枯死の原因として指定されるはずもない。けれども、そのおのおのすべてについて、もしその人たちがその蘭に水をあげていたならば、蘭は枯れなかっただろうということは、完璧に正しい。(276)

これが共時的野放図の一例である。通時的野放図性は出来事の原因候補が過去へと遡って野放図に広がってしまうという問題だった。共時的野放図因果は、不在因果の可能性を認めれば過去へと大きく遡ることなく膨大な原因候補が出現してしまうという問題である。

不在因果が問題含みなら、真正の因果性の埒外に追放してしまえばよいではないか、と思うかもしれない(＊8)。だが、不在因果が何らかの哲学的問題を引き起こすにせよ、不在因果に対する消去主義的な態度は少なくとも二つの難点を抱える。一つは、不在因果も責任との関連をもつという事実の軽視である。花に水を与えなかった事例に見られるように、不作為は道徳的非難の対象となる。原因と責任の繋がりは一ノ瀬も強調しているように重要であり、不在因果から目を背けることは因果論から重要な主題を捨て去るに等しい。別の難点は、不在因果は従来考えられていたより広範に見られるという事実の軽視である(＊9)。例えば、二重の阻止について考えよう。二重の阻止とは、eの発生を阻止するようなdの発生をcが阻止する、という仕方でcがeの原因となるケースである。cとeは通常の出来事だが、dは不在であるため、二重の阻止は不在因果の一種である。この構造は一見するとトリッキーである。しかし、例えば、銃が人を殺すというありふれた因果関係ですら細かく分解してみると、不在が何度も顔を覗かせることに気づかされる。トリガーを引くと撃鉄のストッパーが外れるため、撃鉄が雷管を叩いて銃弾が発射される。発射された銃弾は胸を貫通し、呼吸しても酸素が供給されなくなり、血液中の酸素濃度が低下して死亡する。このように、二重の阻止を含む因果過程はありふれている (Schaffer 2000, Paul and Hall 2013, pp. 186, 191)。

それでは、共時的野放図性の問題はどう解決すればよいのか。一ノ瀬はまず、不作為を責められるのはそれをすべきだった人物だろう、と指摘する。例えば、育児放棄によって乳幼児が死亡したとする。たしかに、誰か（誰であれ）が世話をしていれば子供は死ななかっただろう。しかし、育児は親の義務だろうという直観があるので、われわれは隣人や地球の反対側にいる人ではなく、親の不作為が子供が死んだ原因と言いたい。そこで、一ノ瀬は規範性度 (degree of normativity) という尺度を導入する。規範性度は「xがFをしていればeが生じていただろう」という反事実的条件文の前件「xがFをする」に帰属される規範性の程度である。規範性度が高い不作為ほど原因とみなしやすい。

しかし、規範性度だけでは適切な不在因果の原因を指定することはできないだろう、とも一ノ瀬は指摘する。例えば、駅で電車のドアが閉じるときに、電車に乗れず片腕だけドアに挟まれた乗客がいるのに、ホームの駅員が安全確認をせずに発車の合図を出して、その乗客が電車に引きずられて死んだとする。一見、乗客の死亡原因は駅員が安全確認しなかったことだと言いたくなる。しかし、その駅員は安全確認をするときに心臓麻痺に襲われてもがいており、その動作が発車の合図と勘違いされた、と仮定しよう。つまり、駅員は安全確認をしようにもできなかった。この場合、安全確認しなかったことが乗客の死亡の原因といえるかどうかは微妙になる。この直観を捉えるため、一ノ瀬は記述性度 (degree of descriptivity) いう尺度を導入する。記述性度は「xがFをしていればeが生じていただろう」という反事実的条件文の前件「xがFをする」に帰属される実行可能性、つまり能力の程度である。この駅員が安全確認をする可能性は非常に小さかった。記述性度が小さい不作為は原因と言い難い。しかし、駅員には電車の発車に際して安全確認する義務があるので、規範性度は高い。それゆえ、駅員が安全確認しなかったことが原因といえるかどうかは微妙である、というのが一ノ瀬の提案である。彼は、不作為が原因といえるかどうかは規範性度と記述性度の積の大きさによって推定すべき問題だとみなす（333-342）。和ではなく積をとるのは、規範性度と記述性度のどちらも必要だからであろう。

本節の冒頭で取り上げたフローラの例も、この方針のもとに解決が図られる。フローラ以外にも花の枯死を阻止できた人は大勢いるにもかかわらず、フローラが水をやらなかったことが原因だと言いたいのはなぜか。まず、日頃から花に水をやっていたのがフローラだったので、そうした過去の習慣から彼女には多少の非難の目が向けられうる。また、彼女が花に水をやることは十分に可能だった。よって、フローラが水をやることの規範性度と記述性度の積は中程度の大きさをもつ（341）。

以上の提案は、直観的には十分に理解できる。しかし、前節のDCHPと同様に、共時的野放図に関する一ノ瀬の提案も、真理度に関わる尺度を提案している、あるいは、心理学的な受け入れやすさに関わる尺度を提案している、という二通りの解釈ができる。これが重要なのは、もし一ノ瀬の提案を「規範性度と記述性度の積が高いほど不在因果の言明は受け入れやすい」という心理学的仮説として解釈できるなら、一ノ瀬の示唆するところに反して、事実と規範はやはり峻別できるのではないか、と思われるからである。次のように考えてみよう。事実のレベルでは、フローラが水をやらなかったことだけでなく、エリザベス女王が水をやらなかったこと、地球の反対側にいる人が水をやらなかったこと、これらはすべて一様に枯死の原因である。しかし、どんな事実もわれわれの日常生活において等しく意義をもつわけではない。多くの事実は単に目下の関心事とは無関係であるために、とりたてて言及する価値がなく、無理に言及しても不自然な発話となる（cf. Lewis 2004）。例えば、暴漢に襲われて殺害された若い女性の夫が、絶望にかられて「私の妻はどうして死んだのだ」とつぶやく。警官が「ご婦人は頭部外傷による出血多量で亡くなりました」といえば、夫は面食らうかもしれない。しかし、たとえ警官の発話が場違いだとしても、そのことはこの発話が真であることを妨げない。エリザベス女王が花に水をやらなかったので枯死したというのは、この種の場違いだが真である因果言明と似ている。他方、フローラが花に水をやらなかったので枯死したという発話は、過去の習慣や実行可能性を考慮すれば言及する価値のある事実であり、自然な会話の一部となりうる。したがって、私の考えでは、たしかに規範性は不在因果と関係するが、それは会話の流れが自然であるためには規範も考慮する必要があるからであって、規範性が因果関係を確定するからではない。

このように考えることは、原因と責任の概念を切り離すよう要求する。エリザベス女王や地球の反対側にいる人の不作為が枯死の原因だとしても、彼らに枯死の責任まで帰属するわけにはいかないからである（*10）。しかし、一ノ瀬は原因と責任を切り離すという選択に否定的である。なぜか。

一ノ瀬は二つの証拠を提示する。一つ目は「語源からの論証」とでも呼ぶべきものである。例えば、ギリシャ語の「アイティア」は原因と責任の両方を表す表現である。日本語の「せい」も「大雪のせいで渋滞した」、「あいつのせいで負けた」といった用例に現れているように、原因と責任の二重性をもつ（135）。二つ目は、因果概念の起源に関するケルゼンの研究である（137－138）。古代ギリシャの自然哲学は、自然現象の背後にある因果法則を、人間における道徳法則である応報と類似しているとみなした。悪行が刑罰を要求し善行が報償を要求するように、自然界の事象Aは調和を取り戻すために事象Bを要求する。例えば、秋から冬にかけてだんだん寒くなっていくとすれば均衡が失われるので今度はだんだん暖かくならなければならない。太陽の軌道でさえ、正義の女神によって定められており、もし太陽が定められた進路を踏み外すなら懲罰が加えられる、とされた。このように、少なくとも哲学の起源においては、自然現象の因果的理解と応報は異質でなかった。

しかし、これらの証拠は因果と責任の概念を同一視する理由としては、それほど強力ではない。語源からの論証に関しては、二つの別個の概念に同じ表現が充てられている、とも考えられる。ケルゼンの研究は、因果概念の起源に関する推測としてはたしかに興味深い。応報としての因果という考え方は「原因は結果に釣り合う」という中世的な自然哲学の原理にも反映している。作用は等しい反作用をともなう、というニュートンの法則は、応報の概念を連想させる。それでも、近代の自然科学における因果性や自然法則の概念の解明にどれほど有効であるかは疑わしい。カルナップはケルゼンの研究に触れつつ、原因は結果に釣り合わねばならないので、原始的な有機組織をもつ下等生物がより高等の有機組織をもつ生物に進化することはありえない、といってダーウィン流の進化理論を拒否した人物について回想している（Carnap 1995, pp. 205-206）。因果性を道徳的な応報と関連づけると、奇妙な形而上学を科学に持ち込んでしまうかもしれない。

もっとも、カルナップの例はかなり極端であるし、一ノ瀬の因果論がこれほどの不合理に陥っているとは思えない。そもそも、一ノ瀬は上述の証拠を「傍証」と呼んでおり、強力な証拠とみなしていない。この点は公平のために付記しておかねばならない。

原因と責任を同一視するよう目指すかどうかは「思想の分岐点」だと一ノ瀬は述べている(134)。矛盾に逢着でもしない限り、われわれはどちらの路線でも好きな方を追究すればよい、と。もしそうなら、一ノ瀬の提案を心理学的な仮説として解釈すれば、原因と責任を同一視せずとも、事実と規範を峻別したまま共時的野放図性の問題を回避できるのではないか、と示唆できただけでも上々の収穫といえよう。

［第5節］おわりに

本稿では、『入門』で一ノ瀬が提示しているクアエリ原理、および、野放図因果の問題への対処法を手短に紹介しつつ、クアエリ原理の仮定法的解釈、および原因候補の適切度に関する心理学的・語用論的な解釈を提示した。これらは『入門』の読み替えがもたらしたものであるから、一ノ瀬因果論のバリエーションといえる。もちろん、編曲された楽曲の出来栄えに原作者は責任を負う必要がないように、本稿の責任はすべて私にある。

『入門』で提示されたアイデアの多くは、『迷宮』シリーズの完結編として予告されている『原因と責任の迷宮』にも取り込まれることだろう。本稿の問題提起が一ノ瀬因果論の今後の進展に多少とも貢献できれば幸いである（＊11）。

◉注

＊1　例えば、なぜ直角三角形の斜辺の長さの2乗は他の2辺の2乗の和に等しいのか、といった数学的な問いは因果性と無関係に思えるが、クアエリ原理に従うと、因果的とされるのではないか。それどころか、一般に、世界理解は疑問から出発するものなので、クアエリ原理に従うと、すべてが因果的ということになってしまうのではないか（270）。この問題は興味深いが、本稿で扱うことはできない。

＊2　こうした説明観は語源学的に正当化されることもある。「日常そのものは、こともなく平穏であることによって多く特徴づけられる。日常生活は「平ら」なのである。平らな日常のただなかで、ときに事件が「おこる」。つまりそこだけが隆起する。でこぼこができるわけである。そのでこぼこを「説明する」(explain)ことで、日常はふたたび「平ら」(plain)になる。説明とはここではでこぼこを均して、平穏な日常を回復するこころみ（の一部）にほかならない。」（熊野2002, 653頁）

＊3　因果性に関して還元的な反事実的条件分析と非還元的な反事実的条件分析を区別するのが重要である（240）。反事実的条件分析の創始者ルイスは、反事実的条件文の真理条件を具体的な存在者である可能世界間の類似性関係を用いて定義し、因果関係を反事実的条件文によって定義する、という還元的な議論を提示した。一ノ瀬はこの種の反事実的条件分析には好意的でない。

＊4　ヒューム が時間・空間的な隣接性を因果性の必要条件に含めたことも念頭にあるのかもしれない。

＊5　age(x) > 75 の場合は真理度0とする。なお、75という数を選んだ理由は、２０１９年現在の後期高齢者が75歳以上だからである。

＊6　それによって、DCHP の値が上がるわけではない。

＊7　因果関係が実際に通時的に野放図であるという考えは、因果関係の推移性を認めれば正当化できる。因果関係が推移的であるとは、ｃがｄの原因で、ｄがｅの原因であるなら、ｃはｅの原因である、ということである。

＊8　こうした疑念は野放図因果とは別の方向からも生じうる。例えば、不在因果を認めると、因果の関係項が問題になる。一般に、因果関係の関係項は時間・空間的な位置をもつ出来事（event）とされる。もし不在因果の関係項が出来事ならば、それは否定的出来事だろう。しかし、否定的出来事の同一性基準は不明瞭だ。例えば、フローラが花に水を与えなかった、という出来事はどこに位置し、どのくらい持続する出来事なのか。否定的出来事の存在にコミットするならば、こうした疑問に明確な答えを与えられなければならない。Paul and Hall 2013, pp. 178-179

＊9　ただし、一ノ瀬は不在因果の可能性を擁護するにとどまらず、不在因果は因果関係一般にほぼ普遍的に組み込まれている、とまで提案している（276）。この提案は理解に苦しむ。

たしかに、不在性が因果理解と深く結びついているという論点（274）は、因果概念の解明にあたって「もしｃが生じなかったならば、ｅは生じなかったであろう」という条件文を利用する反事実条件的分析にも反映されており、多くの人が同意するだろう。しかし、だからといって、不在因果が単なる因果関係の一種ではなく因果関係一般にほぼ普遍的に組み込まれている、という主張を導くのは「不在因果」という表現の意味を変えない限りは無理がないか。というのも、「不在因果」とは一般に、現実には生じていない否定的出来事・事実を含む因果関係を指すからである。出現するノードがすべて現実に生じた出来事であるような因果連鎖は（単なる例外ではなく）豊富にあってよいと思う。

ところで、一ノ瀬のここでの議論展開に私は既視感を覚える。かつて一ノ瀬は、逆向き因果は不可能であるといった主張に反論した後で、逆向き因果こそが真の因果の姿であり、事実として逆向き因果は全面的に成り立っていると主張していた（一ノ瀬　2001, 171頁；柏端 2003）。

＊10　「女王にも責任がある」というのは語用論的に不自然なだけであって実際には責任がある、とは思えない。不作為と枯死の間には曲がりなりにも反事実的な依存関係があるので、語用論的な不自然さにもかかわらず女王の不作為を原因とみなすことには眼目がある。他方、一度も会ったことのない遠方の人に不作為による損害賠償を求めることは認められないし、今後認められるようになるとも考えにくい。損害賠償などの実践と関わりをもたない以上、この種の責任帰属文を真とみなすことに私は眼目を見いだせない。

＊11　本研究はJSPS科研費JP18J00778の助成を受けたものである。

◉文献表

Carnap, Rudolf. 1995. *An Introduction to Philosophy of Science*. M. Gardner (ed), New York: Dover.

Hall, Ned and Laurie Paul. 2013. *Causation: A User's Guide*. Oxford: Oxford University Press.

Lewis, David. 2004. 'Causation as influence.' In J. Collins et al (eds.). *Causation and Counterfactuals*. Cambridge MA: MIT Press, pp. 75-106.

Salmon, Wesley. 1992. 'Scientific explanation.' In M. Salmon et al (eds.). *Introduction to the Philosophy of Science*. Indianapolis: Hackett, pp. 7-41.

Schaffer, Stephen. 2000. 'Causation by disconnection.' *Philosophy of Science* 67(2): 285-300.

一ノ瀬正樹　2001『原因と結果の迷宮』勁草書房。

一ノ瀬正樹　2018『英米哲学入門』筑摩書房。

柏端達也　2003「書評：一ノ瀬正樹『原因と結果の迷宮』」『科学哲学』36巻1号、137－143頁。

熊野純彦　2002「説明」永井均ほか（編）『事典・哲学の木』講談社、653－655頁。

［第十章］

過去と死者

一ノ瀬哲学における過去と死者の虚構的実在性

野上志学——東京大学大学院・日本学術振興会

一ノ瀬正樹は『原因と理由の迷宮』において過去についての次のような描像を提示した。それによれば、あらゆる過去の出来事は不確定であり、過去の実在性は結局のところ「人々の共同創作・共同了解」に基づく。一ノ瀬の過去論は過去についての虚構主義の一種と解釈できる。なお本稿では、一ノ瀬の過去論自体の是非を問うことよりはむしろ、我々の責任帰属や死刑といった実践的問題について一ノ瀬の過去論が持つ帰結を追うことを目的として議論を進めることにしたい。

【第1節】一ノ瀬の過去の不確定性テーゼ

一ノ瀬は『原因と理由の迷宮』においてラディカルな過去論を提示している（一ノ瀬2006）。それによれば、すべての過去の出来事は不確定である。この過去の不確定性テーゼは、「確率崩壊仮説」という彼のテーゼの帰結である。私は不確定性テーゼの前提である確率崩壊仮説を擁護する彼の議論の検討を行うよりはむしろ、そのテーゼの帰結たる不確定性テーゼの含意に着目して論を展開するが（＊1）、まずは一ノ瀬を不確定性テーゼに導いた議論をみておこう。

一ノ瀬のいう「確率崩壊仮説」とは、**我々の観察こそが**観察された出来事の確率を1に決定するという、次のような原理である。

◉確率崩壊仮説

私たちがある出来事が過去へと過ぎ去っていくのを観察するやいなや、そうした私たちの観察**こそが**、その出来事の確率が1へと崩壊することの原因となる（＊2）。（一ノ瀬2006, 54頁、強調は野上による。）

一ノ瀬は次のような考察に基づいて確率崩壊仮説を提示した（一ノ瀬 2006, 44頁）。例えば、ある人が宝くじを当てる確率は、彼が当選を確認する以前は非常に低い。しかし、彼が当選を確認するやいなや、彼の当選確率は1に瞬時に変化する。（この、「ある出来事が特定の仕方でたったいま生じてしまったものとして確認されるやいなや、少なくとも単独的出来事の確率に関する限り、その出来事の生起確率は1とならなければならない」という事態を、一ノ瀬は「過去確率原理」と呼んでいる。）では、1より小さい確率から確率1へ変化するという突然の変化の原因は何なのか。一ノ瀬は、それは我々の観察であると答える。すなわち、我々が観察することが原因となってある出来事の確率は1に崩壊する、とされる。これが一ノ瀬の提示する「確率崩壊仮説」である。

しかし、一ノ瀬自身が指摘するように、この確率崩壊仮説は「過去の出来事はすでに起こったか起こらなかったかのいずれかであり、それゆえその生起の確率は1または0でなければならない」という**過去の決定論**（一ノ瀬 2006, 72頁）という直観的観念と矛盾する。ある過去の出来事Eについて、Eが起こった確率が1であるとき、Eが起こったことは**確定的である**と呼ぼう。（出来事Eが起こったことも起こらなかったことも確定的でないとき、Eは**不確定的である**と呼ぶ。）すると、過去についての決定論とは、全ての出来事Eについて、Eが起こったことが確定しているか、Eが起こっていないことが確定していることだ、ということになる（＊3）。

さて、確率崩壊仮説によれば、我々の観察こそが確率1への崩壊の原因なのであるから、我々が観察を行わない限り確率が1へと崩壊することはない。すなわち、確率崩壊仮説からは次の原理が導かれる。

◉観察原理

出来事Eが起こったことが確定的であるのは、Eが観察されたときであり、そのときに限る。

我々が過去の出来事を観察するのは端的に不可能であるから、観察原理を導く確率崩壊仮説は過去についての決定論と矛盾する(＊4)。それゆえ、確率崩壊仮説が正しいとすれば、我々は過去の出来事は確定しているという過去の決定論を信じるという錯誤に陥っているか、あるいは正当化されえない仕方で信じているということになってしまう。

［第2節］過去についての虚構主義としての一ノ瀬の過去論

「観察されない過去の出来事が不確定である」という確率崩壊仮説が導く帰結はしかし、我々の実践と衝突するように思われる。というのも、「行為の責任や出来事の帰属の概念は私たちの実際的な会話の大変重要な部分を形成しているが、そうした概念は明らかに過去が固定的で決定されたステイタスをもつことを定義的に要求している」からである(一ノ瀬2006, 82頁、強調は野上による)。過去の出来事の確定性は、我々が日常的に行っている責任帰属の前提となっている。我々が誰かに行為の責任を帰属するとき、我々はその人がその行為を過去に行ったということが確定していることを前提としている。(すなわち、「Sは自身のなしたAについて責任がある」ということが真であるならば、「SがAをなした」は確定的である。)だが仮に過去の不確定性テーゼが述べるようにあらゆる過去の出来事が不確定なのであれば、「SはAをなした」という過去の行為を表す文はすべて確定的でないということになる。それゆえ、「SはAに責任がある」という文はすべて偽であるということになるだろう。だが、誰かに行為の責任を帰属するというのは翻って、何かを行った誰かを道徳的に非難し、さらには処罰するといった我々の実践の前提である。こうした過去の確定性の実践的な重要性に鑑みれば、観察できない過去のいかなる出来事も不確定であるということは、そうした実践を破壊するものと思われよう。

こうした、哲学的テーゼによって我々の実践が脅かされるという状況は、メタ倫理学における**錯誤理論**（誤謬理論、Error Theory）によって我々が置かれる状況と似ている。錯誤理論によれば、我々のなす「Aをするのは悪い」といったあらゆる道徳的言明は、神や自由意志、外在的理由の存在という誤った前提に基づいている（Mackie 1982, Joyce 2001, Olson 2014）。それゆえ、我々のなすあらゆる道徳的言明は偽である（＊5）。道徳的言明がすべて偽であるならば、我々は道徳的概念をもちいて思考することをやめ（＊6）、道徳的信念に基づいた実践は放棄されなければならないのだろうか。だが、道徳的実践は放棄してしまうにはあまりに重要で、様々な恩恵を我々にもたらすものではないだろうか。道徳の存在によって我々の社会は安定しているのかもしれないし、道徳的判断は我々が意志の弱さに抵抗する際にも役立つかもしれない（Joyce 2001, 2011）。確かに、本当は道徳的言明は偽であるから、我々はそれを信じるべきではない。偽であるとわかっていることを信じるというのは、欺瞞に他ならない。だが一方で、道徳的思考は我々に恩恵をもたらしており、それを全面的に放棄することも躊躇われる。

道徳の虚構主義は、こうしたジレンマに対して次のような解決を提案する（Joyce 2001, 2011）。確かに、我々の哲学的探求によってあらゆる道徳的言明が偽であるとわかったのであれば、我々は道徳的命題を信じるべきではない。だが、我々が道徳的命題を信じることをやめたとしても、道徳的命題を信じるふりをする（make-believe）ことができる（＊7）。すなわち、道徳を虚構として扱うことによって、我々の道徳的実践の一部を保持することができる。道徳を虚構として保持するならば、道徳が我々にもたらす様々な恩恵の一部はそのまま享受できるだろう。少なくとも、道徳的命題を信じるふりをすることは、道徳的命題を信じることもなく、信じるふりをすることさえしない場合よりは我々に恩恵をもたらすだろう。

さて、この道徳の虚構主義のモデルは、過去についての議論にも転用することができる。すなわち、確率崩壊仮説が正しいとすれば、あらゆる過去の出来事は不確定である。それゆえ、過去の出来事の確定性を文字通り信じることはできない。だが、そうであるからといって、過去の出来事の確定性に基づいて行われている我々の責任帰属に基づいた実践を全面的に放棄することを迫られるわけではない。我々がすべきことは、責任帰属の実践において問題となるような過去の出来事については、それが確定していると信じるふりをするというものである。我々は過去を虚構として扱い、それに基づいて責任帰属の実践を続ければよい。そうすれば、仮に責任帰属の実践が何らかの恩恵を我々にもたらしているのであれば、過去の確定性を文字通り信じるという錯誤に陥ることなく、その恩恵を享受することができるだろう。

実際、確率崩壊仮説と並んで一ノ瀬が提唱する「遡行確率仮説」は、我々の行為の責任帰属のような実践の一部を保存することを可能にする、**過去についての虚構主義**として捉え直すことができる。

◉遡行確率仮説

私たちが過去の出来事を虚構的に現前化させることが、確率が過去へと遡行して1へと崩壊することの原因なのであり、そこから過去についての決定論が現れる。（一ノ瀬 2006, 82頁、強調は野上による。）

我々が過去の出来事を虚構的に現前化させるならば、過去の出来事の確率は虚構的に1に崩壊し、確定的な出来事となる。一ノ瀬は、そのような過去の虚構的な現前化の例として後悔や郷愁のような回顧を挙げている。

あたかも私たちがたったいまその出来事を観察しているとする何らかのフィクション、つまり「虚構」がここに導入されている（……）私たちは、過去の出来事を現にたった今生じているものとして虚構的に現前化させることによって、過去のなにかを後悔したりそれに郷愁を感じたりするのであり、それゆ

えに確率1をあてがう（……）（一ノ瀬 2006, 80頁）

後悔や郷愁のような回顧によって過去の出来事を思い浮かべるとき、我々はいわば虚構的にその出来事を観察している。すなわち、過去の出来事の回顧において、我々が出来事を観察している（現前化している）ということが虚構的に真になる。それによって、我々の観察が原因となりその出来事の確率が1に崩壊するということが虚構的に真になる。そして、その出来事が確定しているということもまた、虚構的に真になる。確定している出来事についてしか責任を問うことはできないと考えるとしても、我々は以上のようにその責任が問題となる過去の出来事が確定しているというふりをして、責任帰属のような実践を保持することができる（＊8）。（ここではひとまず、虚構的現前化の例として後悔や郷愁を挙げた。だが『原因と理由の迷宮』の「歴史の認識」と題された章で一ノ瀬は歴史認識をある種の物語行為として捉えている。それゆえ、後悔や郷愁だけではなく、過去の出来事についての物語行為も遡行確率仮説で言及される虚構的現前化の一種であるとみなすことができるだろう。物語行為と過去についての虚構主義の関係については次節で議論する。）

さて、過去についての虚構主義として解釈した遡行確率仮説の前半部と、過去の決定論の間にはギャップがある。つまり「私たちが過去の出来事を虚構的に現前化させることが、確率が過去へと遡行して1へと崩壊することの原因」であることから「すべての過去の出来事Eについて、Eが起こった確率が1である、あるいはEが起こった確率は0である」という過去の決定論が（虚構的にですら）真であることが導かれるわけではない。

これは過去についての虚構主義が提示する虚構的な過去についての描像は常にギャップを含む、という事情による。過去についての虚構主義によれば、過去の出来事が確定していることが虚構的に真であるのは、その出来事の後悔や郷愁によって、その出来事が観察されているということが虚構的に真になることによってである。明らかなことだが、過去のすべての出来事を後悔や郷愁の対象とすることは原理的にですらできない。これは、いかなる小説家であっても、フィクションの世界の全てのことを書き込むことは原理的にですらできないという事情と類比的である。アンナがヴロンスキーに出会ったとき、アンナの睫毛が何本だったかをトルストイは『アンナ・カレーニナ』に明示的に書いていないし、それを推測できるようなことも書いていない。それゆえ、『アンナ・カレーニナ』の世界においてアンナの睫毛の数は不確定であるとみなされよう (cf. Lewis 1986, Currie 1990)。それゆえ、『アンナ・カレーニナ』の世界にはアンナの睫毛に関してギャップが生じざるをえない。同様に、過去のすべての出来事を我々の回顧の対象とすることができないのであれば、過去には常に確定していない何らかのギャップがあるということが帰結する (*9)。

過去についての虚構主義が我々に与える過去の描像にギャップが生じざるをえないのであれば、全ての過去の出来事の確定性を訴える過去の決定論は、過去についての虚構主義からは導かれないことがわかる。さて、一ノ瀬が「私たちが過去の出来事を虚構的に現前化させることが、確率が過去へと遡行して1へと崩壊することの原因なのであり、そこから過去についての決定論が現れる」と述べたときに念頭においていたのは次のような事態かもしれない。我々が過去を虚構的に現前化するとき、我々はまるで過去の全てについて回顧するかのように振る舞うかもしれない。それによって、我々は過去の決定論が真であるかのごとく振る舞っているといえる余地があるかもしれない。だが、過去の全てについて回顧するかのごとく振る舞うということがどのようなことなのかは明らかではない。したがって、過去の全てが確定しているという決定論がどのようにして虚構的にすら真になりうるのかは不明瞭である。いずれにせよ、本稿ではこれ以上は過去の決定論については論じることはない。なぜなら、過去についての虚構主義を支持したとしても、過去の決定論が虚構的に真であることは導かれないし、そもそも過去の決定論は不必要であるからである。というのも、責任帰属という実践において要請されるのは特定の過去の出来事の確定性のみであり、全ての過去の出来事の確定性が要請されるわけではないからである。

【第3節】過去についての「間違い」と虚構的現前化のルールとしての合理的受容可能性

過去の出来事を虚構的に現前化させるといっても、どんな後悔や郷愁でも許されるのであれば、ある出来事が確定しているか否かを我々が探求することの眼目が失われるだろう。すなわち、いかなる出来事Eについてもある人がただそれについて回顧するだけで、Eが起こったことが虚構的に確定するというのであれば、「間違った」過去を語ることの余地がなくなってしまうだろう。過去についての虚構主義は、そのような「間違い」の余地を保証することができるだろうか。

「間違い」の余地が存在するためには少なくとも、「ある人が自らが現前化させていると思っていること」と、「現前化させていることが虚構的に真であること」との間に差がなければならない。つまり、ある出来事が虚構的に現前化するためには、たんにその過去の出来事を過去のものとして回顧しているだけではなく、その回顧が別のある基準を満たしている必要がある。

そのような差が存在しうるということは、我々がある虚構の世界の中で成り立っていると思っていることと、その虚構の世界の中で真であることが異なる (Walton 1992) ということを考えることによって明らかになる。例えば、子供たちが森の中で、切り株を熊だとみなすようなごっこ遊び (make-believe) をしているとしよう。ここでは、切り株を熊だとみなせというルールの存在によって、現実に成り立っていることと、虚構的に真であることを結びつけることができるようになる（＊10）。子供が現実に切り株に向かって石を投げるならば、その子供が熊に投石しているということが虚構的に真であるということになる、といったように。さて、子供がドラム缶を切り株と見間違え、そのドラム缶に石を投げたとしよう。このとき、たとえその子供が熊に投石していることが虚構的に真であると思っていたとしても、その子供が熊に石を投げているということが虚構的に真になるわけではない。このように、一般的にあることが虚構的に真であると思われているということは、虚構的に真であることを導かない。

同様にして、ある人が過去の出来事を現前化しているということが虚構的に真であるためのルールが存在するならば、ある人が虚構的に真であると思っていることと、虚構的に真であることの差が存在することになる。一ノ瀬は明示的にそのようなルールを提示しているわけではないが、『原因と理由の迷宮』の「歴史の認識」と題された章において、過去の回顧を客観的とみなしうるためのルールについて言及している。一ノ瀬は「歴史の物語文はなんであれ説得力があるわけではなく、物語られていることの背景をなす、日本史や特定の時代に関する一般的な共同了解と整合的でなければならない」と述べるとともに、歴史の客観性を「合理的に受容可能である」こととみなすことで、我々の共同了解に基づけている（一ノ瀬 2006, 202頁）（＊11）。すなわち、歴史とは我々にとって合理的に受容可能であるという意味で客観的でなければならない。

この意味での客観性を虚構的現前化のための条件であるとみなすのであれば、次のようにいうことができる。ある人が現実に過去について物語るとき、その物語が合理的に受容可能であるならば、その物語に含まれる過去の出来事を現前化しているということが虚構的に真になる。また、その出来事が現前化されていることが虚構的に真であるがゆえに、その出来事が確定しているということは虚構的に真である。このようにすればひとまず、ある人が気ままに過去の出来事について思いを巡らせることだけで、そのような出来事が現前化しているということが虚構的に真になるのだという結論を避けることができる。そして、このことは、なぜある人が過去の出来事について間違っているということが虚構的に真でありうるのかを説明する。

この考えのもとでは、ある人が過去の出来事を物語るとき、その物語が合理的に受容可能ならば、彼がその出来事を現前化しているということが虚構的に真となるが、そうでないならば、その出来事の現前化が虚構的に真であるということにはならない。それゆえ、ある出来事が確定しているか否かを我々が探求することは、その出来事についての物語が合理的に受容可能なものか否かを探求することに他ならないということになるだろう。

[第4節] 過去の出来事の確定性が虚構でしかないとして何か問題があるだろうか

ここからは過去についての虚構主義が抱える問題について考察する。過去についての虚構主義が保証する過去の確定性は安定的ではない(*12)。すなわち、ある時点において確定していた過去の出来事が、後の時点において確定していないということがありうる。というのも、ある時点において合理的に受容可能であった(それゆえ、虚構的に現前化することで確定しえた)過去の出来事の回顧が、それより後の時点において合理的に受容可能でなくなる(それゆえ、虚構的に現前化しえなくなる)、ということがあるからである。

一ノ瀬が次のように述べるとき、合理的な受容可能性のもととなる、過去の時代に関する「一般的な共同了解」が必ずしも不変でないことを示唆している。

歴史の物語文はなんであれ説得力があるわけではなく、物語られていることの背景をなす、日本史や特定の時代に関する一般的な共同了解と整合的でなければならないが、そうした共同了解はそれこそ何世代にもわたる証拠と証言の積み重ねによって形成されてきたもので、物語り手にとっては、抗うことのできない偶然的に与えられた条件といわねばならない。しかも原理的には、それとは異なった共同了解さえも可能なのである。（一ノ瀬2006，202頁）

仮に一ノ瀬の述べるように、異なる共同了解が可能になるのであれば、それにともなって合理的に受容可能な過去の出来事も変化することになるだろう。ある時点における共同了解によって確定していた出来事が、別の時点における共同了解によっては確定していないということがありうることになる。

過去の確定性が安定的でないというのはなにも、共同了解の変化だけによるのではない。それはまた、記録や証拠の変化によってももたらされる。時点T_0においては出来事Eが起こったことが記録されていたが、それより後のT_1においてはその記録は失われてしまっているとしよう。そのとき、Eの回顧はT_0においては合理的に受容可能であったが、T_1においてはそうではないということになる。我々はT_0では虚構的にEを現前化させることができるが、T_1ではできない。つまり、EはT_0において持っていた確定性をT_1では失ったことになるだろう。それゆえ、このような事例が可能である限り、過去についての虚構主義からは、過去の確定性は不安定であるということが導かれる。

こうした過去の確定性の不安定性は、次の例を考えてみればさらに受け入れがたいことのように思われる。私がある男を陥れようとして、彼のアリバイとなる出来事Eに関係する記憶を消し、殺人を犯した記憶に書き換えたとしよう。そして私自身もそのような陰謀に加担したことを忘れるように薬を飲んだとしよう(＊13)。もしこのような陰謀に関する証拠が時点Tまでに消えてしまったならば、Eが起こったということの回顧はそれ以降では合理的に受容可能でなくなり、虚構的に現前化させることができないことになる。それどころか、TにおいてはむしろEが起こらなかったということが合理的に受容可能になるかもしれない。そして、

Eというアリバイを失ったいま、彼が殺人を犯したことは合理的に受容可能であり、確定的であることになるだろう。

この例は、責任帰属に基づいた実践を保持するために遡行確率仮説が果たすと思われた役割が、せいぜい限定的でしかないことを示すように思われる。遡行確率仮説は、行為の責任を帰属する際に前提となる、その行為がなされたという出来事の確定性を虚構として保持するために要請されるのだ、と我々はみなしてきた。しかし、前段の例では、そのような遡行確率仮説のためにかえって*誤った*責任が帰属されている。また別に、自らが何かの行為をなしたあと証拠を消し、自ら記憶を消したという場合を考えよう。このとき、彼は実際に誰からも責任を追及されないというだけでなく、そもそも追及されるべき責任などないのだ、ということが帰結する。というのも、遡行確率仮説によれば、彼が責任を追及される行為をなしていないということが確定されるからである。

以上の問題はいずれも、過去の行為や出来事に関する記憶や証拠が変更されるならば、過去の確定性は変更されうるということに起因する問題であった。そして、過去の確定性に関するそのような不安定性は、一見すると行為の責任帰属に基づく実践と衝突するように思われる。この問題を解決する一つの方法として、*実際にはそのような不安定性は存在しない*と端的に主張することが考えられるかもしれない。例えば、T時点において観察され、それゆえ、確率崩壊仮説により確率1となった出来事Eが、T以後の時点においてもなお確率1を保持し続けるならば、一旦確定した出来事は、それ以後確定したままであり続けるということになる。

しかしそう考えると、過去において観察され確率1となった出来事が、現在においてもなお確率1であり続けているのは*何によってなのか*、という問題が生じる。この問題は、時間の形而上学における**現在主義**が抱える、「過去についての真理が現在もなお真であり続けているのは何によってなのか」という問題と類比的である(＊14)。現在主義とは、現在の時点や対象だけが実在的であるという見解である。これに対して、現在だけでなく過去や未来の時点や対象も実在的であるという見解は、**永久主義**と呼ばれる。永久主義者が現在主義者に投げかけるお馴染みの議論に、「真理メイカーに基づく反論」がある（Bigelow 1996, Sider 2000, Caplan et al. 2011）。この種の反論の前提となっているのは、「過去についての真理を含むあらゆる真理は何らかのかたちで実在に基礎付けられていなければならない」という考えである。

「真理メイカー原理」によれば、あらゆる命題Pについて、仮にPが真であるならば、Pの真理メイカーが存在しなければならない。ここでPの「真理メイカー」とは、必然的に、それが存在するならばPが真となるような存在者、例えば、トロープや事態のことである(＊15)。真理メイカー原理に基づいた現在主義への反論は次のような議論になる。現在主義によれば、過去の時点や対象は存在しない。現在主義者といえど、恐竜が存在したということやナポレオンがロシアに侵攻したことなど、過去に関する真理を否定することはできまいから、それらの真理メイカーが現在に存在するといわねばならない。だが、恐竜やナポレオンを含む事態が現在に存在しない以上、そのような真理メイカーも現在に見つかるとは思えない(＊16)。よって、現在主義は真理メイカー原理を侵犯するか、ナポレオンのロシア侵攻を否定するかの選択を迫られる。

このように、過去についての真理が現在もなお真であり続けているのは何によってなのか、という問いに現在主義者は答えることができない。そして、現在主義者が「過去についての端的な真理が何によって定まるのか」という問いに答えられないのと同様に、過去についての虚構主義者が「過去にある出来事が確定性を持ち、現在もなお確定性を持ち続けているのは何によってなのか」という問いに答えることは困難である。したがって、不安定性を否定するために、確率崩壊仮説により確率1となった出来事Eは、T以後の時点においてもなお確率1を保持し続けるのだ、と端的に主張することには問題がある。なぜなら、たとえ過去についての言明が虚構的にしか真でないのだとしても、虚構主義者はその虚構的真理は何によって定まるのかという問いには答えなければならないからである（＊17）。

これまでのところをまとめよう。まず、過去の確定性を確率1とみなすならば、確率崩壊仮説は、観察されない過去の出来事を不確定なものとみなすことを導く。ただし、過去についての虚構主義の考えにしたがえば、合理的に受容可能な物語に含まれる過去の出来事に関しては、遡行確率仮説によって我々は虚構としてその出来事の確定性を保持するべきだということになる。そして、そのように過去の出来事を確定させることによって責任帰属のような我々の実践を保存できるように思われた。しかし問題は、過去において観察された出来事が確定性を保持しないのならば、その出来事について責任帰属を行うことができなくなるということであった。そして、「過去の出来事が、証拠が消えた後もなお確定的であり続けるのは何故なのか」を説明するのは、現在主義者にとって「過去についての真理が現在においてなお真であり続けるのは何故なのか」を説明することが困難であるのと同様、困難である。それならば結局のところ、過去についての以上の描像は、責任帰属という我々の実践を救うには十分でないのだろうか。

おそらく、次のように答える可能性がなお残されている。まず注意しなければならないのは、責任帰属の実践は実際には、過去にどのようなことがあったのかについての証拠に基づいて行われており、証拠がなくなって（虚構的にすら）確定的でなくなった出来事の責任を我々が問うことはない、ということである。それゆえ、過去の確定性が不安定であるからといって、証拠を持ち合わせている出来事の責任帰属まで妨げられるというわけではない。

ある人がある行為をなしたというミスリーディングな証拠があると、我々がその人に責任が**ない**ことを知りえないだけでなく、（遡行確率仮説により少なくとも虚構的には）その人に責任があるという帰結を招くという問題はどうだろうか。これに対しては次のように答えることができる。たとえ永久主義のような過去についての真性の実在論を取ったとしても、ミスリーディングな証拠があるときには「誤って」その人を罰するというような事態は避けられないだろう。というのも、たとえ実在論的な描像をとったとしても、過去の行為の責任帰属は証拠に基づいて行われるであろうし、ミスリーディングな証拠があれば誤った責任帰属が行われるはずだからである。したがって、過去について実在論をとろうが、虚構主義をとろうが、我々の実践においてて誰に責任を帰属するかは変わらないであろう。

以上の議論が正しいならば、常にギャップが残り、さらに出来事の確定性が不安定であるような過去の描像を虚構として保持することは我々の責任帰属に基づく実践と衝突することはない。それゆえ、過去が本当はすべて不確定であることが哲学的考察によってわかったとしても、我々は過去の虚構主義によって自らの実践を続けることができるだろう。

〔第5節〕死刑の正当化と過去の虚構主義

これまで論じてきた過去の虚構主義と、『死の所有』における死刑の正当化に関する議論との関係について簡単に述べることで本稿を締めくくることにしたい。

一ノ瀬が虚構主義に惹かれているのは、直接的に過去について論じている場面においてだけではない。『死の所有』において「死の所有」という「純然たる虚構」に他ならない観念に導く傾向について語っているとき、虚構主義が死刑という実践について持つ可能性を一ノ瀬は示唆している。

私たちには、自分に関してにせよ、他者に関してにせよ、生に確定性と安定性を求める傾向が強固にあるといわねばならない。文字文化、決定論的考え方、そして二値原理への固執などはそうした傾向の最たる現れであろう。(……)私たちは、確定性への志向という自然な性向に由来する「死の所有」の虚

想によって、死刑概念の可能性を一種のイリュージョンとして確保する。（一ノ瀬2011, 72–73頁）

すなわち、「人々は常に『死』を所有し、そして殺人者は他者の『死の所有』を奪ったがゆえに、死刑という形で『死の所有』を差し出すことを求められる」事態として理解することによって死刑を正当化することが試みられる。このように死刑を理解することは当然、「死の所有」という観念を認めて使用することに他ならない。だが、「死の所有」という観念は死者の存在を含意する。

「死の所有」を奪われることによって死ぬのだと仮に認めたとしても、何かを喪失したり剥奪されるということは、そうした喪失や剥奪を被る主体が存在していないと意味をなさないはずである。つまり、「死の所有」の観念を認めるということは、死んだ後も、その死んだ存在者が（何かを奪われた）主体として存在し続けるという、破格の想定を含意してしまうことになるのである。（一ノ瀬2011, 18頁）

一ノ瀬が論じるところによれば、「死の所有」という観念は死者の存在の想定を含意する。だが言うまでもなく、死者はもはや存在しない。

しかし、「死の所有」が死者の存在をともなうということが死刑の正当化の問題であるならば、過去についての虚構主義はその問題を解決できるように思われる。過去の出来事と同じく、死者とはもはや過ぎ去った者であるがゆえに存在しない。だが、我々が郷愁や歴史的な語りによって過去の出来事を「虚構的に再現前化」させることができるように、我々は死者について語ることによって過去のものとなった死者を「虚構的に再現前化」させることができる。実際、一ノ瀬が彼のいう「彼岸視点」について次のように語るときに念頭においているのは、そのような虚構的な再現前化だろう。

> 私たちは死者を前にして涙し、死者に語りかけることがある。この場合、語り手は死者と同じ次元に立っている。つまり、死者の世界に、仮想的にではあれ没入している。私は（……）こうした、「死」へと没入していて、死者への語りかけという行為が有意味だと考えられる観点を「彼岸視点」と呼ぶ。（一ノ瀬 2011，155頁、強調は野上による。）

死者はもはや存在せず、そして「死者に語りかける」という実践は死者の存在を前提としているのだから、文字通り死者に語りかけることはできない。だが、それでもその死者を目の前にしていることを想像することができ、我々はその想像された虚構の世界にときとして没入する。そのとき、我々は過去に過ぎ去った死者が本当はもはや存在しないことを知っていながらもなお、自らが死者に語りかけることを想像している。

このように、「「死の所有」の観念を虚構であるとわきまえつつも、それに寄り添い、その心理的リアリティを受容する」という事態（一ノ瀬 2011）は、ウォルトンが『ごっこ遊びとしてのミメーシス』において論じる、芸術作品によって想像に導かれるときの我々の心理と類比的である。

> 私たちは、虚構世界を外側から観察するだけではない。私たちは虚構世界に住んでいる。（……）そこで私たちはアンナ・カレーニナやエンマ・ボヴァリーやロビンソン・クルーソーたちと、喜びや悲しみを共有し、一緒に歓喜して一緒に悲嘆にくれ、彼らを賛美したり嫌悪したりしている。確かにこういう世界は虚構的に過ぎず、そのことは私たちもよく分かっている。だが、内側からは現実に思われるのだ。虚構として成り立つ事柄は、虚構において実在として成り立つのである。（Walton1992, p.273, 邦訳273頁）

『アンナ・カレーニナ』によって想像に導かれているときにアンナがリアリティをもつように、我々が「死者に語りかける」ときには死者はリアリティを持ちうる(*18)。

仮に過去の出来事がすべて確定的でないとしても、責任帰属に基づいた実践は過去の虚構主義によって救うことができると本稿では論じてきた。過去の虚構主義によれば、郷愁や歴史的な語りによって我々は過去の出来事が現前化していることを想像することができ、そのように想像された虚構の世界では、その過去の出来事は確定している。そして、そのような想像に基づいて行動することで我々は道徳的な非難や処罰といった実践を保持することができる。同様のことが、「死の所有」を前提とした我々の実践についてもいえるかもしれない。死刑という我々の実践は、「死の所有」という観念に基づいている。だが、「死の所有」は死者の存在という誤った前提を持っており、それゆえ「死の所有」も本当のところは誤った観念に基づいている。だが、そうであるからといって、我々は必ずしも死刑という我々の実践を放棄しなければならないのだろうか。いや、「死の所有」は我々の想像活動においてはリアリティを持つのだから、たとえ本当のところはそれが誤った観念であるとしても、我々は死刑のような実践を続けることができよう。確かに、一ノ瀬は罪刑について考えるにおいては、「彼岸視点」と対立する、「死者はもはや存在していないことを額面通りにうけとって、生者の世界だけに限定して物事をみて語る」ような「現世視点」に立たなければならない、と論じる(一ノ瀬 2011, 16頁、70頁、73頁)。だが、過去についての虚構主義は、我々が本当に過去や死者が存在しているということを信じるべきだ、と述べるのではなく、過去の出来事や死者が存在していることを想像し、あたかもそれを信じているかのように振る舞うべきだ、と述べる。ちょうど我々が『アンナ・カレーニナ』を読むときに19世紀ロシアにいると本当に信じることがないように、「彼岸視点」に立っているということを想像することは、「現世視点」から離れるわけではない。それゆえ、過去の虚構主義は、「現世視点」を完全に離れるわけではない。道徳の虚構主義は、あらゆる道徳が誤りであるとわかったのちも、道徳を信じるふりをすることが我々に恩恵をもたらすのであれば、そうするべきなのだと述べる。同様に、「死の所有」という観念が死者の存在という誤った前提に基づいているとしても、死刑の実践を続けることが我々に恩恵をもたらすのであれば、そうするべきなのだ、と過去の虚構主義者は述べるだろう。もちろん、その実践の継続が本当に我々に恩恵をもたらすのかは未解決の問題であるけれども(＊19)。

◉注

＊1　そのため、ポパーの量子力学解釈や「ハンフリーズのパラドクス」に関する一ノ瀬の議論（一ノ瀬 2006, 第一章）には触れない。

＊2　一ノ瀬が確率崩壊仮説で対象としているのは、単独的出来事の確率である。

＊3　ここではもちろん、Eが起こっていない確率が1であるとき、Eが起こった確率は0であると想定している。

＊4　観察対象からの情報の伝達には一定の時間が必要であるため、厳密に言えば我々が観察によって得る情報は常にわずかながら過去についての情報であるという点は脇に置いておく。

＊5　ここで偽であるとされる道徳言明は典型的には「Xは悪い」とか「Xをすべきだ」といった原子的な言明である。論理的に複雑な道徳言明、例えば、「Xが悪いということはない」はそれに応じて真でありうる。

＊6　このように主張する立場は、廃絶主義（abolitionism）と呼ばれる（Olson 2014）。通常記述的と呼ばれるタイプの言明についていえば、錯誤理論が正しい場合に我々が採用すべきであるのは廃絶主義である。例えば、「エーテル」や「フロギストン」といった語を含む原子言明についていえば、そういった語を事象の記述にもちいることをやめるということ以外に選択の余地はない。道徳言明の場合には必ずしもそうではないのは、道徳言明が我々の実践においてもっている役割による。科学において「エーテル」や「フロギストン」といった語を使用し続けることにはもはや何らのメリットもないだろうが、道徳語の場合にはそれを用い続けることにメリットがあるかもしれない、というのが道徳の虚構主義のアイデアである。

＊7　ふりをすること（make-believe）については、Walton（1992）第1部およびCurrie（1990）第1章5節、第2章

4節を参照せよ。

＊8　虚構主義は、未来に対しては適用される必要はない。というのも、我々が未来の行為については、そもそも我々は責任帰属をすることがない（一ノ瀬 2006, 204頁）からである。

＊9　過去に確定していないギャップがあるという考えは、未来が開かれているのと同様の仕方で過去が開かれているという Markosian（1995）で提示されている考えに類似している。

＊10　このようなルールをウォルトンは「生成の原理」と呼ぶ（Walton 1992, Ch.1）。

＊11　客観性を合理的受容可能性と結びつける点について、一ノ瀬は Gorman（1974）に依拠している。

＊12　この問題は通常、フィクション作品における虚構的真理には起こらない。例えば、「ヴロンスキーの馬の背骨が折れたことは『アンナ・カレーニナ』において真である」ということがある時点において成り立つが、他の時点においては成り立たないということはないように思われる。このことは、『アンナ・カレーニナ』において何が真であるかを定めるのは、テキスト、トルストイの意図、あるいは19世紀ロシアの社会背景などであり、現在の世界の状態ではないという事情による。（フィクションにおける真理が何によって定まるのかという問題については、Lewis 1983 および Walton 1992 を参照。）

＊13　この事例は、クリスピン・ライトが過去の反実在論の問題を論じる際に用いているものである（Wright 1987, pp. 185–186）。

＊14　注記しておくと、一ノ瀬自身は現在主義を支持していない（一ノ瀬 2006, 258頁）。

＊15　真理メイカーとしてのトロープについては秋葉（2014）を、真理メイカーとしての事態については Armstrong（1997）を参照せよ。

＊16　真理メイカーのような不審者に訴えずとも、この議論は次のような形で述べ直すことができる（Lewis 1992）。「真理の付随性原理」によれば、どのような命題が真であるかは、どの対象が存在し、それらがどのような性質を持ち、どのような関係にあるかに付随する。すなわち、二つの可能世界において何が真であるかが異なるならば、それらの世界は、どの対象が存在し、それらがどのような性質を持ち、どのような関係にあるかについて異なる。（付随性原理は、真理メイカー原理と異なり、事態やトロープのような存在者を要請しない点で優っている。）さて、付随性原理に基づいた反論によれば、現在何が存在し、それらがどのような関係にあるかについて同じである二つの可能世界が、異なった過去を持

つということがありうる。したがって、現在主義は付随性原理を侵犯している。

＊17　虚構的真理についても、「何がその虚構的真理を成り立たせるのか」という問いは有意味であるし、一定の回答がなければならない。例えば、注12で述べたように、テキストや作者の意図あるいは作品が作られたときの社会背景などは、あるフィクション作品において何が真であるかを定めるために必要となるかもしれない。

＊18　もちろん、アンナについての我々の想像したことのすべてが虚構的として成り立つわけではないように、我々が死者について語りかける際に想像することはもちろん、現在に残る記憶や証拠によって拘束されるだろう。

＊19　「もし過去や「死の所有」が虚構でしかないならば、それに基づいて人を罰するのは無実の人を罰していることになる」との批判が考えられるかもしれない。だが、もし過去が虚構でしかないのであれば、「彼は無実である」ことすら虚構でしかないのだから、「無実である人を罰してはならない」という直観とは過去の虚構主義による死刑の実践の正当化は両立可能であると応じることができるかもしれない。

◉文献表

Armstrong, David. 1997. *A World of States of Affairs.* Cambridge: Cambridge University Press.

秋葉剛史 2014『真理から存在へ：〈真にするもの〉の形而上学』、春秋社。

Bigelow, John. 1996. 'Presentism and properties.'*Philosophical Perspectives,* 10, Metaphysics: 35-52.

Caplan, Ben, and David Sanson. 2011. 'Presentism and truthmaking.' *Philosophy Compass.* 6/3: 196–208.

Currie, Gregory. 1990. *Nature of Fiction.* Cambridge: Cambridge University Press.

Gorman, J. L. 1974. 'Objectivity and truth in history.' *Inquiry,* 17(1-4): 373-397.

一ノ瀬正樹 2006『原因と理由の迷宮』勁草書房。

一ノ瀬正樹 2011『死の所有』東京大学出版会。

Joyce, Richard. 2001. *Myth of Morality.* Cambridge: Cambridge University Press.

Joyce, Richard. 2011. 'Moral fictionalism.' In M. Kalderon (ed.), *Fictionalism in Metaphysics.* Oxford: Oxford University Press.

Lewis, David 1983. 'Truth in fiction.' In his *Philosophical Papers,* Vol. 1. Oxford: Oxford University Press.

Lewis, David. 1992. 'Review of D. M. Armstrong, A Combinatorial Theory of Possibility.' *Australasian Journal of Philosophy,* 70 (2):211-224.

Mackie, John. 1982. *Ethics: Inventing Right and Wrong.* London: Penguin.

Markosian, Ned. 1995. 'The open past.' *Philosophical Studies,* 79 (1):95 – 105.

Olson, Jonas. 2014. *Moral Error Theory.* Oxford: Oxford University Press.

Sider, Theodore. 2001. *Fourdimensionalism.* Oxford: Oxford University Press.

Walton, Kendall. 1992. *Mimesis as Make-believe.* Cambridge, Massachusetts: Harvard University Press.

Waller, B. 2011. *Against Moral Responsibility.* Cambridge, Massachusetts: MIT Press. ［邦訳、ケンダル・ウォルトン『フィクションとは何か』田村均訳、名古屋大学出版会］

Wright, Crispin. 1987. 'Anti-realism, timeless truth, and *Nineteen Eighty-Four.* ' In his *Realism, Meaning, and Truth.* Oxford: Blackwell.

［第十一章］

犬と人の関わりをどう捉えるか

浅野幸治——豊田工業大学

本稿の狙いは、『東大ハチ公物語』の第1章「『ハチ』そして『犬との暮らし』をめぐる哲学断章」における一ノ瀬正樹の考察・思考に批判的に応答することである。事実として、日本、いや世界では多くの人が犬を飼っている。この犬と人の関わり・関わり方をどう理解したらよいのか（＊1）。考えられる方向性は３つである。第1に、「こんなのダメだ」という見方である。これを一ノ瀬は「退廃モデル」と呼ぶ。第2に、「良くないところがあるから、改善しよう」という見方である。これを一ノ瀬は「補償モデル」と呼ぶ。第3は、「そんなに悪くないよ、ちゃんとやろうよ」という見方である。これを一ノ瀬は「返礼モデル」と呼ぶ。以下では、それら３つのモデルについて、動物権利論との関連で議論を補いながら、批判的に検討していきたい。

〔第1節〕退廃モデル

人は犬を飼っている。上野英三郎はハチを飼った。一ノ瀬正樹は牛若としずかを飼っていた（＊2）。私も子どもだったときに犬を飼ったことがある。これって一体どういうことなのか。なぜ飼うのか。飼ってどういうことがあるのか。飼うことは何を意味するのか。こうした問いに否定的に答えるのが退廃モデルである。「否定的」というのは、「否」と答えるという意味ではなくして、「よくない」という方向性で答えるという意味である。どのようによくないのか。

退廃モデルを一ノ瀬は、ポール・シェパードに代表させている（一ノ瀬 2015a, 39－40頁）。シェパードによれば、人は「動物を飼い慣らし、ペット化」するとき、野生に対する見方（自然観）が変質してしまう。本来、自然界・野生動物は人間に対峙する威厳に満ちた他者であるにもかかわらず、今や人間は自然界・野生動物をペットのようなものとして、ペットの延長線上に見るようになった。潜在的な利用対象として見るということである。こうして自然が人間にとって都合のよい利用対象となるとき、人間は自分を見失う。

こうした見方に対しては、「でも、犬は人間を癒やしてくれるじゃないの」といわれるだろう。もちろんそうである。しかしここにシェパードの退廃モデルのもう1つの論点がある。たしかに犬は「人間関係の代替品」になる（一ノ瀬 2015a, 41頁、Shepard 2008, pp.552-3）。そうして飼い主を癒やしてくれる。なぜか。人間に、癒やしてもらう必要性があるからである。この関連で、ジェームス・サーペルの（現代社会についての）興味深い観察を引用しておこう。

人々は以前より孤立した生活を送るようになり、子どもの数が減って、結婚生活は長続きしなくなった。これらすべてが社会的ネットワークの崩壊を引き起こしているが、それとまったく同時期にペットの飼育頭数が増加している。要するに私たちは心に生じた隙間を動物に埋めてもらっているのだ（ホーマンズ 2014, 41頁）（＊3）。

しかしながら犬に癒やしてもらうことは対症療法にすぎない。対症療法に頼ることは、そもそも人間が癒やされる必要がある（人間関係が希薄だ）という問題状況を放置することになる。それだけではない。犬によってそれなりに癒やされるので、人間関係を築いていく努力をしなくなり、人間関係力が低下する。結果的にますます人間関係が希薄になっていく。

シェパードの退廃モデルは、人が犬を飼うことをダメだと批判するとき、人間への悪影響に焦点を当てている。しかしながら、同じように犬の飼育をダメだと評価するにしても、犬が被る被害に力点をおく行き方もあるだろう。それが動物権利論である。動物権利論によれば、動物には、殺されない権利、傷つけられない権利、自由を奪われない権利という3つの基本的権利がある（Cavalieri 2001, p.127, pp.138-9）（＊4）。とすれば、犬を監禁し飼育することは、権利侵害であり不正である。強制的に不妊手術を施すことも、甚だしい権利侵害である。一ノ瀬が言及しているように（一ノ瀬　2015a, 40－41頁）、殺処分されることも犬にとってはとんでもない最大の被害である。したがって動物権利論は基本的に、犬を人間による権利侵害行為から解放することを要求する。

ところでイマヌエル・カントは動物倫理に関して間接的義務説を唱えたことで知られている（＊5）。間接的義務説とは、動物を虐待するような人間は他人に対しても暴力的犯罪を犯すようになるから私たちは動物を虐待してはいけないという考えのことである。これだけならば、動物の虐待を禁止しても、犬の飼育に直ちに反対することにはならない。けれども、このカント流の論理を大々的に展開するのがデビッド・ナイバートである。ナイバートの基本的主張は、人間に対する抑圧の構造と他の動物に対する抑圧の構造が同じだということにあると思われる（＊6）。しかも歴史的に他の動物に対する抑圧が先である。だから他の動物への抑圧は人間への抑圧の「前提条件であり、その生みの親でもあった」ということになる（ナイバート2016, 10頁）（＊7）。例えば他の動物を家畜化した人間は、そこで身につけた技術を他の人間にも適用する。そうして家畜化された人間が奴隷である。たしかに現代に奴隷はいないといわれるかもしれない。しかし今でも奴隷的労働は存在する。例えばごく身近なところでも、大手衣料品チェーン「しまむら」の仕入先衣料品メーカーの下請け企業でミャンマー人技能実習生５人が過酷な労働を強いられていたことが発覚している（キャリコネ編集部　2018）。

以上、シェパードの退廃モデルに加えて、動物権利論とナイバートの見解を紹介した。動物権利論もナイバートの見解も退廃モデルの1種といえるからである。このなかでシェパードの退廃モデルとナイバートの見解は荒唐無稽と思われるかもしれない。例えばシェパードについては、他の動物を家畜化する以前の人間のほうが他の動物を家畜化した後の人間よりも本来の姿であり良いのだというようなことは、どうやって証明できるのだろうか。ナイバートについては、他の動物への抑圧がどうして他の人間への抑圧につながるのか、直ちには分からない。にもかかわらず、ナイバートの見解には相当の説得力がある。というのは、例えば他の動物を動物工場で飼育してできるだけ経費を削減しようとする態度は、人間を雇用する場合にもできるだけ経費を削減しようとする態度につながると思われるからである。

いずれにせよ、一番説得的なのは動物権利論である。動物権利論は動物の側の被害を中心に据えるし、その被害はほぼ明らかだからである。ハチについて具体的にその被害を確認しておこう（*8）。まずハチは生後50日で母犬から引き離された。8週齢未満である。たしかに飼い主である上野は愛情をもってハチを育てた。しかしハチにとってそれほど早く母犬から引き離されることが幸福であったろうか。母犬と一緒にいられたほうがもっと良かったのではないか。第2にハチは1歳半ほどのときに上野に先立たれた。通常は犬のほうが人間よりも寿命が短いので犬のほうが先に亡くなる。しかし飼い主のほうが先に亡くなったばあい後に残された犬はどうなるのか。上野が亡くなった後、ハチは「知り合いの呉服屋」、「親戚宅」、上野八重子夫人宅を転々とし、2年余り後にようやく小林菊三郎宅に落ち着く。第3にハチは上野の死後、渋谷駅に通い続ける。そこでハチは蹴られたり、水をかけられたり、顔に墨で落書きをされたり、ベルトを盗まれたりした。小林宅に移ってから約5年後に斎藤弘吉が新聞に投稿し、その「いとしや老犬物語　今は世になき主人の帰りを待ち兼ねる七年間」と題する記事でハチは忠犬として有名になり、それからは人々に可愛がられたようである。記事から約2年半後、ハチは亡くなった。

ハチが忠犬であったかどうかはさておき、少なくとも上野のことが大好きであり、そのために渋谷駅に通い続けたのだろう。しかし養子の子どもが養父亡き後、渋谷駅に通い続けたとしたら、どうだろうか。病的な行動と判断されるのではないだろうか。ハチのそのような行動が品種改良の賜物だとしたら、シェパードの次のような印象深い言葉が当てはまる（*9）。

伴侶動物は、人間の願望に合わせて改造してあるという点を除けば、フランケンシュタインが作ったような怪物である――へつらい、じゃれつき、特定の役割を果たし、そのほか人間が願うことをしてくれる動物奴隷である（Shepard 2008, p.553）。

もちろん､犬の側の被害はハチに限定されない。たとえ牛若としずかが幸せな生涯を送ったとしても、個々の犬を見るだけではなくてペットの飼育を制度として見る必要がある。犬は監禁されている。それは犬にとって、いつ虐待されるかもしれない危険な状況である。監禁されているので、犬は食料についても生命についても全面的に飼い主に依存する。それも犬にとって非常に危険なことである。そういうことを人間は犬に強制している。犬に聞いてみよう。犬に自由に選ばせてみよう。人間に依存しないで生きていくことができるとしたら、人間に飼われることを選ぶだろうか（＊10）。

【第2節】補償モデル

次に一ノ瀬が検討するのが、補償モデルである。補償モデルには、罪の意識がある。つまり、補償しなければならないことをしてしまっている、ということが分かっている。その意味で、退廃モデルと通じるところがある。では､補償しなければならないこととは何か。監禁である（＊11）。動物の基本的権利の1つである、自由を奪われない権利を侵害している。これに加えて一ノ瀬は、「人間が都合のよいように改造し」ている点も挙げている（一ノ瀬　2015a, 45頁）。だから、動物の飼育を正当化するためには次の2条件を満たすことが必要だ、とドゥグラツィアは論じる。

［1］動物の基礎的な身体的および心理的ニーズが満たされなければならない。
［2］動物は少なくとも野生で暮らすのと同じくらい良好な生活条件を与えられなければならない（ドゥグラツィア 2003, 120 - 121頁）。

この2条件は至極もっともだと思われる。人間が動物を監禁している以上、動物は自立的に生きていくことができないのだから、それ相応の補償が必要だろう。人間によって囚われなかったならば、動物は右の［1］と［2］の条件を自力で満たしていただろうと考えられるからである（＊12）。

しかしながら、基礎的な必要性が満たされ、野生状態と同じくらい良好な生活条件があるというだけでは、動物にとって、野生状態から監禁状態へ移行する、どういう動機があるだろうか。移行するだけの利点が何もないだろう。言い換えれば、仮に監禁状態が野生状態に比べて悪くない、したがって監禁状態であることが補償されているとしても、野生状態から監禁状態への移行は強制である。この強制行為、自由の剥奪に対する補償が行われていない。この点でドゥグラツィアの補償モデルよりも、ツァヒ・ザミールの見解のほうが優れている。ザミールの見解も補償モデルに属すと思われる——ただしザミールは、人間が伴侶動物を利用することをある種の取引と見る。そして搾取という概念に依拠して、搾取的な利用と非搾取的な利用を区別する。だから、「非搾取的動物利用論」と呼ぶことができる。ザミールによれば、人間と伴侶動物の間の取引関係が搾取的でないためには、人間の側に利益があるだけではなくて伴侶動物の側にも十分な利益が必要である。そうでなければ、他の動物にとって取引関係に入る動機がない。他の動物に取引関係に入る動機がないにもかかわらず、人間が他の動物を伴侶動物にするとしたら、それは暴力による強制にすぎない。

では、搾取とは何か。人間は、自分の幸福のために他の動物を利用する。この動物利用は、動物自身の幸福を実質的に損なう場合に、搾取になる。例えば、動物の寿命を短くしたり、健康を害したり、自由を制限したり、虐待したり、本性を歪めたり、苦痛を与えたりすれば、搾取になる（Zamir 2007, p.92）。こうして、動物利用が搾取であるかどうかは、それが動物自身にとって不利益であるかどうかということになる。これをザミールは、功利主義的に、伴侶動物の飼育が動物自身にとって総合的に不利益になるか利益になるかという観点で判定する（＊13）。犬や猫は、伴侶動物になることで、行動を制限される。この行動の自由の制限が完全であれば、つまりなんの行動の自由もなければ、搾取になる。けれども、行動の自由の制限が部分的な場合は、どうか。その不利益を補って余りあるだけの便益を、犬や猫は獲得するだろうか。ザミールによれば、伴侶動物になった犬や猫は、そうでなかった場合よりも遥かに良い生活を手に入れられる。もちろん、これは人間が愛情をもって犬や猫を飼育する理想世界での話だけれども、ザミールは次のように述べる。

> 伴侶動物は、人間と暮らすことで利益を得るし、それに比べたら、伴侶動物が支払う代価は小さい。だから、伴侶動物の飼育は、十分に良い取引のように思われる——つまり動物は、たしかにこの関係を通して失うものもあるけれども、（なによりも）安全で快適な生活を手に入れることができる（Zamir 2007, p.100）。

これならば有望である。つまり、このように補償を行えば、伴侶動物の飼育を道徳的に正当化できそうに思われる。では、この非搾取的動物利用論の観点からハチの場合を見てみよう。すでに述べたように、上野が亡くなった後のハチは、あまり幸せだったように思われない（＊14）。このことが示唆するのは、上野は、亡くなることによって、ハチに対する責任をまっとうできなかったということである。ザミールの非搾取的動物利用論は、人間が愛情をもって伴侶動物を飼育することを前提している。だから、この前提が崩れるならば、非搾取的動物利用論も崩れる。人間が伴侶動物を遺棄すればこの前提が崩れるように、飼い主自身が亡くなった場合にも、しばしばこの前提が崩れる。したがってハチの例からいえることは、飼い主は自分が生きている間、責任をもって伴侶動物を飼育するだけではなくて、自分が死んだ後のことも考えて手立てを講じておく責任があるということである。しかも上野がそうする責任があったというだけではない。社会として、飼い主が死んだ後も伴侶動物に良い生を保障できる制度を構築する必要がある。例えば生命保険の義務化のようなことが考えられるだろう(＊15)。

しかし、退廃モデルや補償モデルに対して、一ノ瀬の態度は否定的である。一ノ瀬は、「根本的な拒絶感を感じる」という(一ノ瀬　2015a, 48－49頁)。どういうことか。一ノ瀬によれば、

> 人間が優位に立って、犬を飼い慣らしてきた、とする、ある種の「上から目線」、そこがどうしても引っかかるのである(一ノ瀬　2015a, 49頁)。

一ノ瀬は、人間よりも犬のほうが道徳的に優れていると示唆する。

> 犬は人間のように環境破壊をしない、戦争をしない、過去に固執しない、現状を潔く受容する、静かに潔く死んでいく(一ノ瀬　2015a, 50頁)。

他方、人間はとりわけ死に面してジタバタする、オロオロする。さらに、人間は他の動物を監禁し、虐待し、虐殺する。もちろん他の動物も監禁され、虐待され、虐殺されるとき、恐れおののき抵抗する。それでも他の動物は無垢な犠牲者であり、少なくとも人間的な欲望から自由であるように思われる。

けれども、一ノ瀬の論点はそれにとどまらない。

［第3節］返礼モデル

退廃モデルや補償モデルに代えて、一ノ瀬は返礼モデルを提案する。返礼モデルは、犬目線を取る。それは、犬が主体的、自主的に人間を共生者として選び利用することで、強力に存続を成功させてきたという見方である。「強力に存続を成功させてきた」というのは、犬がたくさんいることを指している。具体的に言うと、例えば日本では892万頭（推定値）の犬が飼育されている（ペットフード協会 2017）。この数は、おそらく野生で存在しえただろう犬の数よりもずっと多い。とはいえ、人間を選んだのは、個々の犬が選んだのではない――犬という種、種としての犬が選んだのである。その意味で、返礼モデルは、退廃モデルや補償モデルとは論点がずれる。言い換えれば、（種に関わる）返礼モデルは必ずしも（個体に関わる）退廃モデルや補償モデルを否定するものではない。むしろ、返礼モデルは、こういう見方、こういう物語り方をすることもできるというにすぎない。したがって、返礼モデルのような見方をしたとしても、退廃モデルや補償モデルが指摘した問題点が解決するわけではない。例えば、人間は犬に甘えることによってますます人間関係力を低下させていくかもしれない。犬も監禁状態に置かれたままである。

ここで私は食肉庫の論理を紹介したい。返礼モデルと食肉庫の論理が、よく似ているからである。食肉庫の論理とは、畜産・肉食を正当化するための論理である。それは、ヘンリー・ソルトによれば、

動物にとって、まったく生きないよりは生きて屠殺されるほうがよい（Salt 1914, p.1）（＊16）。

という見方である。どういうことか。動物は、もし生まれてこなかったならば、なんの快を享受することもなかっただろう。それに比べれば、たとえ短い期間ではあっても、生まれてきてなにがしかの快を享受できたほうがましである。だから動物は、食べるために動物を誕生させ飼育してくれる人間に感謝すべきだ、というのである（*17）。言い換えれば、人間が動物を誕生させ飼育し、殺して食べるとき、人間は動物に恩恵を施している（*18）。功利主義的にいえば、人間が肉食をしないならば、畜産動物が感じる快はゼロである。畜産動物は誕生してこないからである。けれども、人間が肉食をする場合、畜産動物は、短い生涯とはいえ、なにほどかの快を味わうことができる。だから肉食は正しい、というわけである。

つまり食肉庫の論理は、人間が利益を得ているだけではなくて他の動物も利益を得ていると主張する。この点をとらえてマイケル・ポーランは、家畜と人間の関係を「種同士の相利共生や共栄関係」と考え、次のように述べる。

> 家畜化というのは、政治的ではなく進化的な発展だ。それは……日和見主義的ないくつかの動物種が、ダーウィン的試行錯誤を続けた結果、自分たちだけで暮らすのではなく、人間と同盟を結んだ方が生き残って繁栄する見込みが高いと発見したときに、家畜は生まれたのだ。人間は動物に食べ物と庇護を与え、動物はその代わりに牛乳と卵と、そしてそう、肉を与えた。……／動物の目から見れば、人間との取引は素晴らしい成功だった（ポーラン 2009, 133頁）。

かくして返礼モデルでも食肉庫の論理でも、人間と他の動物の関係は共利共生の関係である。犬は愛情その他の恩恵を人間に施し、豚は肉を人間に与える。代わりに人間は犬や豚を庇護し養い、繁殖させ誕生させてあげる。ただし、そこから引き出す教訓は、返礼モデルと食肉庫の論理とで少し違う。返礼モデルは、だから人間は犬に返礼しなければならない、と主張する。他方、食肉庫の論理は、だから豚は人間に感謝しなければならない、と主張する。

けれども、これは力点の置き方が違うにすぎない。食肉庫の論理を犬に適用すれば、だから犬は虐待されても人間に感謝しなければならない、ということになる。もちろん返礼モデルを畜産に適用すれば、だから人間は豚に感謝しなければならない、ということになる。要するに、どちらのこともいえてしまうわけである。では、返礼モデルと食肉庫の論理で、どこがどう違うのか。どちらの見方でも、犬が人間を共生者として選んだ、豚が人間を共生者として選んだ。このように他の動物を主体として語ることで、人間から罪の意識が消え去る。実際に食肉庫の論理は、罪の意識を隠蔽するための合理化だと思われる。この特徴を返礼モデルも共有している。返礼モデルによれば、人間が犬を搾取しているのではない。犬が人間に愛情その他の恩恵を与えてくれているのである。

そうだとしても、ある意味で返礼モデルと食肉庫の論理は正反対の方向を向いている。食肉庫の論理は、豚が人間に感謝すべきだと主張することで、（言外に）人間が豚に返礼すべきだということを否定している。返礼モデルは、人間が犬に返礼すべきだと主張するとき、犬が人間に感謝すべきだという側面がないかのように語っている。言い換えれば、返礼モデルも食肉庫の論理も、〜すべきだと主張する時、〜しない現状では釣り合いが取れていないことを前提している（＊19）。つまり、食肉庫の論理は、豚が不平不満をいう――これは動物擁護運動家によって代弁される――現状では釣り合いが取れていないと前提している。反対に、返礼モデルは、人間が犬の恩に対して十分に報いていない現状では釣り合いが取れていないと前提している。この現状分析の点で、返礼モデルと食肉庫の論理は大きく違っている（＊20）。さらにいえば、他の動物が与えてくれる恩に対して人間が十分に報いているかどうかという実質的な問題に関して、返礼モデルと食肉庫の論理では意見を異にしているわけである。つまり、食肉庫の論理は、十分に報いていると答え、返礼モデルは十分に報いていないと考える。

それでは、返礼とは何か。その肝心の点を一ノ瀬は明確に述べない。推測すれば、犬が愛情その他の恩恵を人間に与えてくれるように、人間も犬に愛情その他の恩恵を与え返すべきだということに思われる。「その他の恩恵」は、犬が伴侶動物であることを考えると、(犬の)福祉のことだと思われる。そうとすれば実質的に、一ノ瀬の返礼モデルはザミールの非搾取的動物利用論に非常に近い。どちらの見方でも、要点は、犬にもっとよくしてあげるべきだということである。

しかしながら、返礼モデルと非搾取的動物利用論で、違いもある。すでに述べたように、非搾取的動物利用論には、罪の意識がある。他方、返礼モデルには、罪の意識がない。というのは、犬は自発的に愛情その他の恩恵を私たち人間に施してくれているのだからである。だから、もし人間が犬に十分によくしてあげなかったならば、どうなるか。非搾取的動物利用論によれば、そのような場合、人間の動物利用は搾取である。犬の権利を不当に侵害しているからである。他方、返礼モデルによれば、そのような場合、人間は恩に報いないロクでなしということにしかならない。犬が自発的に人間に好意を示してくれたとしても、返礼を請求する権利が犬に生じるわけではないからである。人間は、報恩の義務を果たさない、道徳的に劣った存在だということにしかならない。それはそれでよいのかもしれない。

犬が自発的に人間に恩恵を与えるという好意を示してくれ、その好意に人間も自発的に応えて恩恵を与え返すならば、その関係は美しいだろう。しかし返礼モデルの1つの要点は、現実において人間は十分に返礼していないということである。その点で返礼モデルにも、ある種の否定的な感覚、人間の不十分さについての自覚がある。

結局、返礼モデルはどうなのか。返礼モデルは、犬を見習って、私たち人間も道徳的に立派になろうよ、と勧奨する。それはよい。しかし、本節の初めに述べたように、返礼モデルは退廃モデルや補償モデルを排除しない。たとえ犬という種に関して返礼モデルを採るとしても、個々の犬については依然として動物権利論や非搾取的動物利用論が適切だと思われる。というのも、個々の犬は、伴侶動物たることを自発的に選択していない、むしろ監禁されているし、品種改良も、個々の犬にとっては勝手にされたことだからである。

結

一見したところ一ノ瀬は、退廃モデルや補償モデルを退け、その対案として返礼モデルを提示しているように見える。しかし、すぐ右でも述べたように、返礼モデルは退廃モデルや補償モデルを排除しない。たしかにシェパードの退廃モデルは、その特異な自然観のゆえに、にわかには信じがたい。人間に対する抑圧は動物に対する抑圧から始まるという、ナイバートの見解も、もっともらしいとはいえ、証明できるかといえば分からない。それに対して動物権利論は十分に説得的である。動物の被る被害・不利益は明らかだからである。たしかに本稿では動物権利論を十分に展開することができなかった——けれども動物の不利益は、動物の尊厳や権利を侵害しているといえる程度に明白である。

動物権利論に対して一ノ瀬は、「リアリティがある提案になりうるか」と述べて批判する（一ノ瀬 2015a, 43頁）。たしかに伴侶動物を直ちに全廃することは現実的でない。しかし、動物権利論は方向性を示しているのだと考えることができる。そのうえで、より現実的には補償モデルの1つである非搾取的動物利用論を採ることができる。実際に非搾取的動物利用論によれば、伴侶動物飼育の免許制や動物虐待監視員制度（＊21）の導入、動物保護施設の充実、動物取扱業の免許制導入など実施できる施策はいくつも考えられる。ここでも非搾取的動物利用論は動物権利論に基づいているので、動物権利論を排除しない。むしろ動物権利論が方向性を示し、それを非搾取的動物利用論が現実的な施策につなげるというように、2つの理論を組み合わせて考えることができる。

この2つの組み合わせに加えて、いわばその補論として一ノ瀬の返礼モデルを捉えたい――それが私の考えである。返礼モデルには良い点がある。動物権利論や非搾取的動物利用論の欠けるところを補うことができるからである。動物権利論と非搾取的動物利用論の重心は、他の動物の側の被害と権利にある。したがって私たちが何かをしなければならないのは、動物のためである。それは正しい。けれども、それだけでは私たちにとっての動機に乏しい。どうして私たちがそれをしたほうがよいのか、そうすることが私たちにとってどういう意味があるのか、が十分に説明されない。その点を返礼モデルは補ってくれる。返礼モデルは、私たち人間が道徳的に立派になることを理由として、犬に返礼すべきことを主張するからである。

もちろん一ノ瀬の意図は、（たとえ返礼モデルと両立可能であるとしても）退廃モデルや補償モデルをとらないということである――退廃モデルや補償モデルが「上から目線」だからである（一ノ瀬 2015a, 49頁）。しかし、一ノ瀬の返礼モデルは、犬目線を取ることによって、人間の加害責任を忘れ去るおそれがある。それはよいことではない。したがって、返礼モデルは、動物権利論や非搾取的動物利用論を退けるべきではなくて、むしろ積極的に動物権利論や非搾取的動物利用論と組み合わせるべきなのである。

◉注

＊1　いうまでもなく、犬は家庭動物（愛玩動物、伴侶動物）の代表であり、この問いの背景には、家庭動物一般と人間との関係をどう考えるかという問いが控えている。例外があるかもしれないけれども基本的には、犬と人の関わりについての理論が、家庭動物一般と人間との関係にも当てはまると考えられる。さらにその背景には、（畜産動物や実験動物を含む）飼育動物一般と人間との関係をどう考えるかという問いが控えている。ここでも基本的には、家庭動物と人間との関係についての見方が飼育動物一般と人間との関係にも当てはまると考えられる。もちろん現実には、人間と伴侶動物の

関わり方と、人間と畜産動物の関わり方と、人間と実験動物の関わり方は、それぞれ大きく違っている。しかしここで問われているのは、そうした関わり方を評価する規範的視点である。

＊2　牛若については、一ノ瀬　2011, ⅳ－ⅶ頁および一ノ瀬　2015a, 26－30頁を参照。しずかについては、一ノ瀬　2015b, 46－48頁を参照。

＊3　ホーマンズからの孫引きである。

＊4　ゲイリー・フランシオンがいう「モノ扱いされない基本権」も、内実はこれら3つの基本権であると思われる。

＊5　それについては一ノ瀬も言及している（一ノ瀬　2015a, 46頁）。

＊6　同様にフェミニスト動物倫理の論者は、女性に対する抑圧の構造と他の動物に対する抑圧の構造が同じだと主張する（Cf. Donovan and Adams 2007）。

＊7　このようにナイバートの見解はカントの間接的義務説と似たところがあるけれども、違いにも注意する必要がある。カントによれば、他の動物に対する義務は人間に対する義務に由来する。しかしナイバートによれば、他の動物に対する抑圧は、人間に対する抑圧と同様にそれ自体で悪いことである。

＊8　以下の記述については、塩沢　2015および松井　2015を参照。

＊9　このようにシェパードは、動物の側の被害を忘れているわけではない。

＊10　もちろんこの場合、人間に飼われるか、それとも野垂れ死にするかという選択肢の中で選ばせても意味はない。

＊11　ドゥグラツィアの用語法では、「囚われの身」に当たる（ドゥグラツィア 2003, 123頁）。

＊12　野生で生きていけないほど改造されてしまっている家畜はどうか。そのような品種改悪は、そのこと自体が動物にとってすでに大きな不利益であり、それに対しても人間は補償する必要がある。

＊13　人間について考えられた搾取という概念を、ザミールは他の動物にも適用する。もちろん、搾取という概念が人間に適用される場合と他の動物に適用される場合で違いもある。人間に適用される場合、人間の自律や自尊性（関係が屈辱的でないこと）ということも問題になる。けれども、動物の場合、そういうことが問題にならないので、ザミールは、搾取になるかどうかを功利主義的に判定するわけである。

＊14　上野なき後のハチの飼育が搾取的であったかどうかは、いうのが難しい。搾取論が想定する比較対象、すなわち人間によって飼育されなかった場合のハチの生活水準・幸福水準は非現実の想定なので、よく分からないからである。この

比較する水準を非常に低く想定すると、ほとんどどんな動物飼育でも正当化されてしまう。それでは、搾取論の意味がなくなってしまう。

＊15　もちろん非搾取的動物利用論で伴侶動物の飼育を正当化するためには、しなければならないことは、これだけに限らない。他にも例えば動物飼育の免許制や、動物虐待を防止する実効的制度、（繁殖業者で）売れ残り動物が発生しないための方策など、しなければならないことは多くある。

＊16　ただし、ソルトは食肉庫の論理の提唱者ではない。そうではなくて、ソルトは菜食主義者であり、食肉庫の論理を批判するために取りあげている。

＊17　感謝に当たる言葉として、ソルトは、gratitude という語を用いている（Salt 1914, p.1）。

＊18　恩恵に当たる言葉として、ソルトは、advantage や beneficence という語を用いている（Salt 1914, pp.1-2）。

＊19　現状の共利共生関係で釣り合いが取れていれば、それ以上に～すべきだということは何もないわけである。

＊20　ただし、この現状分析は容易に転換しうる。というのは、犬の不平不満を代弁する動物擁護運動家は存在するし、人間が豚の恩に十分に報いていないと主張する動物擁護運動家もいるからである。だから結局、返礼モデルと食肉庫の論理は論理構造の点ではよく似ており、違わない。

＊21　駐車監視員に準じた制度で、実質的に書類送検の下準備を民間に委託する制度を考えている。

◉文献表

Cavalieri, Paola. 2001. *The Animal Question: Why Nonhuman Animals Deserve Human Rights*. Oxford: Oxford University Press.

デヴィッド・ドゥグラツィア　2003『動物の権利』（戸田清訳）岩波書店。

Donovan, Josephine and Carol J. Adams (eds.). 2007. *The Feminist Care Tradition in Animal Ethics*. New York: Columbia University Press.

ゲイリー・L・フランシオン　2018『動物の権利入門――わが子を救うか、犬を救うか』（井上太一訳）緑風出版。

ジョン・ホーマンズ　2014『犬が私たちをパートナーに選んだわけ――最新の犬研究からわかる、人間の「最良の友」の起源』（仲達志訳）阪急コミュニケーションズ。
一ノ瀬正樹　2011『死の所有——死刑・殺人・動物利用に向きあう哲学』東京大学出版会。
一ノ瀬正樹　2015a「「ハチ」そして「犬との暮らし」をめぐる哲学断章」」一ノ瀬・正木　2015, 25–55頁。
一ノ瀬正樹　2015b「断章　いのちは切なし——人と動物のはざま」『哲学雑誌』130巻802号、46–74頁。
一ノ瀬正樹・正木春彦編　2015『東大ハチ公物語——上野博士とハチ、そして人と犬のつながり』東京大学出版会。
キャリコネ編集部　2018「しまむら、取引企業に外国人実習生の人権侵害防ぐよう求める　流通過程での違法行為受け対応」キャリコネニュース https://news.careerconnection.jp/?p=63694
松井圭太　2015「「忠犬ハチ公」は「忠犬」だったのか」一ノ瀬・正木　2015, 56–62頁。
デビッド・A・ナイバート　2016『動物・人間・暴虐史——〝飼い貶し〟の大罪、世界紛争と資本主義』（井上太一訳）新評論。
ペットフード協会　2017「平成29年（２０１７年）全国犬猫飼育実態調査　結果」https://petfood.or.jp/topics/img/171225.pdf
マイケル・ポーラン　2009『雑食動物のジレンマ——ある4つの食事の自然史　下』（ラッセル秀子訳）東洋経済新報社。
Salt, Henry. 1914. 'Logic of the Larder.' http://www.animal-rights-library.com/texts-c/salt02.pdf
Shepard, Paul. 2008. 'The Pet World.' In S. J. Armstrong and R. G. Botzler (eds.), *The Animal Ethics Reader: 2nd Edition.* Abingdon, Oxon: Routledge.
塩沢昌　2015「上野英三郎と愛犬ハチ」一ノ瀬・正木　2015, 171–203頁。
Zamir, Tzachi. 2007. *Ethics and the Beast.* Princeton: Princeton University Press.

［第十二章］

一ノ瀬哲学における「所有」と「刑罰」

今村健一郎——愛知教育大学

［第1節］はじめに

一ノ瀬哲学の特徴とは何だろうか。筆者の雑駁な印象を述べるならば、一ノ瀬哲学とは、なによりもまず「連続性」と「不確実性」の哲学であり、それこそが一ノ瀬哲学の最大の特徴であり持ち味ではないかと思う。2011年出版の『確率と曖昧性の哲学』は、そのことを最もよく体現した著作であり、そこでは、不確実性そのものといってもよい「確率」の概念や、物事の境界が鮮明でなく連続的であることを指す「曖昧性」の概念に関わる哲学的諸問題が本格的な検討に付されている。この著作では、それら諸問題の検討に先立ち「不確実性のリアリズム」が宣言される。哲学はこれまで、確実性・必然性・決定性などの「確実性群」を理想・理念・規範として尊び、それらを求め続けてきた。確実性群を理念として頂くそのような哲学的考察は、たしかに有効ではあった。しかし、理念はあくまでも理念であって現実とは異なる。理念を現実と取り違えてはならない。われわれが住まう現実世界を眺め渡すならば、世界は確実であるどころか、むしろ不確実性に満ち満ちている。であるならば、この「不確実性のリアリズム」を見据えた哲学こそが語られねばならない。一ノ瀬は『確率と曖昧性の哲学』の序論でこのように訴えた後、確率と曖昧性の哲学へと踏み出すのである。

しかし、本論の検討の対象は「連続性」や「不確実性」を主題とするこの書ではない。本論が向かう先は、一ノ瀬による一連の法哲学的考察、すなわちその所有論・刑罰論である。その考察の記録を、われわれは一ノ瀬の最初期の著作『人格知識論の生成』にすでに見いだすことができる。

法は社会の安定に資するべく制定されるのであるから、それは社会の安定にとって有害な曖昧性や不確実性とは本来的に相容れない。法はむしろ、確実性・必然性・決定性などの「確実性群」をこそ理念としており、曖昧性や不確実性を極力排除しようとする。現実世界の連続性や不確実性に関心を寄せる一ノ瀬が、その初期において「確実性群」を志向する法の考察へと向かったという事実はとても興味深い。一ノ瀬の法に対する関心は現在に至っても変わることなく継続しており、その考察の成果の一部は『確率と曖昧性の哲学』と同時期に出版された『死の所有』に記録されている。

では、曖昧性や不確実性と所有論・刑罰論は一ノ瀬哲学の中でどのように結びつくのだろうか。素朴に考えるならば、所有とは対象を排他的に支配することなのだから、所有（権）概念は「私のもの／あなたのもの」という鮮明な境界を内包する概念であり、無境界性・曖昧性は排されているはずである。刑罰に関しても、それを科す際には罪刑法定主義が貫かれねばならない。どのような行為が犯罪を構成するのか、犯罪にはどのような刑罰が対応するのかということが、曖昧性や不確実性を排した仕方で一義的に決定されていなくてはならないのである。この一ノ瀬法哲学と曖昧性・不確実性の関わりについては、本論の最後で若干述べることにしたい。

ところで、一ノ瀬哲学の大きな源流のひとつがロックの哲学であるというのは周知のことであろう。中でも一ノ瀬の所有論・刑罰論に対するロックの影響は極めて大きく、一ノ瀬の所有論・刑罰論はロックの所有論・刑罰論の敷衍であるといってもよいほどである。それゆえ本論では、最初にロックの所有論・刑罰論を瞥見し（第2節）、それを踏まえた上で、一ノ瀬の議論に対する疑問を提示することにしたい（第3節）。その疑問はもっぱら一ノ瀬の刑罰論へと向かうのだが、一ノ瀬の刑罰論は「賠償」を介してその所有論と連動しているため、疑問は同時に所有論にも向かうことになる。最終第4節では、一ノ瀬の「刑罰賠償論」への対抗として「刑罰害悪論」を導入し、一ノ瀬刑罰論への挑戦を試みることにしたい。

[第2節] ロックの所有論・刑罰論

[1] ロックの所有論

ロックの所有論は労働を所有の正当化根拠とする「労働所有論」である。これは、労働によって新たに価値あるものを生み出した者は、その価値を正当に所有できるという、極めてシンプルで直観に適った所有の原理であり、それによると、たとえば、ある者が未だだれのものでもない荒地を耕して畑に変え、その畑で農作物を栽培し収穫した場合、その者は、その畑も収穫物も共に自らの所有物とすることができる。この労働所有論のアイデア自体はなんらロック独自のものではなく、古今東西あらゆる社会に見いだされる普遍的なものである。ロック所有論に独自性があるとすれば、それはむしろ、彼が労働による所有の制限を述べた、いわゆる「ロック的但し書き」の部分であろう。土地をはじめ、労働による改良の対象となる資源は無限ではない。よって、労働による所有は無制限ではありえず、それには一定の制約が課せられることになる。労働による所有の権利は万人共通の権利なのだから、その権利を行使せんとする者には他者への配慮が要求されるのである。労働による所有に際しては、まず、自分以外の他者にも労働による所有の機会を残しておくことが求められる。次に、自分が使用することのないもの（自分がもっていても無駄になってしまうもの）は、たとえそれが自分の労働の成果であったとしても、正当に所有することができない。というのも、それもまた他者の側での資源利用の機会を奪うことになってしまうからである。

このように、労働による所有には他者の権利への配慮が求められるのだから、労働による所有の主体は、自らの利益だけでなく他者の権利への配慮をもなしうる者でなくてはならない。言い方を変えるならば、法―すなわち、人類の共存を目的とする自然法―を理解し、他者と共に法の下に生きることが可能な者でなくてはならない。そのような者をロックは「人格」(person) と呼ぶ。労働による所有の主体は人格でなくてはならない。それゆえ、幼さゆえに、あるいは、精神に障碍があるために法の理解やその遵守が可能でない子供や精神障碍者は、生物学的な意味での「人間」(man)ではあるとしても、人格とは見なしえないことになる。

労働による所有の主体は人格であるということに、特に難しい問題はないであろう。しかし、ロックによれば、人格は所有の主体であるだけでなく、その客体でもある。つまり、人格それ自体もまた、他の所有物と同様に、ひとつの所有物なのである。人格が所有物であるとすれば、それは譲渡や売買が可能でなくてはならないであろう。人格の売買について、ロックは『統治論』第二論文(以下、『統治論』第24節で次のように記している。

「ユダヤ人や他の諸国民の間で、人びとが自分自身を売ったということが知られているのを私は認める。しかし、これは単に苦役のためであって、奴隷になるためではなかったということは明らかである。というのは、売られた人格(the Person sold)は絶対的かつ恣意的、専制的な権力の下にあったのではないからである。なぜなら、主人は彼を勝手に殺す権力をもっていなかったし、一定の時に彼を奉仕から解放してやる義務を負っていたからである。そしてそのような召使の主人は、彼の生命に対して恣意的な権力をもっているどころか、思いのままに彼を不具にすることさえできなかったし、目や歯を失わせた場合には彼を解放しなければならなかった。(『出エジプト記』21章)」

ユダヤ人や他の諸国民の間では「自分自身」あるいは「人格」を売ることが行われていたが、それは自分の生命や身体に対する恣意的な権力を譲り渡すことではない。ロックによれば、そもそもわれわれは自分自身の生命を好き勝手にする権力をもっていないのだから、それを譲渡することはできないのである。では、人格を売るとはどういうことか。それが意味するのは、報酬と引き換えに相手方に一定期間労役を提供することに他ならない。所有主体である人格が同時に売買されうる客体でもあるというのは奇妙に聞こえるが、その内実は、召使の主人に対する奉仕のような一定期間の労働の提供である。マルクスならばこれを、人格を売るという代わりに、労働（能）力を売るというであろう。

労働を提供して対価を得ること、これは一言でいえば賃労働であり、（耕作による土地の取得のような原始取得・無主物先占ではなく）賃労働こそが今日における労働による所有の主要な形態となっている。ひとくちに賃労働といっても、現代の賃労働は極めて多種多様なのだが、ロックの場合、念頭に置かれるのは、召使の主人に対する奉仕であり、それは「苦役」すなわち辛い肉体労働として思い描かれている。

［2］ロックの刑罰論

■①「喪失」という観念——不正な戦争における賠償

次にロックの刑罰論を簡単に紹介しておこう。ロック曰く、刑罰の目的は「賠償と抑止」（Reparation and Restraint）である（『統治論』第8節）。ここでの抑止とは、再犯を防止したり、人びとに犯罪を思いとどまらせたりすることであり、いわゆる特別予防・一般予防にあたる（＊1）。そして賠償は、犯罪被害者に対する賠償を意味している。犯罪とはその被害者の生命・自由・財産に対する侵害行為であり、一言で言えば所有権の侵害である。犯罪によって損なわれた被害者の所有権は加害者からの賠償によって回復されねばならない。犯罪の抑止と共に、犯罪被害者への賠償の道を開くこともまた刑罰の目的である。賠償の重視はロック刑罰論の特徴のひとつといえるであろう。

ところで、所有権と刑罰はどのようにして結びつくのであろうか。刑罰は、自由刑であれ財産刑であれ、それ自体としては受刑者に科せられる害悪である。それゆえ、仮にそのような害悪が犯罪に及んでいない者に科せられたならば、それはその者の所有権に対する侵害に他ならない。しかし犯罪者に対してはそうではない。なぜか。このことを説明するために、ロックは「権利の喪失（forfeiture）」の観念に訴える。他者の所有権を侵害した者は自らの所有権を喪失することになる。この喪失を根拠に、侵害者に害を加えることが認められるのである。しかし、そうはいっても、所有権を喪失した侵害者から何もかも奪ってよいというわけではない。侵害者からの剥奪は、彼が加えた侵害に見合っていなくてはならない。たとえば、侵略戦争を仕掛けた加害者と、その侵略を退け、戦争に勝利した被害者の間には、生じた損害に関して、被害者から加害者への求償権が発生するのだが、その求償権についてロックは次のように述べている。

「征服者の側に想定しうるだけの正義を認めるとしても、彼は被征服者が喪失したはずのもの以上を奪う権利をもたない。被征服者の生命は勝者の思うままであり､勝者は彼の用役と財産を自分のものとし、自分自身への賠償に充てることができる。しかし、彼の妻と子供の財産をとることはできない。」（『統治論』第183節）

不正な戦争を仕掛け、相手に損害を与えた者は、自分自身の生命の安全に対する権利を含む所有権を喪失する。これにより、侵略を退けた相手方（征服者・勝者）には、戦争を仕掛けた側（被征服者）の生命を思うままにすることや、自らが被った損害の賠償に充てるために彼の財産を奪うことが許されるようになる。しかし、征服者は被征服者が喪失すべきもの以上（被征服者の妻や子供に帰属すべき財産）を奪ってはならないのである。

他者の所有権を侵害した者は自らの所有権を喪失することになる。だから、その喪失すべきものを被害者が専有することはなんら侵害ではない。むしろそれは損害賠償権の正当な行使である。この喪失のロジックが適用されるのは、本来は戦争加害者が被害者に対して果たすべき戦後賠償の場面である。しかし、ロックの刑罰論においては、このロジックが犯罪被害者に対する賠償の場面にも適用されることになる。このことは、ロックが犯罪を戦争と連続的に理解することに、あるいは、犯罪は一種の戦争であると理解することに由来する。ロックにおいて、所有論と刑罰論と戦争論は別個ではなく連続・連動しているのである。

②戦争から犯罪へ

では、この喪失のロジックを刑罰論に適用すると、どういうことになるのだろうか。犯罪は所有権の侵害であるのだから、犯罪者はその侵害行為ゆえに自らの所有権を喪失する、そしてその喪失を根拠に刑罰が科せられる。およそ、こういうことになるであろう。しかし、ここでいくつかの問題が生じてくる。まず、犯罪者の所有権喪失はだれに対する喪失なのだろうか。戦争の場合、それは侵略を被った相手方に対する喪失であった。類比的に、犯罪の場合、それは犯罪被害者に対する喪失であると考えることができるだろう。だから被害者は、犯罪者がその犯行ゆえに喪失すべきである財産をもって自らの損害の賠償に充てることができる。ここまではいいとして、では、犯罪者が被害者に対して余すところなく賠償を果たせば、犯罪者は自らの責任を全うしたことになるのだろうか。もしこの問いに対して「イエス」と答えるならば、犯罪者の刑事責任というものが消えてなくなる。だが、それでいいのだろうか。それでいいのだ、犯罪被害者の救済こそが重要なのだという立場（損害賠償アプローチ）はたしかに実際に存在する（そのような立場は、犯罪被害者の賠償を重視する点でロックと共通のマインドを有しているといってよいであろう）。しかしやはり、賠償だけでは済まされないというのが時代や地域を超えた全人類的通念であろう。すでに示したように、ロックにおいても、賠償だけでなく、それと並んで抑止が刑罰の目的に掲げられていた。犯罪の抑止は、刑罰をつうじた懲らしめ・見せしめによって果たされるのである。しかしながら、刑罰の目的と正当化根拠を懲らしめや見せしめに求めることに対しては、そのような刑罰正当化論は人間を自由な存在としてではなく、犬と同様に扱うものであるというヘーゲルによる著名な批判が立ち塞がることになる（『法哲学』第99節補遺―ただし、周知のように、この補遺はヘーゲル自身ではなく高弟ガンスによるものである）。

【第3節】一ノ瀬哲学への疑問

［1］刑罰と賠償

さて、ここから一ノ瀬の刑罰論へと話題を転じることにしよう。一ノ瀬は先の抑止の問題を賠償の問題へと収斂させる議論を提示している。それによると、「凶悪な犯罪は安全性という人々の共通の所有権に対する明らかな侵害であり、したがってそうした侵害は賠償されねばならない」。よって、「「人権」概念に照らすなら、抑止効果の問題はこうした安全性に対する所有権の問題に他ならない」ということになる（一ノ瀬2011，52頁）。近代人権思想の源流をロックの所有権論に求め、犯罪を所有権の侵害と理解し、そして、犯罪に対応すべき刑罰を所有権の喪失や賠償という観念によって説明する立場をとるならば、抑止の問題に対してはこのように答えるべきことになるであろう。ロックに即していうならば、犯罪は社会（あるいは全人類）に対する戦争行為である。犯罪者はその犯行によって、被害者に対してその所有権を侵害したのみならず、社会に対しても安全性に対する所有権を侵害したのだから（それゆえ、社会全体もまた犯罪の被害者だということになる）、犯罪者は被害者だけでなく社会全体に対して自らの所有権を喪失することになる。すると、犯罪者を刑に服せしめ、それによって将来の犯罪を抑止することは、もはや彼や社会の成員を犬として扱うことではなくなる。というのも、抑止としての刑罰は、いまや犯罪者が社会に対して果たすべき賠償として理解可能になり、犯罪者は（そして犯罪者以外の人々も）賠償可能な存在としてその人間性を回復するからである。

一ノ瀬が唱える「安全性に対する人々の共通の所有権」という概念はたしかに理解可能である。ヒュームが「所持の安定」という言葉で言い表しているように（『人間本性論』第3巻第2部第3節）、自分のものを安心して所持し享受できることは、たしかに所有の本質ないし核心であるといってよいであろう。しかし、だれもが安全に暮らすことへの所有権をもっているという言い方は、「個人が特定の事物を排他的かつ全面的に支配する権利」を意味する所有権の原義からは大分離れてしまっているように思われる。およそ概念というものは、それが誕生したときから、やがて拡張の道を辿る定めにあるに違いない（数学において「数」や「空間」の概念が次第に拡張されていったように）。しかし、それを認めた上でもなお、「安全性に対する人々の共通の所有権」という概念は所有権の原義から離れすぎているように感じられる。

この安全に対する万人共通の所有権もまた、所有権であるかぎり、労働に根拠があるはずである。一ノ瀬は「「人権」は労働という努力によって獲得される」（一ノ瀬 2011, 37頁）と記しているのだから、そのことを否定できないであろう。では、安全に対する万人共通の所有権の根拠となる労働とは何だろうか。その労働とは、まさに、人々が互いの所有権を尊重することであり、所有権の根拠となる法（自然法とそれに基づく実定法）を遵守することに他ならないであろう。しかしそれは、法がもたらす安定性は人々がその法を遵守することによって実現するという当然のことをいっているにすぎないのではないだろうか。「人権」の源流をロックの所有権に求め、それをロックの所有権概念の拡張として理解するかぎり、この困難（?）から逃れることはできないであろう。人権をロックの所有権の拡張として理解すること――それと共に、抑止を安全に対する万人の共通権侵害に対する賠償として理解すること――には、どうも限界があるように思われる（*2）。

こうした困難は、犯罪を戦争と連続的に捉えることに由来すると考えられる。たしかに殺人罪は殺害行為という点で戦争と共通しており、それゆえに殺人は戦争と連続的に語られることがしばしばある。しかし、殺人は決して発生頻度が最も高い犯罪ではない。最も発生頻度が高い犯罪はやはり盗犯であろう。所有権の侵害としての犯罪の筆頭ないし典型は殺人ではなく盗犯なのである。そうであるならば、（ヒュームの場合のように）刑罰論は盗犯を念頭に置きつつ始められるべきではないだろうか。しかるに、犯罪を戦争と連続的に捉えるロックの刑罰論とその流れを汲む一ノ瀬の刑罰論は、共に殺人を犯罪の典型と定めることとなり、殺人罪とそれに対応する刑罰としての死刑から議論を開始しているように見受けられる。というよりも、殺人罪と死刑こそが、ロックと一ノ瀬の刑罰論の主要な関心なのである（＊3）。

一ノ瀬刑罰論における刑罰の核心的意義は賠償であり、その主要な関心は死刑に向けられている。すると一ノ瀬刑罰論は「死刑は賠償か？」という究極の問題に必然的に直面せざるをえない。しかし、刑罰を所有権の喪失や賠償という「所有の語り」によって正当化し説明する試みにとって、死刑は正当化と説明の限界を超えた「刑」である。所有の語りとは所有主体が何かをやりもらいしたり失ったりすることの語りであるのに対し、死刑は所有主体そのものの消滅を意味しているのだから、死刑を所有の語りの枠内で理解することはそもそも不可能なのである。だからこそ一ノ瀬は「死刑不可能論」を説き、あるいは、死刑における「死の所有」の語りの虚構性（死刑とは所有している「死」を差し出して賠償することであるという語りの虚構性）を指摘することになるのである。殺人や殺人に準ずる凶悪な犯罪とそれに対応する死刑を「安全に対する所有権」という概念を導入することで所有の語りのうちに取り込もうとするならば、その帰結は死刑不可能論とならざるをえない。その不可能を可能にしようとするならば、死の所有という虚構を語らざるをえない。

［2］刑罰と労働

以上に見たように、ロックにおいても一ノ瀬においても、所有は「喪失」と「賠償」を介して犯罪と刑罰に結びつくことになるのだが、一ノ瀬はそれに加えて、所有を「労働」を介して刑罰に結びつける議論をも提示している。次にその議論を取り上げることにしよう。

繰り返しになるが、犯罪は被害者の所有権ならびに社会の全成員がもつ安全に対する所有権の侵害である。それゆえ、犯罪者はその侵害に対して賠償しなくてはならず、賠償こそが刑罰の核心的意義である。一ノ瀬の刑罰論ではこのようにいわれる。では、賠償はどのようにして果たされるべきなのだろうか。犯罪者に十分な資力があるならば、金銭によって損害を償うことが可能であろう。つまり、罰金刑である。しかし、現実の刑法はそのようになってはいない。罰金刑で済む犯罪は概ね交通事犯のような「軽度」な犯罪に限られており、それよりも重い犯罪に対しては、多くの場合、実刑として懲役刑が科せられることになる。懲役とは、いうまでもなく、刑務所内での労働である。かくして所有は、「喪失」と「賠償」に加えて「労働」によっても刑罰と結びつけられることになるのである（＊4）。

懲役の刑事政策上の中心的意義として、一般的には社会復帰が挙げられるのだが（それと共に、隔離による無害化も懲役の意義のひとつとされる）、一ノ瀬においてそれは、労働をつうじての賠償――社会の全成員に対する賠償――として意義づけられる。「暴力を制止し侵害者を拘束すると同時に、労働を科しその成果を社会に還元することをも求めること」が懲役の中心的意義とされるのである（一ノ瀬 1997, 313頁）。しかし、両者は対立するものではないであろう。というのも、懲役をつうじて社会に対して賠償を果たすことは社会復帰の第一歩であり最初の条件であると考えることができるからである。受刑者が懲役をつうじて自分は賠償をなしうる人格であるということを証し立てることは、彼が一個の労働主体・所有主体として再び世に出ていくために必要なプロセスであると考えることができる。

ところで、いったんロックや一ノ瀬の議論を離れ、その上で懲役を労働として見た場合、その労働はどのような姿をしているのだろうか。まず、そもそも刑罰とは苦痛や害を科すことなのだから、懲役は楽しいものであるべきではないだろう（とはいえ、一般の労働も概して決して楽しくはないのかもしれないが）。懲役とは苦役なのであり、そのイメージとしては、ロックが例に挙げていた、自分を売ったユダヤ人の苦役がふさわしいのではないだろうか。あるいは、ロックの外に例を求めるならば、たとえばシモーヌ・ヴェイユの工場日記に描かれているような辛い工場労働などが思い浮かぶ。マルクスの「疎外された労働」を思い浮かべてもいいかもしれない。次に、懲役という労働は、罪の重さ、あるいは侵害した所有権の大きさに応じて、「懲役○○年」というように時間によって計られるということが指摘できる。犯罪にはさまざまな形態があり、犯罪によって侵害される権利や法益もそれに応じてさまざまなのだが、それらの違いは最終的には、判決において「懲役○○年」というふうに時間によって通約されることになる。時間によって通約されるという点で、懲役はマルクスの「労働」に似ている（ただし、マルクスは、労働者が雇用主に売るのは労働ではなく労働力だといっているので、正確を期すならば「労働」ではなく「労働力」というべきであろうが）。マルクスによれば、商品の価値の大きさは抽象的人間労働の量によって規定され、その量は社会的必要労働時間によって計られる。つまり、マルクスにおいてもさまざまな労働が時間によって通約されるのである。ロックの例に出てくるユダヤ人も召使も、そしてマルクスの労働者も、みな一様に雇用者に対して自分の時間を売っているのである。

懲役を労働と捉え、その姿をありのままに見るならば、それは苦役であり時間によって計られる労働である。それは、マルクスの労働と同じように、いわば「顔のない労働」である。一ノ瀬が労働主体（＝人格）について語るとき、そこでは、人類保存を命じる自然法に対する理解と配慮が可能で、自力で自らの将来を切り開いていく勤勉なる者がイメージされていると思われるが、そのような人格によって営まれる労働のイメージと時間によって計られる「顔のない労働」のイメージは、ずいぶん懸け離れているように感じられる。そして、懲役の意義とは、労働主体として適格であることを受刑者自らが証し立てていくことに存するとするならば、「顔のない労働」はその意義に適うものとは言い難いように思われるのである。

ところで、一ノ瀬は労働の例として「モデルが微笑むこと」を挙げている。労働が「単なるフィジカルな運動というよりもむしろ、何らかの文化や理想や制度の観念を負荷された、人間の活動の理念的側面を表示している」ことの一例として（一ノ瀬 1997, 245頁）、あるいは、ほぼ同じことだが、労働が「肉体労働のようなものと同一視されがちだが、実は努力・苦労などの概念と連動し、しかも濃密に文脈負荷的である」ことの一例として（一ノ瀬 2011, 96頁）、「モデルが微笑むこと」が例に挙げられるのである。「役者の仕事」もこれに似た例であろう。役者は「まさしく自らの「人格」（ペルソナ）を幾重にも譲渡したり交換したりしながら生活している」ので、人格の譲渡・交換の好例として挙げられているのである（一ノ瀬 1997, 208頁）。これらモデルや役者の労働は、自らの人格（ペルソナ）を売ることなのだから、先の「顔のない労働」に対して、これらを「顔のある労働」と呼ぶことができるだろう。「顔のない労働」が単なる「人手」によって営まれる「労働力」の作用であり、時間で計られるような抽象的な労働であるのに対し、「顔のある労働」は、その極端な例においては、余人をもって代えがたく、時間で計ることと相容れないような労働である（たとえば、「安室奈美恵の紅白出演」）。これら「顔のある労働」は、たしかに日常の意味での「人格」を売ることの好例ではあるのだが、しかし、これもまた、一ノ瀬哲学で論じられる労働、人類保存を命じる自然法に対する理解と配慮を伴った労働の典型的イメージではないであろう。それゆえ、「顔のある労働」を刑罰と結びつけるのも、やはり難しいように感じられる。ひとくちに労働といっても、芸能人のテレビ出演のような余人をもって代えがたい労働もあれば、単に人手が求められるにすぎない労働もあり、また、だれもが憧れるような労働もあれば、だれもが避けたがるような苦役もある。労働の実際の姿はこのように極めて多様である。その事実を目の前にすると、一ノ瀬の所有論・刑罰論にうまく適合しない労働もあるのではないかとの思いを禁じ得ない。

[第4節]「刑罰害悪論」——一ノ瀬刑罰論に対する挑戦の試み

前節では思いつくままに一ノ瀬の刑罰論に対する疑問を提示した。本論の理解では、「刑罰の本質は労働をつうじた賠償である」というのが一ノ瀬刑罰論のテーゼである。それは刑罰を労働による賠償として理解することで、刑罰を所有の語り(労働所有論)の内に収めようとする議論であった。そして、それに対する本論の疑問は、ひとつには、刑罰を賠償と理解することへ、そしてもうひとつは、刑罰を労働と理解することへと向けられていたのであった。刑罰を賠償と理解する過程では「安全に対する万人共通の所有権」という概念が導入される。しかし、これは所有権の原義からは相当に懸け離れてしまっている。そして、刑罰が賠償であるならば、死刑は不可能といわざるをえない。また、刑罰を労働と理解するならば、その労働には、法に対する理解と配慮が伴っていることが求められるであろう(さもなくば、その労働はもはや賠償としての意義をもたず、牛馬の労役と同様の単なる労働力の支出に堕してしまう)。しかるに、現実の刑務作業(=懲役)の姿は、そのような労働とは相当に懸け離れているように思われる。

しかし、これらの本論の疑問は、批判としてはどれも決定的ではない。まず、「刑罰の本質は労働をつうじた賠償である」という一ノ瀬のテーゼは規範的主張なのだから、これに対して死刑制度が維持されている現実や懲役の実態を持ち出したとしても、決定的な反論とはなりえない。また「安全に対する万人共通の所有権」という概念の導入についても、それに対して所有権の原義からの懸隔を指摘するだけでは、やはり決定的な反論とはなりえない。

では、何が有効な反論となりうるのだろうか。それはやはり、一ノ瀬のテーゼを真っ向から否定すること、すなわち「刑罰の本質は労働でもなければ賠償でもない」と主張することでしかないだろう。刑罰論を所有論の枠内に収めようとする一ノ瀬の試み自体を否定することだけが有効な反論となりうる。刑罰の本質が労働をつうじた賠償ではないとしたら、では、その本質とは何なのか？　何が一ノ瀬刑罰論に対するアンチテーゼとなりうるのか？

刑罰の本質を賠償と理解する一ノ瀬刑罰論にとって、その説得力の最大の源泉は、やはり「刑罰とは罪を償うことである」という素朴な信念であろう。この信念は漠然としているかもしれないが、しかしわれわれの多くが抱いている信念であるといってよい。だが、それと共に、われわれは「刑罰とは辛く苦しいものである」とも考えている。これもまた、素朴だが多くの人々が抱いている信念である。一ノ瀬の刑罰賠償論に対抗しうる刑罰論を求めるならば、それは、このもうひとつの信念に訴える刑罰論、すなわち刑罰の本質をその苦痛・害悪に見いだす「刑罰害悪論」でしかないだろう。刑罰が辛く苦しいものであることは一ノ瀬においても無論、当然の前提ではあるだろう(＊5)。だが、筆者の印象では、一ノ瀬は刑罰が苦痛・害悪であることに正面から積極的に向き合ってはいないように思われる。

刑罰は苦痛・害悪でなくてはならない。これは多くの人々が抱く強力な信念である。しかし、刑罰は単なる害悪ではなく、犯罪という害悪に対する応報として科せられる害悪である。よってそれは当然、犯罪における害悪と見合っていなければならない。しかし、刑罰害悪論の力点は応報の観念にあるのではない。応報の観念ならば、一ノ瀬刑罰論の「所有権侵害とそれに見合った所有権喪失」という部分にも含まれている。力点はむしろやはり「害悪」にこそある。刑罰の本質的意義ないし目的は、犯罪者に害悪を加えることにこそ存するのである。そして、そのことは、故意に他者に害を加えた者に対する報いはそれに見合った害でなくてはならないという強力な信念（その最も素朴な形態は同害報復である）によって、あるいはより精確には、犯罪は不正な加害行為であり、その不正は加害者に害を与えることで匡されねばならないという正義の観念によって支えられている。刑罰の害悪が予防や威嚇や矯正などの善なる目的に資するかどうかは、刑罰の本質から外れた経験的な問題にすぎない。よって、正義の回復以外の目的に訴える刑罰正当化論は完全な成功を収めることができない。

刑罰害悪論が説くように、刑罰の本質的意義がひとえに犯罪者に害を加えることに存するのであるならば、刑罰は残酷であろう。実際、刑罰は残酷である。その残酷さは犯罪という加害行為の残酷さの反映であり、刑罰の本質に属する。刑罰害悪論は刑罰が残酷であることを認める。しかし、刑罰害悪論は、刑罰は残酷で人道に反しているからやめるべきだという主張を拒否するものではないだろう。刑罰による正義の回復は他の全ての要求を凌駕する絶対的な要求であるという主張は(＊6)、おそらく行き過ぎた主張である。人道的考慮からの要求を容れて刑罰を減免することを刑罰害悪論は否定しない。それどころか、刑罰害悪論はむしろ、刑罰の害悪性・残酷性を正面から認め、それを強調することで、そのような残酷な刑罰からの離脱を主張し、それに代えて賠償や当事者間の和解の促進を志向する損害賠償アプローチや修復的司法への道を開くものですらありうるかもしれない(＊7)。筆者は刑罰害悪論を一ノ瀬の刑罰賠償論に対するアンチテーゼとして導入したのだが、それは一ノ瀬が犯罪被害者への賠償を重視することまでも否定するものではない。

一ノ瀬の刑罰論になお足りない点があるとすれば、それは刑罰の残酷さからの議論の提示である(先に「一ノ瀬は刑罰が苦痛・害悪であることに正面から積極的に向き合ってはいない」といったのは、この意味においてである)。筆者が刑罰害悪論を導入する眼目は、一ノ瀬刑罰論におけるこの不足を露わにすることにある。刑罰の残酷性は死刑において頂点に達する。一ノ瀬が死刑を「残虐な刑罰」(日本国憲法第36条)と捉えており、死刑の廃止を望んでいることは、その死刑論を一読すれば明白である。一ノ瀬の死刑不可能論は、明らかに死刑廃止への希望によって動機づけられている。しかし一ノ瀬は「死刑は残虐だから廃止すべきである」とは決していわない。残虐かどうかを判定する客観的基準が存在しない以上、それは当然であろう。しかし、本心では死刑廃止を望む者が、死刑の廃止ではなく、あえてその概念的不可能を説くのは、たとえその議論がどれほど洗練されていて、かつ日本の法体系の観点から整合的であったとしても、隔靴掻痒の感を禁じ得ない。死刑制度の存置が廃止かが問われている重大な場面で、どちらでもない死刑不可能を主張することは、遠慮なくいえば「ずるい」という気さえする。この重大な場面では、突きつけられた杯は干さねばならないのではないだろうか。ちなみに、刑罰害悪論では死刑はもはや不可能ではない。死刑は殺人の害悪に応じた害悪として刑罰害悪論の内に収めることができる(＊8)。もっとも、刑罰害悪論は「死刑は害悪であり残酷である」ということを認めるだけであり、それはその先の「しかし存置すべきである」と「だから廃止すべきである」のどちらとも両立しうるのだから、これはこれでやはり「ずるい」ということになるだろう。とはいえ、刑罰害悪論を採るならば、残虐な刑罰を厳禁する法体系の下では、それに従って死刑廃止論の方にはっきりと軍配を上げることができる。

おわりに

紙面が尽きてきた。慌ただしく締め括りに入ろう。筆者が導入した刑罰害悪論は、容易に気付かれることだが、害悪を所有権の侵害と読み替えることで、直ちに所有の語りに取り込まれ、刑罰賠償論へと転じる。よって両者の違いは多分に語り方の違いに帰せられる。所有の語りに依って死刑は不可能というか、それとも死刑は残虐だから廃止せよというか。「残虐」という語の曖昧性・不確定性を回避したいならば、前者が選ばれるべきであろう。しかし「所有」とて、曖昧性・不確定性を逃れてはいないだろう。所有の曖昧性・不確定性については、一ノ瀬自身その問題性を強く意識しており、所有対象の広がり(何がどこまで所有対象となりうるのか)に関して、その広がりを止める境界線を引くことの難しさに言及している。加えて、「もし所有物を、所有しているといえるかと問われたときのイエスと答えるまでの反応時間」を考慮に入れるならば、それによって所有概念に関しても「もしかしたら「ソライティーズ・パラドックス」さえ発生するかもしれません」とも述べている（＊9）。

本論冒頭で述べたように、法の存在意義は社会の安定にこそ存するのであるから、その安定にとって有害な曖昧性や不確実性は、法の制定や運用から極力排されるべきである。しかしながら、法が言語によって記され、言語によって運用される以上、言語につきまとう曖昧性・不確実性から法は完全に逃れることはできない。であるならば、法の制定や運用について真摯かつ徹底的に考察する者が、やがてこの「法における曖昧性」の問題へと逢着するのは、むしろ必然であるというべきであろう（＊10）。よって、一ノ瀬による所有や刑罰や死刑をめぐる考察が曖昧性・不確定性の問題と出会うのもまた必然であったといわねばならない。

◉注

＊1　「抑止」の解釈について：ロックは「万人の刑罰権」を説く中で、抑止について次のように述べている。「①全ての人は……人類全体を保全するためにもっている権利によって、有害な事物を抑止し、また必要ならば殺すことができ、こうして、だれであれその［自然］法を侵犯した者に害を与え、②彼にその侵犯の行為を後悔させ、それによって、同様の害をなすことを彼に思いとどまらせ、彼の前例によって彼以外の他者をも思いとどまらせることができる。」（『統治論』第8節・傍点は筆者による）

傍点部②の記述から、ロックにおいて、刑罰の目的としての抑止とは、いわゆる特別予防と一般予防を意味していると筆者は解釈する。それに対し一ノ瀬は、傍点部①の記述から、抑止（一ノ瀬の訳では「制止」）とは「基本的には、現になされている侵害行為を制止する」ことであると解釈する。それによると、「制止権は、原理的には、緊急的に出現する一時的な権利」であり、「そうした緊急的な制止が遂行され、現実の暴力が止むならば、賠償権という実質的な刑罰権が発動される」ことになる（一ノ瀬 1997，311‐312頁）。

＊2　さらなる疑問：一ノ瀬において、「抑止」（一ノ瀬の用語法では「制止」）は本来「現実の暴力」をストップすることなのだが、それだけでなく、禁固刑や懲役刑における「隔離」も一種の制止—放っておけば再び暴力を行使する蓋然性

の高い犯罪者の制止―として理解されうる。粗暴で危険な者こそが制止の対象者となるのである。それに対し、社会に対する賠償としての制止においては、対象者は賠償可能な存在である。抑止の対象者のこれら二つの異なる姿をひとつに重ねるのは容易ではないように思われる。

＊3　ロック刑罰論では死刑こそが主要な関心事であるということは、彼が「自然状態における万人の刑罰権」を語る箇所での「自然状態において全ての人は殺人犯を殺す権利をもっている」（『統治論』第11節）という発言から窺い知ることができる。また、『統治論』第3節では、政治権力が「所有権の規制と保全のために、死刑とそれ以下の刑罰を含む法をつくる権利」と定義されるのだが、ここでも刑罰の筆頭に死刑が置かれている。この箇所からも、ロック刑罰論における主要な関心は死刑であると推察することができる。一ノ瀬刑罰論においても死刑こそが主要な関心事となっている。一ノ瀬の死刑論については、一ノ瀬 1997, 320－333頁、一ノ瀬 2011, 第1章「死刑不可能論」、Ichinose 2017 を参照されたい。

＊4　「懲役」という語について：日本の刑罰制度は、刑務作業を伴う拘禁である懲役を、刑務作業を伴わない禁固や拘留と区別している。これに対し、諸外国においては、作業義務の有無による自由刑の種別化を採用しない例が少なくない（自由刑単一化）。しかし、自由刑を単一化しているそれら諸国においても、懲役と同様に、受刑者に作業義務を科している場合が多い。本論では（そして一ノ瀬の刑罰論においても）「懲役」を、日本の懲役刑だけでなく、作業義務を伴う刑罰全般を指示する語として用いている。よって、「懲役」の語の使用によって、日本に特殊な刑罰制度を背景とする特殊な議論を意図しているわけでは決してない。

＊5　労働や賠償の遂行にも苦痛は伴うであろうから、その点で刑罰が害悪であることを一ノ瀬刑罰論は否定しないであろう。しかし、その苦痛は労働や賠償の本質を構成するものではない。

＊6　そのような主張の一例として、カント『人倫の形而上学』第1部§E Ⅰ第2段落（カント 1979, 473－474頁）を参照されたい。

＊7　修復的司法は、犯罪が法益侵害であることよりも、むしろそれが害悪であることにフォーカスする議論である。害悪へのフォーカスという点で、刑罰（とそれに対応する犯罪）の害悪性を強調する刑罰害悪論は、修復的司法と親和的である（もしかしたら、犯罪の所有権侵害の側面を強調する刑罰賠償論よりも親和的である）といえるのかもしれない。しかしこれを見定めるには本格的な検討が必要である。よってこれは今のところ単なる印象論にすぎない。

＊8　しかし、死という害悪の経験不可能性を説くエピクロスの「死無害説」（一ノ瀬 2011, 199－203頁）を援用するならば、

刑罰害悪論のもとでも、やはり死刑は不可能だと論駁することが可能だろう。だが「死は経験不可能なのだから恐れるに足りない」といわれて死の恐怖から解放される者がいるとは筆者には到底思えない。

＊9　一ノ瀬のこれらの発言は、２０１７年12月に東京大学で開催されたワークショップ「因果・動物・所有：一ノ瀬哲学をめぐる対話」での一ノ瀬の所有論・刑罰論に関する筆者の発表（本論の基となった発表）に対するコメントの中でのものである。

＊10　「法における曖昧性」に関する代表的な論考としては、Endicott 2000 が挙げられる。

◉文献表

一ノ瀬正樹 1997『人格知識論の生成—ジョン・ロックの瞬間』東京大学出版会。

一ノ瀬正樹 2011『死の所有　死刑・殺人・動物利用に向き合う哲学』東京大学出版会。

一ノ瀬正樹 2011『確率と曖昧性の哲学』岩波書店。

Ichinose, Masaki. 2017. 'The Death Penalty Debate: Four Problems and New Philosophical Perspectives.' *Journal of Practical Ethics*, 5(1): 53-80.

ロック、ジョン 2007『ロック 統治論』宮川透（訳）、中央公論新社。（『統治論』第二論文の翻訳であり、一ノ瀬の解説論文「ジョン・ロックと「所有すること」の謎」が併せて収められている。）

ヘーゲル、G. W. F. 2001『ヘーゲル 法の哲学 Ⅰ・Ⅱ』藤野渉・赤沢正敏（訳）、中央公論新社。

ヒューム、デイヴィッド 2012『人間本性論　第3巻　道徳について』伊勢俊彦・石川徹・中釜浩一（訳）、法政大学出版局。

カント、イマニュエル 1979『世界の名著 39　カント』野田又男（編）、中央公論社。

Endicott, Timothy 2000, *Vagueness in Law*, Oxford U. P.

［第十三章］

動物たちの叫びに応答すること

一ノ瀬倫理学の方法論について

大谷 弘——東京女子大学

[第1節] はじめに

野矢茂樹編の『子供の難問―哲学者の先生、教えてください！』という本は、日本を代表する哲学者たちが小学生向けに「哲学的」問題に答えるという企画を本にしたものである。この本の「人間は動物の中で特別なの？」という問いを扱った回には、一ノ瀬正樹と伊勢田哲治が回答を寄せている。伊勢田の回答を先に見てみよう。伊勢田はまずこの問いを以下のように整理しなおす。

> 人間が今の社会で特別扱いされているのは間違いない。「人権」が認められるのは人間だけだ。人権には、生きる権利、思ったことを表現する権利、政治に参加する権利など、いろいろなものが含まれるけれども、人間以外のものはこの権利を持たないとされている。この意味で人間は特別だ。でもこの答えは質問にちゃんと答えていない。「人間は特別なの？」っていう質問は、実際に特別扱いされているかどうかが聞きたいのではなく、その特別扱いにちゃんとした根拠があるかどうか知りたいのだろう。(伊勢田 2013, 52頁)

伊勢田が問いとして掲げているのは、人間にのみ権利を認めている現行の社会の実践を正当化する一般的な根拠があるのかという問いである。伊勢田はそのような根拠の候補として、進化論、人間の持つ言語能力、尊厳の観念などを検討し、これらはそのような根拠とはならないだろうと論じている(伊勢田 2013, 52－54頁)。

これに対し一ノ瀬は、人間は自分たちは知性を持っている点で特別にすぐれている、人間は「万物の霊長」である、というように自分たちの価値基準に基づいて言うけれども果たしてそうだろうかと疑問を呈する（一ノ瀬 2013, 49－50頁）。そして続けて以下のように言う。

それどころか、人間のしてきたことを振り返ると（戦争、環境破壊など）、動物の方が道徳的に優れているとさえ思いたくなる。そのときそのときをシンプルに生き、いさぎよく死んでいく。「高潔」という言葉で表現したくなる、動物たちの生き方。こういう視点から、動物もそれぞれ特別な、尊重されるべき価値を持っていると考える哲学者たちもいる。

そういう哲学者は、「動物のお肉を食べる」という、ごくふつうの行為にさえ疑問を投げかける。それは道徳に反するのではないか、と。なぜなら、動物のお肉を食べるためには、私たち人間が動物を殺さなければならないからだ。日本人はあまりそうは考えないけれど、「食べる」ことは実は道徳に深く関わっていると考えられている。いろいろと議論はあるけれど、少なくとも、人間は「万物の霊長」というのは、もしかしたら相当に手前勝手な言い分かもしれない、と想像するのは、ものを深く考えるためのよいきっかけになるかもね。（二ノ瀬 2013, 50 – 51頁）

この二つの文章はそれぞれ三ページの短い文章であり、二人の哲学者が動物をめぐる倫理学のコアと考える事柄のみに触れていると考えることができる。そしてそのために、これらの文章は、この二人の哲学者の倫理学へのアプローチの違いを鮮やかに示すものだと言うことができる。

伊勢田のアプローチは、通常の（メインストリームの）分析哲学者のアプローチだと言うことができる。このアプローチを大雑把に特徴づけるならば、我々の倫理的実践や主張を支える一般的な根拠を検討するというものである（＊1）。すなわち、伊勢田は「権利を人間に限定するという実践を正当化する一般的な根拠は存在するのか」と問い、人間が他の動物と比べて高度に進化した種に属するということ、人間が高度な言語能力を持つことといった考慮は、そのような根拠となりえないと論じるのである。（＊2）

これに対して、先の文章において一ノ瀬は「一般的な根拠を示して我々の実践を正当化できるかどうか」という問いに興味を示していない。少なくとも、一ノ瀬にとってその問いは動物に関わる倫理学のコアにある問いではないのである。一ノ瀬が行うのは、動物たちに目を向けるよう促すことである。「人間が特別だなんていう感覚は思い込みかもしれない。ほら、動物たちの生き方を見てごらん」というわけである。

この促しこそが、一ノ瀬倫理学のコアにある。すなわち、一般的な考慮のみに依拠するのではなく、いわば我々の想像力に訴え、我々の物の見方の転換を促すことが、一ノ瀬倫理学の本質なのである。以下では、動物たちにパーソン性を認めるべきであるという一ノ瀬の主張を題材として、この点を示すことを試みる。本章の主張は、一ノ瀬倫理学の意義は動物たちの叫びに応答することを通して、我々の物の見方の転換を促すという倫理学の可能性を示しているという点にある、というものである。

以下、まず一ノ瀬の議論のアウトラインを示す（2節）。次に、一ノ瀬の議論を通常の分析哲学的なアプローチに基づく議論と見なした場合には、解釈上の問題が生じるということを確認する（3節）。そのうえで、一ノ瀬の議論が動物たちの叫びに応答することで、我々の物の見方を転換させるという方法に基づくとする読み方を提起し（4節）、この読み方を一ノ瀬の著作により裏付ける（5節）。最後に、結論として一ノ瀬倫理学の意義を論じる（6節）。

［第2節］パーソンとしての動物――一ノ瀬の議論のアウトライン

まずは動物たちに対し高いパーソン性を認めるべきであるという一ノ瀬の議論の大枠を見ていくことにしよう。ここでは大枠を示すことが目的なので、一ノ瀬の論述の順番にこだわらず、議論を再構成することとする。一ノ瀬の主張はまず、「①典型的な人間は声を上げるという能力に基づき、十全なパーソン性を帰属される」という主張から始めることができる。一ノ瀬は、この主張に基づき、通常「人格」と訳される'person'という語は「声主（こえぬし）」という訳語を当てられるべきだと提案している（一ノ瀬 2011a, 304－306頁）。すなわち、通常の能力を示す普通の大人が持つ「声を上げる」という性質こそが、パーソンをパーソンたらしめている性質なのだというのである。

次に一ノ瀬は、②パーソン性は0か1かで判定されるものではなく、度合いを持つ」とする。一ノ瀬によると、我々は現にパーソン性を度合いを持つものとして理解している。環境破壊を問題とする際に植物や河川などの自然物なども「うっすらと（一ノ瀬 2011a, 310頁）」尊厳性や生命性を持つ存在として表象されうる。また、裁判などの際に精神障害者、心身喪失者、心身耗弱者などは責任能力を割り引くということが行われている。そして、これらの事態は、我々が、一定のパーソン性を持つ主体として、それらの存在者を理解しているということを示している。このように一ノ瀬は考える（一ノ瀬 2011a, 310－311頁）。

では、存在者のパーソン度とはどのようにして決定されるのであろうか。一ノ瀬の提案は以下のようなものである。

まず特定の典型的な「苦痛」、たとえば針を突き刺すときの苦痛、に焦点を絞った上で（これ自体が動物実験になるので、典型的といってもすぐに回復可能なものに限る）、第一に、人間がその苦痛を感じるときの自然な「声」的あるいは「音」的反応を、身体の震えとか血流の変化とかの生理的状態に注目して量化し、それをいわば完全なパーソン性の基準として、人間以外の動物たちにも適用し、測定する。しかし、これだけだと、動物のパーソン性を実証科学にのみ委ねるという道筋に陥り、実証科学の成果に応じて基準が右往左往することになりかねない。そこで、第二段階として、そうした生理的状態に注目して量化され測定された数値を踏まえた上で、動物学や生命科学の専門家や一般の人々などの複数の人々が、当該の動物たちの「苦痛」訴え能力に対して、人間のその能力を1とした場合、それと同じ能力をどのくらいの確率で有しているといえるか、という主観確率をあてがい、医療的意思決定で利用されるような「デルファイ法」(the Delphi method) を援用して、一度皆であてがった確率を匿名状態で相互に見た上で、さらにふたたび主観確率をあてがう。かてて加えて、生理学的な知見が刷新され、新しい捉え方や情報が提起されたときには、それ以前のパーソン度に対して「ベイズ的条件付け」を適用して、パーソン度の改定を行う。(一ノ瀬 2011a, 312頁)

ようするに、典型的な人間の苦痛への反応を基準として、関連する科学的知見を提供された複数の人々があてがう主観確率をベイズ的条件付けにより改定していくことで、パーソン度を決定するということである。ここで一ノ瀬は、「当該の動物たちの「苦痛」訴え能力に対して、人間のその能力を1とした場合、それと同じ能力をどのくらいの確率で有しているといえるか、という主観確率をあてがい」と述べており、典型的な人間と「同じ能力を持つ確率」を問題としているが、これはむしろ、類似性を測定していると考えるべきであろう。というのも、典型的な人間と同一の苦痛を示す能力を持つ確率という、認識論的な確率が問題なのであれば、それがパーソン度を割り引く理由となるのは不適切だと思われるからである。ある動物が人間と同じ苦痛を示しているかどうかを100%確信できないということは、我々の認識の問題であり、その動物のパーソン性に何か不足があるということを示すものだと考えるのは不適切であろう。従って、ここでの一ノ瀬の主張は、「③典型的な人間が示す、声を上げるという能力と類似の能力を示す程度に応じて主体のパーソン度は決定される」という主張として要約することができるであろう。

そして、一ノ瀬は「④多くの動物は典型的な人間が持つ声を上げる能力と非常に高い程度で類似した能力を持つ」と考え、そこから結論として「⑤多くの動物は高いパーソン性を持つ」ことを認めるべきだと主張する。

「声」や「音」を発するという性質はほとんどすべての動物に帰属することができる。そもそもこの論考自体「動物たちの叫び」に触発され突き動かされて成ってきたのであった。こうした「叫び」はまさしく「personare」であり、よって、これまでの議論に沿うならば、動物たちは文字通り現実的かつリアルに「パーソン」すなわち「声主」であると、つまりは道徳的主体であると、そう見なすことができる。(一ノ瀬 2011a, 307頁)

このようにして、一ノ瀬は「動物たちの叫び」が動物たちに高いパーソン性を認める根拠となると論じる。一ノ瀬の議論の大枠が以上のようなものだとして、⑤の結論を導く、①~④の主張を支える論証はどのようなものであろうか。ここでは一ノ瀬倫理学を標準的なメインストリームの分析哲学の論証により構成されたものと見る読み方—「標準的な読み」と呼ぶこととする—と本章において提示する読み方の対比を明らかにするために、「①典型的な人間は声を上げるという能力に基づき、十全なパーソン性を帰属される」という主張を支持する論証に注目することとする。主張①を支持する論証としては、以下の三つを取り出すことができる。

[A]語源に基づく論証

一ノ瀬は「パーソン」という語がラテン語の‘persona’に由来し、その「仮面、マスク、役割」という意味、そして更には‘persona’を命令形として持つ‘personare’という語と深く関わるということに注目する。そして、‘personare’は声を上げるという意味を持つ動詞であることと、また音楽などにおいて「仮面」「マスク」が拡声器のようなものとして捉えられ、声を出すことと深く関わっている、ということから、「パーソン」という語もまた声を上げる者という意味を継承していると論じる（一ノ瀬 2011a, 302−304頁）。

［B］ロックに基づく論証

一ノ瀬は近代的なパーソン概念を規定したジョン・ロックの議論に注目する。ロックはパーソンの同一性を‘consciousness’に求める議論を展開したことで有名であるが（Locke 1975, 2. 27. 9（＊3））、一ノ瀬はこの‘consciousness’を意識として解釈する通常の解釈に反対し、それを「共有知識」として捉える解釈を提示する。そしてそのうえで、パーソンとは声を出し合い、共有知識を形成していく存在者であるとする。

しかるに、もしこのように「パーソン」の根拠となる「consciousness」が「共有知識」であるとするならば、それは「声主」としての「パーソン」という捉え方と親和してゆくだろう。なぜならば、「共有知識」を形成するためには私たちは相互に「声」を掛けて認識し合い、確認し合っていかなければならないからである。実際、ロックの議論でも、「パーソン」の根拠は「consciousness」にあるとされながらも、「パーソン」とは「法廷用語」であるとされる（Locke 1975, Book 2, Chapter 27, Section 26）。つまりは、ある者が「パーソン」かどうかは、法廷の審議のなかで規範的な合意を得て確定するということ、換言するならば、当人の「声」（言い分）を聞きながら、裁判官など、当人以外の複数の他者も「声」を出し合いながら審議して、当人に「consciousness」があったということがそれらの他者たちに「共有知識」となることによって当人のパーソン性が確定すること、こうしたことを意味している。近世以来の「パーソン」概念もやはり「声主」という主体性を指し示していたのである。（一ノ瀬 2011a, 305−306頁）

すなわち、一ノ瀬によると、語源のみならず近代的なパーソン概念の始点に位置するロックの議論においてもパーソンとは声を上げる者として理解されているというのである。(*4)

[C]カントに基づく論証

一ノ瀬はまた、近代のパーソン概念を考える上で重要となる、カントの「パーソン(Person)」という語の用法も声を上げる者としてパーソンを理解する方向を支持すると論じる。一ノ瀬は自由と責任の主体としてパーソンを捉える『人倫の形而上学』の一節を引き、カントのパーソン概念を自由と責任が帰せられる道徳的主体としておさえる(一ノ瀬 2011a, 285-286頁)。そして、このカント的なパーソン理解も声を上げる者としてのパーソンという考えを支持すると論じる。

加えていえば、先に触れた、「自由な責任主体」としての「パーソン」というカント的「パーソン」概念に対しても、「声主」という捉え方は見事に調和する。ここでの「自由」は、7節で論じたように、自由に行為する「権利」を当然ながら含意する。しかるに、「権利」の根拠は何か。繰り返し述べてきたように、「権利」は、水素原子や酸素原子などの自然物のように端的に存在するものではなく、主張し訴えることによって生成するものである。つまり「声を上げる」ことによって生成してくる。この点で、自由な権利主体である「パーソン」が「声主」と捉えられるのはまことに自然な理解である。つまり、「権利」は「パーソン」概念の一つの展開形として、その外延に組み込まれうるということである。また、「責任」とは「応答当為性」(responsibility)のことであり、それゆえ責任主体は「応答」する者、するべき者でなければならない。つまり、「声を上げて」応える者でなければならない。まさしく文字通り責任主体は「声主」でなければならないのである。(一ノ瀬 2011a, 306頁)

すなわち、一ノ瀬によれば、カントにおいてもパーソンとは声を上げる者として把握されており、典型的な人間にパーソン性を帰属する根拠を声を上げる能力に求めることはカント的なパーソン概念の把握によっても支持されるというのである。

要約すると、一ノ瀬は「①典型的な人間は声を上げるという能力に基づき、十全なパーソン性を帰属される」という主張を以下の三つの論証に基づき論じているということになる。

・論証［A］

［i］「パーソン」という語が用いられていた起源となる概念空間において、典型的な人間は声を上げるという能力に基づき、十全なパーソン性を帰属される。

［ii］現代において、典型的な人間に対するパーソン性の帰属は、その起源となる概念空間と同じ仕方で行われる。

∴［iii］現代において、典型的な人間は声を上げるという能力に基づき、十全なパーソン性を帰属される。

・論証［B］／［C］

［i］ロック哲学／カント哲学において、典型的な人間は声を上げるという能力に基づき、十全なパーソン性を帰属される、とされている。

［ii］ロック哲学／カント哲学のパーソン理解は近代以降のパーソン概念の標準を与える。

∴［iii］近代以降のパーソン概念の標準に従うと、典型的な人間は声を上げるという能力に基づき、十全なパーソン性を帰属される。

［iv］現代における「パーソン」という語の使用は、近代以降のパーソン概念の標準に従っている。

∴［v］現代において、典型的な人間は声を上げるという能力に基づき、十全なパーソン性を帰属される。

［第3節］標準的な読みとその問題点

ここで標準的な読みに従った場合、これらの論証はどのように理解されることになるか考えてみよう。標準的な読みとは、一ノ瀬倫理学に道徳的主張を正当化する一般的な論証を探す読み方であった。従って、標準的な読み方に従うと、一ノ瀬の議論のポイントは、この［A］-［C］のような形式の論証を与えることに尽きるということになる。すなわち、このような論証のステップを踏んでいくことで、もしそれらのステップが妥当であれば、誰でも結論へと辿り着けるような論証を与えることが一ノ瀬倫理学のポイントであるとされるのである。いわば、「理性のエスカレーター (Singer 2011b, p.88)」に乗せて、読者を結論まで運ぶことを一ノ瀬倫理学は目指していると考えられるのである。

さて、標準的な読みに従って、一ノ瀬の議論のポイントが上のような論証を与えることに尽きると考えると二つの問題が生じる。第一の問題は、このように再構成した場合、これらの論証はあまりに弱いということである。すなわち、これらの論証および②〜④の主張から「⑤多くの動物は高いパーソン性を持つ」というような我々の社会の共通理解を覆すような強力な結論を導けるとなぜ信じられるのか疑問に思えてしまうのである。

［A］の論証を検討してみよう。標準的な読みに従うならば、一ノ瀬は［ii］のような主張にコミットし

ているということとなる。だが、「パーソン」がその起源となる概念空間において声を上げる者として理解されていたということを認めるとしても、近代以降もその概念空間が保存されていると考える必然性はないであろう。従って、［ii］の主張は疑わしく、標準的な読みにより再構成された論証［A］はかなり疑わしい論証だと考えざるをえないのである。

次にロックに基づく論証［B］を検討してみよう。ここでは一ノ瀬のロック理解が正しいとして議論を進めることにする。すると問題は、一ノ瀬の提示するロック的なパーソン理解は、むしろ、動物をパーソンと呼ぶことを支持しないように思われるということにある。

先に見たように、一ノ瀬はパーソンを「法廷用語」だとするロックの主張を重視し、法廷において声を上げるという行為に、パーソン性の典型を見ている。だが、法廷で声を上げるとは何をすることだろうか。この点について一ノ瀬はロックの『統治論』に依拠しつつ、次のように論じる。

こうした「声主」としての「パーソン」理解は、ロックの規定する「パーソン」と通底する。ロックの「パーソン」は、他者との相互関係の中で、他者を前提する中で、いわば他者との反響のし合いの中で、生成してくるものだからである。しかも、『統治論』の中での所有権の基点としての「パーソン」は、他者を考慮しつつ、労働・努力によって何かを獲得していく存在者である。所有権が、物質存在とは異なる、イデアールな身分のものとして確立されてくるものである以上、それは言葉や声を通じて、努力して懸命に「主張する」ことによって生成してくると考えられる。ならば、そうした「パーソン」を「声主」と捉え返すのは自然だろう。（一ノ瀬 2015b, 65頁）

すなわち、一ノ瀬によると、法廷において声を上げることとは、「主張」という努力をすることにより、

権利獲得を目指すことなのである。(＊5)

だが、「主張」は単に叫ぶことと異なり、独自の規範に支配されている。特に法廷において何かを主張する際には、自分の主張が正しいということについて、何らかの理由を示す用意がなければならないはずである。例えば、一ノ瀬が言及している所有権を主張する場面を考えたとしても、法廷では単に「それは私のものだ！」と叫ぶだけでなく、自己の所有権を証明する何らかの証拠を提示することが求められるはずである。

従って、一ノ瀬の解釈に従った場合、ロック的なパーソンとは、自分の主張を正当化する理由を持つ者、すなわち理性的存在者として理解されることになるように思われるのである。そしてそうであるならば、ロック的な論証から「④多くの動物は典型的な人間が持つ声を上げる能力と非常に高い程度で類似した能力を持つ」という主張を経由して、「⑤多くの動物は高いパーソン性を持つ」という結論に至ることはできないように思われる。というのも、多くの動物たちは理由による正当化を行うというような高度なコミュニケーション実践には参加できず、典型的な人間と「声を上げる能力」という点において非常に異なっているように思われるのである。(＊6)

カント的なパーソン概念に依拠する論証[C]についても同様のことが言える。一ノ瀬も引いているが(一ノ瀬 2011a, 286頁)、カントは『人倫の形而上学の基礎付け』において、存在者をパーソン(Person)と物件(Sache)に区分する。

その現存が我々の意志にではなく、自然に基づく存在者は、その存在者が理性を欠く存在者であるときにも、手段として相対的価値のみは持ち、そのため、物件(Sachen)と呼ばれる。これに対して、理性的存在者(vernünftige Wesen)はパーソン(Personen)と呼ばれる。これは、理性的存在者の本性が、すでに理性的存在者を目的自体として、すなわち単なる手段として用いてはならないものとして際立たせ（auszeichnen）、それゆえその限りですべての随意を制限する（そして尊敬の対象となる）からである。（Kant 1999, 428）（＊7）

ここでカントは「パーソン—理性的存在者—目的自体」／「物件—非理性的存在者—手段として利用可能」という区分を導入している。重要なのは、カントがパーソンを理性的存在者と重ねていることである。「理性的」であることを何か形而上学的な仕方で特徴づけることを避けるのであれば、ここでのカントの主張は、パーソンは、自己の選択をそれが自己の選択である限りで尊重することを要求するような理由による正当化の実践に関わっている限りでパーソンであるということであろう（cf. Korsgaard 2013, p.636）。

そのように解釈したとき、カントにおける「パーソン」を「声を上げる者」として理解することは不可能ではない。しかし、その内実は自分の選択を尊重するように要求する際に、その理由を述べるということにある。すなわち、カントの枠組みにおいても「声を上げる」ことは、自分の選択の妥当性を他者に対して正当化する理由を示すことなのである。だがそうだとすると、「④多くの動物は典型的な人間が持つ声を上げる能力と非常に高い程度で類似した能力を持つ」という主張はむしろ否定されるように思われる。というのも、「自分の選択を正当化する理由を述べる能力」と多くの動物が示す「声を上げる能力」はかなり異なったものだと感じられるからである。（＊8）

以上のように、標準的な読みに従って、一ノ瀬の議論が［A］－［C］のような論証に尽きると考えるならば、その議論はあまりに弱いものと見えてしまう。これが標準的な読みの第一の問題である。次に第二の問題を見てみよう。第二の問題は、一ノ瀬が動物の倫理において、パーソンという概念にこだわる理由が必ずしも明らかにならないというものである。確かに、パーソンは一ノ瀬哲学のキーワードであり、道徳的主体、認識主体としてパーソンは一ノ瀬の理論哲学、実践哲学における考察の中心に位置する。しかし、動物の倫理において、動物たちを「パーソン」と呼ぶことの緊急性はどこにあるのだろうか。先に見たように、一ノ瀬は動物たちのパーソン性を測定する方法を提案する際に、苦痛の訴えを問題としている。だが、単に動物たちの苦痛を道徳的配慮の対象とすべきだということを主張したいのであれば、動物たちを「パーソン」と呼ぶことは必ずしも必要ではない。実際、動物の苦痛に重大な関心を示す論者たちの多くは、動物たちがパーソンと呼ばれうるかどうかと、動物たちが道徳的配慮の対象となるべきかどうかという問いを切り離して考えている。

たとえパーソンと非パーソンの間に道徳的に重要な区別が存在するとしても、パーソンは他を絶して、圧倒的に高い道徳的地位を持つという主張は擁護不可能である。感覚を持つ動物たちは、自身の利益(welfare)を持つということにより、重要な道徳的地位を持つ。彼らは単なる、あるいは本来的にも、我々が使う道具、我々を楽しませる慰み物などではないのである。パーソン性が道徳的重要性を持つと示されたとしても、感覚を持つことの方がはるかに根本的で重要なのである。(DeGrazia, 2006, p.49)

［動物は法的にはパーソンに分類されうるという立場］に対して、私は［パーソンと所有物という］法的二分法を受け入れるべきかどうかを問題としたい。人間以外の動物たちは、人間とも無機的な物とも異なる規範的カテゴリーに属すると考えることは、単純な常識であるように思われるのである。(Korsgaard, 2013, p.630)

これらの論者たちが考えるように、動物たちの苦痛が問題なのであれば、動物たちはパーソンであるという主張を経由せずに、動物たちが道徳的配慮の対象となるべきだと主張する方が、理論的負荷も少なく、また自然な道であるようにも思われるのである（*9）。だが、そうだとすると、一ノ瀬が動物たちにパーソン性を帰属することにこだわる理由は何なのであろうか。この点は標準的な読み方をしている限り、明らかにならないのである。

［第4節］類似性が存在しないと思われるところに類似性を見て取ること

標準的な読み方に問題があることを確認した上で、本章で提示する読み方は、一ノ瀬倫理学のコアは我々の想像力を刺激することで、まったく違うと思われるもの同士の間に類似性を見て取るように促すというところにある、というものである。すなわち、一ノ瀬は単に一般的考慮に基づき、「⑤多くの動物は高いパーソン性を持つ」という結論を正当化しようとしているわけではなく、より多様な方法により、人間と動物の間にパーソン性という点で類似性を見て取るように読者を促しているのである。

このように言うことは、一ノ瀬倫理学において①〜⑤の論証や、それを支える［A］〜［C］の論証がまったく役割を果たしていないと言うことではない。そうではなく、ポイントは一ノ瀬倫理学がこれらの論証によって尽くされると考えるならば、我々は一ノ瀬倫理学において何が起こっているのかをまったく見落とすことになってしまうということにある。

このポイントを見て取るために、まずは論証［B］と［C］に注目してみよう。これらの論証に関して、標準的な読み方に従った場合に生じる問題は、ロック‐カント的に把握されたパーソンが持つ「声を上げる能力」と動物たちの持つ「声を上げる能力」は大きく異なるように見えるため、結論⑤を導くにあたって、「④多くの動物は典型的な人間が持つ声を上げる能力と非常に高い程度で類似した能力を持つ」という主張を経由できないということにあった。すなわち、ロック-カント的なパーソンが自己の主張を正当化する理由を述べる能力を持つという意味で「声を上げる者」であるのに対し、多くの動物たちはそのような高度な能力を欠くように思われるということが問題なのであった。

これに対しここでは、一ノ瀬倫理学は、この場合のように、まさに類似性が存在しないと思われるところに類似性を見て取るように読者を促すところにポイントがあると考える。すなわち、動物たちの叫び声を何らかの主張をしていると見るように我々の想像力を刺激することに一ノ瀬倫理学のコアは存すると考えられるのである。もちろん、このように言うからといって、一ノ瀬倫理学に従うと動物たちが自らの主張を正当化する高度な言語実践に携わっていると見ることができるというわけではない。そうではなく、一ノ瀬倫理学が促すのは、動物たちの叫び声を我々の主張と十分に類似したものと見ること、それが我々の応答を要求するような主張の類似物であり、動物たちは少なくともそのような「主張」を行う正当な立場に立っていると考えること、そしてそのため、動物たちの「主張」を無視するならば我々は人間の正当な権利主張を踏みにじっているのと類似の仕方で動物たちに不正を加えていると見なすこと、である。

これが「想像力」に関わるのは、問題となっている類似性がちょっと注意深くなれば誰でも見て取れる類似性ではないからである。例えば二人の人が姉妹だと指摘され、「言われてみれば確かに目の形が似ている！」と気付くというようなケースと、一ノ瀬倫理学が目を向けさせようとしている類似性が問題となるケースは大きく異なる。前者では、いわば通常の言語ゲームに習熟している人であれば誰でも容易に至れる「気付き」が扱われているのに対し、後者ではむしろ通常の言語ゲームに位置を持たない類似性が問題なのである。すなわち、「動物たちの叫び声が法廷での主張と似ている」と主張されたとしても、「法廷での主張は、主張を正当化する理由を示す用意がなければならないといった規範に支配されているのだから、そのような規範に服さない動物たちの叫び声は法廷での主張とは似ても似つかないものだ」と通常の言語ゲームでは応答されてしまうのである（＊10）。従って、一ノ瀬が促す気付きは、通常の言語ゲームを習得していれば誰でも認識できる「そこにある」類似性ではなく、新しい言語ゲーム、新しい物の見方の可能性へと我々を導くことを試みるようなものなのである。動物たちの叫び声を法廷での主張と十分に類似したものとして扱う生活のあり方を想像させることが、一ノ瀬の議論のポイントなのだ（＊11）。

我々の想像力を刺激する一ノ瀬の方法は、一ノ瀬自身が動物たちの叫びに応答するというものである。すなわち、動物たちをパーソンとして見る生活のあり方が可能であることを一ノ瀬自身が示すことで、実際にそのような物の見方に導かれて生きることがどういうことであるかを我々に示そうと一ノ瀬は試みているのである。

一ノ瀬の著作に現れる動物たちの叫びへの応答は、大雑把に言って二種類に分けられる。第一のものは、特定の動物の個体への応答である。例えば、その第七章で動物倫理の問題を論じている『死の所有』のまえがきにおいて、一ノ瀬は愛犬牛若との死に至る四ヶ月余りのエピソードを述べている。そこで一ノ瀬はその介護のために休職してもいいと思いつめるほど情愛を持って牛若の介護に手を尽くした様を語っている（一ノ瀬 2011a, ⅳ－ⅶ頁）。その非常に印象的で、感動的とも言えるまえがきは、一ノ瀬が牛若をパーソンとして扱い、牛若の声に応答している様を描いていると言うことができる。あるいは、より最近の動物倫理論である論文「断章　いのちは切なし―人と動物のはざま」も、一ノ瀬のもう一匹の愛犬しずかとの最後の日々の記述から開始されている（一ノ瀬 2015b, 46－48頁）。これも一ノ瀬が、パーソンとしてのしずかと関わっている様を描こうとしたものとして理解できる。哲学的著作の冒頭に置かれているこれらの語りは、標準的な読み方に従うならば不必要な主観的物語の挿入とも見えてしまうであろう。しかし、そうではなく、これらは動物たちの叫びに応答する生活のあり方を想像可能とさせるための語りであり、より「哲学的」な本論と合わせて読まれるべきものなのである（＊12）。というのも、これらの語りに注意を向けることで、読者は一ノ瀬の「哲学的論証」が機能する可能性に初めて気づくことができるからである。

動物たちの叫びに応答する第二の方法は、動物たちと人間の関係の現実のあり方に率直に狼狽を示すというものである。我々の多くが動物たちの叫びに応答せず、動物を自分たちのために利用し続けていること、そしてそのことに多少の問題を感じたとしても、結局のところ折り合いをつけて生きているということ、このことを一ノ瀬は受け入れがたいと感じ、そのような現実に対し感じる狼狽を率直に示す。そのように狼狽を率直に示すことが、一ノ瀬にとっては動物たちの叫びに応答することなのである。

例えば、動物実験に比べて肉食のための動物利用は規模が大きく、動物実験だけでなく、肉食の倫理的問題性をも考えるべきだと論じる際、一ノ瀬は「私自身の経験でいえば、動物実験反対の運動を街頭でしている若者が、ハンバーガーを食べながら署名を求めているのを見たことがある。何ともちぐはぐな光景ではないか(一ノ瀬 2011a, 317頁)」と付け加える。このようなコメントに対しては、「動物実験と肉食は事柄としては別の問題であり、両者を区別して考えるという立場もありうる」「その若者に道徳的問題があるとしても、それはその一人の人の問題であり取り立てて哲学的著作で言及するようなことではない。しかも、その人は動物実験の問題をも素通りしている人よりはましではないか」といったさばけた感想を持つこともできるはずである。ところが、一ノ瀬はそのようなさばけた態度を採ることができない。ここで一ノ瀬は、動物実験反対の運動をしているという動物倫理に高い関心を持つ人が、肉食に利用されている動物に無関心であるという事態に人間の持つ冷淡さを見て取り、狼狽しているのである。

もう一つ例を挙げよう。一ノ瀬は動物の権利確立の訴えが少しずつ進められるべきだと主張した後に、その主張はその権利が完全に確立される以前には人間が動物利用の恩恵を受けることを認めている点で欺瞞的であると述べ、次のように続ける。

一体、人間というのは何なのだろうか。悪いことだと分かっていながら、し続ける。原理原則は分かっていても、なかなか実行できない。ある教養ある婦人と話をしたとき、肉食について話題が及ぶと、ご婦人は「道徳的に止めた方がいいのは分かっているけれども、小さい頃からの習慣なのでなかなか難しいですね」と述べて、肉料理を食べ続けた。これはどのように理解したらいいのだろうか。食べない、という行為はいくらでも実行可能ではないか。日本人は何となく過ぎてゆく日常が何よりの基盤であって、原理原則に従って現状や習慣を変更する、という行為がどうしても苦手な国民なのだろうか。けれども、そのように感じた私自身、たとえ肉食に対して意識的であったとしても、動物実験の恩恵を陰に陽に受け続けている。耐え難い矛盾性を私自身感じる。厭世、人間嫌い、罪の意識。そうした言葉が浮かぶ。正直、自分を正当化することができないと言わざるをえない。（一ノ瀬 2011a, 326頁）

一ノ瀬は、現実は少しずつ変化させるしかないと考え、そのように主張しもする。だが、その現実をまた受け入れがたいと感じ、そのことへの狼狽を率直に示す。一ノ瀬にとっては「現実をすぐに変えることはできないのだから、動物実験を経た製品を利用することを完全に拒絶することは誰にとっても不可能だ」というような正当化は動物たちの叫びを無視することなのである。一ノ瀬にとって、我々の動物利用が続いているという現実の前に狼狽し続けることが、動物たちの叫びに応答することなのである。そして、そのようにしてのみ動物たちの叫びに応答する生活のあり方を示すことができると考えられているのである（＊13）。

［第5節］関連する一ノ瀬の議論

前節では一ノ瀬倫理学が、動物たちの叫びに応答するという方法により、読者の想像力を刺激することを目指すものであると論じた。ここではこのような読み方が、一ノ瀬の諸著作によって支持されるということを確認しておきたい。

　前節で提起された読み方が支持される理由はまず、この読み方に従えば、標準的な読み方で生じてくるような問題が生じないということにある。標準的な読み方の問題は、一ノ瀬の哲学的論証が非常に弱いものと思われてしまうということと、一ノ瀬が動物たちをパーソンと呼ぶことにこだわる理由が不明確であるということにあった。前者の問題に関していえば、いまや本章が提起する読み方のメリットは明らかであるように思われる。論証［B］と［C］の「弱さ」のポイントは、典型的な人間の声を上げる能力と動物たちの声を上げる能力は類似性を欠くため、これらの論証に従う限り、「④多くの動物は典型的な人間が持つ声を上げる能力と非常に高い程度で類似した能力を持つ」という主張を受け入れることが難しく思われるということにあった。しかし、前節で論じた通り、ここでの読み方に従うならば一ノ瀬倫理学のポイントはまさに、普通は類似性が存在しないと思われるところに類似性を見て取るように我々の物の見方を転換することを促す、というところにあるのであった。そのような物の見方の可能性に気付くように我々の想像力を刺激する試みとセットで見たときに初めて、一ノ瀬の論証が機能する可能性に読者は気付かされるのである。一ノ瀬の論証が弱く見えるのは、それらの論証が単独で働いており、一ノ瀬倫理学のポイントがそのような論証を与えることに尽きると考えることによる。本章での読み方に従うならば、このような問題は生じないのである。

　「パーソン」の語源に注目する論証［A］についてはどうだろうか。論証［A］に関しては、「［ii］現代において、典型的な人間に対するパーソン性の帰属は、その起源となる概念空間と同じ仕方で行われる」という論証のステップが疑わしいと先に論じた。しかし、一ノ瀬の語源への注目は、このようなステップを含む「論証」として理解するよりも、声を上げる能力がパーソン性の基準となるような概念空間を想像するように促すものとして理解すべきであろう。すなわち、そのような概念空間が実際に存在するという可能性を思い起こさせることが、一ノ瀬の議論のポイントなのである。そして、このように考えるならば、論証［A］という弱い議論を一ノ瀬に帰す必要はないのである。

次に一ノ瀬が動物たちを「パーソン」と呼ぶことにこだわる理由を考えてみよう。本章の読み方に従うならば、一ノ瀬のこだわりも理解可能となる。前節で見たような一ノ瀬自身の動物たちへの応答から見えてくるのは、一ノ瀬が動物たちを我々人間の仲間、同胞として見る物の見方を与えようとしているということである。すなわち、愛犬牛若やしずかがそうであったように、一ノ瀬にとっては動物たちは我々がいわば「上から目線（一ノ瀬 2015a, 49頁）」で我々による利用が許される限界を線引きしてよい対象ではなく、ともに生きる同胞なのである。このため、一ノ瀬は単に権利を付与することではなく、人間と同じカテゴリーで動物たちをくくることにこだわっていると考えられる。このように考えるならば、動物たちを「パーソン」と呼ぶことが一ノ瀬にとって重大な意味を持つことは理解可能となる。動物たちを「パーソン」と呼ぶことは、一ノ瀬が提起する物の見方の重要な一部なのである(*14)。

このように本章での読み方に従うならば、標準的な読み方に従った場合に生じるような問題は生じない。このことに加えて、一ノ瀬の諸著作に見られる特徴を統一的に理解できるという点によってもこの読み方は支持される。

その特徴とは、前節で見たように、一ノ瀬自身の主観的で、やや感情的とも見えるコメントが、哲学的議論の中に挿入されるという特徴である。標準的な読み方に従うならば、このような挿入は、一般的な考慮の妥当性のみに集中すべき哲学的議論においては余分なもの、あるいは、許容可能かもしれないが、やや不適切な主観的なコメント、と思われるであろう。しかし、これも前節で見たように、これらの挿入は余分で不適切なコメントなどではない。これらは一ノ瀬が示す狼狽という形での動物たちの叫びへの応答であると見ることができる。それは我々の想像力を刺激する一ノ瀬の方法の重要な一部として理解可能なのである。このように、一ノ瀬の著作に挿入されるコメントをも統一的に理解できるという点によっても本章の読み方は支持されるであろう(＊15)。

[第6節] 結論——一ノ瀬倫理学の意義

冒頭に引いた伊勢田のアプローチのように、動物に対する我々の態度を正当化する一般的根拠の検討を動物に関わる倫理学の主要な課題と考える一つの動機は、自分の持つコミットメントの体系の整合性をチェックしたいと考えることであろう。すなわち、人間同士の関係において、我々は多かれ少なかれ権利や平等な配慮といった観念の重要性にコミットしている。そして、権利や平等な配慮の対象から動物たちを排除しているということに気が付いたとき、我々は自らのコミットメントを十分に一般的に適用しているのか、ということが気になってくるのである。

この動機に基づき動物倫理を考察すると、その考察は次のような二つの特徴を持ちうる。一つは、人間と動物の道徳的地位をめぐる様々な区別が、重要な議論のポイントとなるということである。すなわち、自分のコミットメントの帰結がどのようなものであるかを見定めることが問題となるので、厳密に言って、何が許されるのかを知るということが大きな関心の対象となりうるのである。従って、例えば死の観念を理解できない動物を苦痛なしに殺して食べるのであれば、その行為は道徳的に許容されうるかもしれない、というようなことについて議論することに意味があるように思われるのである(＊16)。

もう一つの特徴は、現状の社会を前提とした場合、徹底的な変革を行わないことに対し、一定のエクスキューズがあると思われるというものである。すなわち、たとえ我々のコミットメントと両立しないとしても、動物利用を当然とする社会で育ち、生きているからには、ただちにすべてを変えることは難しいといったエクスキューズがありうると考えられるのである。自己のコミットメントの帰結を認識したとしても、断固としてそれに従うことがいつも可能とは限らない。従って、徐々に変えるということで道徳的に十分だと言われうるのである(*17)。

このような特徴は、一ノ瀬には動物たちの叫びを無視しているものと思われるであろう。一ノ瀬にとっては、動物たちは同胞であり、そこでまさに声を上げている存在である。動物たちが死の観念を持たないからといって、例えば同胞を殺し、食べるということができるだろうか(*18)。このように考えられるのである。

ここにはコーラ・ダイアモンドが「現実の難しさ」と呼んだ事態が現れている (Diamond 2003)。「現実の難しさ」とは、大雑把に言うと、通常の言語ゲームにより現実について語ろうとすると、語ろうとしていた事柄から逸らされてしまう、という事態である。動物倫理に関して言うと、一ノ瀬のような哲学者には、「権利」や「平等な配慮」といった概念に関わる通常の言語ゲームに従い、動物たちにどこまで配慮をすべきかとか、現状の社会を前提としたときに個々人にどこまでのことが道徳的に要求されるのかとかいった問題を考察していると、動物たちの叫びに突き動かされた当初の関心から逸らされてしまうように感じられるのである。

一ノ瀬倫理学の意義は、自身を動物倫理へと向かわせた動物たちの叫びに応答し続けているという点にあると思われる(*19)。動物たちを同胞として見る物の見方を提示し、我々がそれでも動物たちを利用し続けているという現実に率直に狼狽を示し続けること。これが一ノ瀬倫理学の方法であり、そのような倫理学の可能性を示している点に一ノ瀬倫理学は大きな意義を持つのである。

〔ここまでは、一ノ瀬の動物倫理論を題材に、一ノ瀬倫理学の意義を論じてきた。従って、ここまでは、第三者の観点から一ノ瀬倫理学を描写し、その意義を見積もってきたわけである。だが、最後に一人称の立場を採り、筆者である私自身が動物倫理にどのようなスタンスを採っているのかを語るべきかもしれない。私自身は動物倫理の問題に特別な関心を持っているわけではなく、本章も動物倫理自体というよりも、一ノ瀬倫理学の方法論への関心に導かれている。もちろん、哲学者として私自身、動物倫理の問題に多少の関心は持っている。その際の動機は、自身のコミットメントの体系の整合性が気になるという「分析哲学的」なものである。そして、動物倫理における通常のアプローチに一定のポイントを認めつつも、自身の生活を変えるには至っておらず肉食なども続けている。また、一ノ瀬の議論も私には重要なものと思われるが、実際には一ノ瀬の提示する物の見方を自分のものとするには至っていない。これは私自身の倫理的スタンスに何か欺瞞的なところがあるからかもしれない。だが、私個人のスタンスの検討をここでこれ以上行うべきではないだろう。」

＊謝辞
草稿に対して有益なコメントをしていただいた宮園健吾氏に感謝する。

◉注

＊1　関連する議論として大谷 (2016) を見よ。
＊2　より詳細で体系的な議論は伊勢田 (2008) で展開されている。
＊3　ロックの『人間知性論』への言及は、慣例に従い「巻、章、節」により行う。
＊4　一ノ瀬のより詳細なロックパーソン論の解釈は一ノ瀬 (1997), 第Ⅱ部を見よ。ただし、そこでは「パーソン」ではなく「人格」という用語が用いられている。
＊5　一ノ瀬 (1997), 249頁も見よ。

＊6　興味深いことに、一ノ瀬自身も１９９７年の段階では、法や道徳に対する同意という実践に参加できないという理由で、ロック的パーソン論に依拠すると、犬は人格とは認められないとしている（一ノ瀬 1997, 186－187頁）。

＊7　カントの著作への言及は慣習に従い、全集版のページ数による。

＊8　カント哲学を含めた契約説的な理論が動物たちを道徳的な配慮の対象から排除すると論じたものとして Nussbaum (2006), chap.6 を見よ。

＊9　ピーター・シンガーは、「パーソン」を「合理的で自己意識を持つ存在」と定義した上で（Singer 2011a, pp.74-75）、パーソンと非パーソンの道徳的地位が異なることを認めるが、現実の動物利用の道徳的問題に関しては限定的な含意しかないと論じている（Singer 2011a, pp.120-121）。ゲイリー・フランシオンは動物をパーソンと認めるべきだと論じるが、その主要なポイントは動物を所有物から法的に区別することにある（Francione 2000）。従って、パーソンに度合いを認め、植物などにもパーソン度を認める一ノ瀬の議論とは異なる方向を目指しているように思われる。

＊10　実際、例えばロジャー・スクルトンは合意や責任の認識といった合理的能力が道徳的共同体に所属するためには不可欠であるということから、そのような能力を欠く動物の利用に対する一定の正当化が可能だと論じている。Scruton (2000)chap.7 を見よ。

＊11　このように一ノ瀬の議論を特徴づけるのに際しては、コーラ・ダイアモンドの議論から多くの示唆を得ている。Diamond (1981), pp.348-353, (1991)a, (2003), pp.69-73 を見よ。

＊12　他に一ノ瀬は忠犬ハチ公についての小論において、ハチの「高潔さ」に我々の目を向けるように促している（一ノ瀬 2015a）。

＊13　現状の社会を生きる人間が倫理的に問題なく動物と関わる可能性を探る試みを、一ノ瀬は「欺瞞的」であるとし、拒絶することが多い。これは人間の理屈づけにより、動物たちの叫びが無視されていると一ノ瀬が感じるからではないかと思われる。一ノ瀬が拒絶するものとしては、例えば食事に際して「いのちをいただく」と言い、「感謝」を示すことで、道徳的な一種の浄化をもくろむような習慣（一ノ瀬 2011a, 318－321頁）や、伊勢田が提起する「供養の倫理」（伊勢田 2011）における動物への倫理的贖罪などがある（一ノ瀬 2011b, 156－157頁）。

＊14　関連する議論として Diamond (1978) を見よ。

＊15　もう一つ付け加えるならば、一ノ瀬が哲学的著作を書くという行為をその哲学の内容と不可分なものとして考えて

いるということも挙げられる（一ノ瀬 1997, ii－iii頁）。一ノ瀬にとって、哲学的に何かを表現するとは、特定の文脈でなされる一つの実践的行為なのである。従って、一ノ瀬の著作が全体として、読者の物の見方の転換を目指す実践的行為であると見ることは、一ノ瀬自身の理解とも合致する。

＊16　この種の議論としては、Singer (2011)a, chap.5を見よ。伊勢田もまた「倫理的によりましな肉食」がありうると語っている（伊勢田 2017）。

＊17　例えば伊勢田もまた「関心をもち、無理をせずにできる範囲のことをやり、考え続ける」（伊勢田 2008, 325頁）という態度を勧めている。この結論に対する一ノ瀬の不満は一ノ瀬 (2010), 108頁を見よ。

＊18　関連する議論としてDiamond (1978)を見よ。

＊19　一ノ瀬が動物たちの叫びに突き動かされて動物倫理に関心を持つようになったということについては、一ノ瀬 (2011)a, 269－271頁を見よ。

●文献表

DeGrazia, David. 2006. 'On the question of personhood beyond *Homo Sapiens.*' Peter Singer (ed.), In *Defense of Animals: The Second Wave.* Oxford: Blackwell, pp.40-53.

Diamond, Cora. 1978. 'Eating meat and eating people.' *Philosophy,* 53. Reprinted in Cora Diamond (1991)b, pp.319-334.

Diamond, Cora. 1981. 'Experimenting on animals: A problem in ethics.' D. Sperlinger (ed.), *Animals in Research: New Perspectives in Animal Experimentation,* Chichester: John Wiley. Reprinted in Diamond (1991)b, pp.335-365.

Diamond, Cora. 1991a. 'Missing the adventure: Reply to Martha Nussbaum.' Diamond (1991)b, pp.309-318.

Diamond, Cora. 1991b. *The Realistic Spirit: Wittgenstein, Philosophy, and the Mind.* Cambridge, Massachusetts: The MIT Press.

Diamond, Cora. 2001. 'Injustice and animals.' Carl Elliot (ed.), *Slow Cures and Bad Philosophers: Essays on*

Wittgenstein, Medicine, and Bioethics. Durham, NC: Duke University Press, pp.118-148.

Diamond, Cora. 2003. 'The difficulty of reality and the difficulty of philosophy.' *Partial Answers* Vol.1(2). Reprinted in S. Cavell, C. Diamond, J. McDowell, I, Hacking and C. Wolfe (2008). *Philosophy and Animal Life.* New York: Columbia University Press, pp.43-89.

Francione, Gary 2000. *Introduction to Animal Rights: Your Child or the Dog?.* Philadelphia: Temple University Press.

一ノ瀬正樹 1997『人格知識論の生成—ジョン・ロックの瞬間』東京大学出版会。

一ノ瀬正樹 2010「書評　伊勢田哲治著『動物からの倫理学入門』」『科学哲学』43巻1号、106－109頁。

一ノ瀬正樹 2011a『死の所有—死刑・殺人・動物利用に向き合う哲学』東京大学出版会。

一ノ瀬正樹 2011b「「動物への配慮」の欠落と充実」一ノ瀬・新島 (2011) (編)、143－159頁。

一ノ瀬正樹 2013「人間は特別だけれど、どんな動物も同じく特別」野矢 (2013)、49－51頁。

一ノ瀬正樹 2015a「「ハチ」そして「犬との暮らし」をめぐる哲学的断章」一ノ瀬正樹・正木春彦（編）『東大ハチ公物語—上野博士とハチ、そして人と犬のつながり』東京大学出版会、26－55頁。

一ノ瀬正樹 2015b「断章　いのちは切なし—人と動物のはざま」『哲学雑誌』130巻802号、46－74頁。

一ノ瀬正樹・新島典子 2011（編）『ヒトと動物の死生学—犬や猫との共生、そして動物倫理』秋山書店。

伊勢田哲治 2008『動物からの倫理学入門』名古屋大学出版会。

伊勢田哲治 2011「動物実験の倫理—権利・福祉・供養」一ノ瀬・新島 (2011)、107－130頁。

伊勢田哲治 2013「特別だと思っているヒトはたくさんいるけれど」野矢 (2013)、52－54頁。

伊勢田哲治 2017「肉食考：17　命をいただく、倫理学の難題」朝日新聞２０１７年10月25日朝刊、15頁。

Kant, Immanuel. 1999. *Grundlegung zur Metaphysik der Sitten.* Bernd Kraft und Dieter Schönecker (hers.), Hamburg: Felix Meiner Verlag.

Korsgaard, Christine M. 2013. 'Kantian ethics, animals, and the law.' *Oxford Journal of Legal Studies,* 33(4): 629-648.

Locke, John. 1975. *An Essay Concerning Human Understanding.* Peter H. Nidditch (ed.), Oxford: Oxford

University Press.

野矢茂樹（編）2013『子供の難問―哲学者の先生、教えてください！』中央公論新社。

Nussbaum, Martha. 2006. *Frontiers of Justice: Disability, Nationality, and Spices Membership.* Cambridge, Massachusetts: Harvard University Press.

大谷弘 2016「槙原敬之の倫理学―倫理学的探求としてのポピュラー音楽―」『フィルカル』1巻2号、142－163頁。

Scruton, Roger. 2000. *Animal Rights and Wrongs.* 3rd edition. London: Demos.

Singer, Peter. 2011a. *Practical Ethics.* 3rd edition. Cambridge: Cambridge University Press.

Singer, Peter. 2011b. *The Expanding Circle: Ethics, Evolution, and Moral Progress. With a New Afterword.* Princeton and Oxford: Princeton University Press.

［第十四章］

ヒュームの因果言説における現前と不在

伊勢俊彦——立命館大学

因果性にかんするヒュームの議論において、現前するものとは何か。そして、不在であるものとは何か。こうした問いが立てられたとき、考えられる一つの答えはつぎのようなものであろう。精神に現前するものはすべて知覚、すなわち印象および観念である。これが、ヒュームの哲学全体の前提である。ヒュームによれば、われわれが、原因から結果へ、また結果から原因へと推理するとき、精神に現前しているものは、たがいに近接し継起する二つの対象の知覚にほかならない。この両者を結びつける目に見えない力のようなものは、知覚され得ず、したがって精神に現前しない。すなわち、因果性そのものの知覚は不在である。それに代わってわれわれの精神を因果の軸に沿って動かすものは、二つの対象の連接を反復的に経験することによって生じた精神の習慣であり、因果的必然性とは、このようにわれわれの精神が決定づけられていることにほかならない。

一ノ瀬正樹は、最近の著書で、因果関係の非実在という点ではヒュームの見解に同意を示しつつ、「そもそもからして、因果関係はない」というのが基本的前提なのであるから、「因果関係にとって、『ないこと』、つまりは『不在性』は、本質的に絡みつく特性」なのであると述べる。そして一ノ瀬の議論は不在因果、つまり、「あの親が育児放棄をして、食事を与えなかったので、乳児が亡くなってしまった」というように、「不作為」を原因として指定する因果言説の問題へと向かっていく（一ノ瀬 2018, 274頁以下）。（実は、この本の語り手は、一ノ瀬自身ではなく、一ノ瀬と思考や記憶をすべて共有している「シッテルン博士」ということになっているが、以下では、煩雑さを避けるため、「シッテルン博士」の語りは、すべて一ノ瀬自身の議論とみなす。）一ノ瀬自身が架空の対話者「ベッキーさん」に語らせているように（同上 286頁）、「『ない』ことを原因とする」ということ（不在因果）と、「因果関係は『ない』」ということ（因果関係の非実在）とは、位相の異なる問題である。そればかりではなく、この二つ以外にも、因果にかかわる「不在」の問題にはさらにいくつかの側面が見いだせる。そして、そのうちの一つが、ヒューム自身が因果性の概念を適用する場面で、大きな役割を果たしている。その場面とは、外的自然と人間の精神を、ともに一貫した「実験的方法」によってとらえようとするヒュームにとってきわめて重要なはずの、人間社会における現象、とくに所有という関係にかかわる因果性概念の使用である。

以下では、つぎの手順で議論を進めることにする。第一に、因果性にかかわる「不在」の問題の諸相を整理する。そして、一ノ瀬が取り上げている「不在」の問題を、その中に位置づけながら、一ノ瀬が近年示してきた因果性理解のあり方を要約的に示す。ついで、一ノ瀬によるヒュームの因果論の理解と、ヒュームに対する批判的論及の概要を示し、その問題点を検討する。その中で、ヒュームの所有論に示された因果性理解における「不在」の問題のあり方を提示する。それをつうじて明らかになるのは、一ノ瀬とヒュームの因果論は、一見たがいにまったく逆の方向を向いているようでありながら、因果理解における変則事態への感情的反応の重要性、因果概念がもつ、規範的な側面を持つ実践に内在的な性格といった、いくつかの重要なモチーフにおいて意外な一致を見せるということである。

[第1節] 因果性における「不在」の諸相

因果性における「不在」の諸相を整理するにあたって、まず、因果性そのものの知覚の不在という意味での、因果性の非実在を、共通の前提として認めよう。(実はこの点についてこそ、多くの人が真逆の直観を抱いているのではあるが。) その上で、さらに生じてくる「不在」の問題の分岐を整理するために、デイヴィッド・ルイスが展開した因果性の反事実的条件分析を出発点として選ぶことにしよう。一ノ瀬も述べている通り、反事実的条件分析は、一ノ瀬自身の因果性理解の大枠ともなっている(同上274頁)。

反事実的条件分析の発端となった論文(Lewis 1973)の冒頭で、ルイスは、ヒュームの『人間知性研究』からつぎの一節を引用している。

「われわれは原因をこう定義できるであろう。『ある対象で、それに別の対象が続き、また、この第一の対象に類似したすべての対象に、第二の対象に類似した対象が続く。そうした対象。』また言い換えれば、『第一の対象がなかったとしたら、第二の対象もけっして存在しなかった。そのような場合。』」(EHU 7.29)

この一節に現われる反事実的条件文は、「Aがなければ、Bはなかったであろう」というかたちをとっているが、不在なものを組み込んだ因果性を表現するには、むしろ、「(現実にはない) Aがあれば、Bはなかったであろう」という定式を採用するのが便利である。こうして、「あの親が育児放棄をして、食事を与えなかったので、乳児が亡くなってしまった」という因果言明は、「あの親が食事を与えていれば、乳児が亡くなることはなかったであろう」と言い換えることができる。

一ノ瀬が注目するのは、通常のコースから逸脱した事態が生じたときに生じる原因への問いであり、こうした問いが設定する文脈の中で原因として指定される「不在のもの」である(同上265頁以下)。しかし、何ら逸脱した事態が起きず、物事がわれわれの予期する通りに進行している場合も、われわれの予期には、そこでの事態の連鎖の因果的な理解が含まれており、また「不在のもの」にかんする想定が含まれているというべきであろう。たとえば、「マッチを擦ったので火がついた」という場合は、「マッチが水に浸かって湿っていないこと」が、予期した結果が生じるための条件である。予期した結果が生じることを妨害し得たであろうこうした条件も、上記の形式の反事実的条件文によって述べることができる。すなわち、「マッチが水に浸かって湿っていれば、マッチを擦っても火はつかなかったであろう」となる。

一ノ瀬は確かに、ポジティブな価値を持つ結果(たとえばフレミングによるペニシリンの発見)が偶然生じた場合について、「阻害要素の不在」に言及している(同上291頁)。しかし、価値的にポジティブであれネガティブであれ、予期せぬ驚くべき事態の理解に「不在」がかかわるだけでなく、われわれが物事の通常の秩序として想定し、日常の思考と行動の前提としている事態の連鎖の理解の中核にも、「不在のもの」は深く食い込んでいるのではないか。

ヒュームは、自らその端緒を示した因果性の反事実的条件分析をそれ以上展開していない。ヒュームが反事実的条件文による因果性の定義という発想をそれ以上追究しなかった理由を、一ノ瀬は、「『因果の規則性説』とは異なる眺望が開けるとは思っていなかった」（同上233頁）からであろうと述べている。しかし、反事実的条件文によって表現されてはいないものの、因果性が成立するための「妨害条件の不在」という条件にヒュームが気づいていたことは、ヒュームのテクストから読み取れ、そうしたテクストにもとづけば、ヒュームは必ずしも規則性にばかり目を向けていたわけではないことがわかる。

> われわれが何らかの物を確保している（in possession of）といわれるのは、物に直接触れるときだけでなく、それを使用する力があるような位置にあり、そのときの好悪や利害に応じて、動かし、手を加え、あるいはこわすことのできるときでもある。すると、この関係は原因と結果の一種である。そして、所有（property）は、正義の諸規則、ないし人々の合致（conventions）から引き出される、安定した確保なのであるから、同種の関係と考えられる。しかし、ここでわれわれは、つぎのことを見て取ることができる。対象を使用する力の確実さは、**われわれが出会う障害**がどれだけ蓋然的であるかに応じて増減する。また、この蓋然性は、それと感じないあいだに緩やかに増大することがある。そのため、多くの場合、どこで確保がはじまり終わるのかを決定するのは不可能である。（THN 3.2.3.7, 強調は筆者による。）

ここでいう障害とは、所有の安定を中核とする正義の諸規則に人々がともに従うことによって取り除かれる種類の障害、つまり、他人が自分の所有物に手出ししてくることにほかならない。ヒュームは、通常のコースを逸脱した事態よりも、通常のコースそのものに因果的な説明を与えようとする。しかし、所有の安定をはじめとする人間社会の基本的な因果的秩序を輪郭づけるものは、その秩序を乱す障害であり、因果的秩序は、そうした障害の不在として特徴づけられる。

こうして、「不在のもの」は、通常のコースを逸脱した事態を因果的に説明する場合だけでなく、通常のコースとして想定されている因果的秩序そのものを特徴づける上でも、不可欠の役割を果たすのである。

【第2節】一ノ瀬の因果性理解の概要

すでに述べたように、一ノ瀬の因果性理解において中心的な位置を占めるのは、通常のコースから逸脱した事態であり、因果にかんする問いは、そうした逸脱に対する感情をともなった反応をつうじてはじめて生じるとされる。こうした因果性理解は、近年いくつかの場（２０１６年８月にソウル大学でおこなわれたCCPEA、および２０１７年12月の東京大学本郷キャンパスでの、一ノ瀬の還暦記念の研究集会）で表明されてきたものであるが、一ノ瀬の近著に簡潔にまとめられている（一ノ瀬 2018, 256頁以下）。ここでは、それに従ってその概要を示すとともに、それにかかわる本稿の論点を予示することにしたい。

「何か通常ならざること」が起こったとき、何かおかしいという思いとともに因果関係の理解が立ち上がる。こうした特徴をもつ因果関係を、一ノ瀬は、「逸脱基底的（deviation-based）」と呼ぶ。逸脱が気づかれ、なぜという疑問を発することに、因果関係理解の本質がある。このことを、「存在するとは知覚されることである」というバークリのペルキピ（percipi 知覚される）原理になぞらえ、「クアエリ（quaeri 問われる）原理」、つまり、「因果的であるとは問われることである」という一般原理として一ノ瀬は定式化する。こうした因果関係の理解は、「因果の逸脱基底的・疑問依存的理論（the deviation-based, question-dependent theory of causation, DBQDT）」と名付けられる。かくて、因果関係理解は、言語行為の一つとして特徴づけられる。疑問を発するという言語行為によって、その応答としての因果関係理解という言語行為が促されるというのである。

原因への問いを生じさせる「逸脱」の典型例は、事故、事件、災害、犯罪などのネガティブな価値を持つ事態であり、こうした事態に対する「なぜこのようなことになった」という問いには、後悔の感情がともなう。この問いへの答えは、そのような事態の発生を予防し得た何らかの行為の不在であり、ここから不在因果にかかわる問題が生じてくる。ただし、価値的にポジティブな事態であっても、予期せぬこと、驚くべきことが起こったときには、その原因に対する問いが生じ得る。その一部は、先にも述べたように阻止条件の不在によって、不在因果と同型のしかたで答えられる。さらに、予防ということが問題にならない種類のポジティブな価値を持つ事態や、予防が不可能な事態には、予防の不在ではなく、先行する事象が原因として指定されることも一ノ瀬は認める。一貫しているのは、適切な原因指定というのが、徹頭徹尾、問いと答えという言語的実践に内在的であり、それと独立の、唯一の真正なる原因などというものは理解不可能であるという主張である。

私は、われわれの因果理解が何らかの実践に内在的であるという一ノ瀬の主張には同意する。ただし同時に、われわれの日常の思考や行動が前提とする因果関係の理解には、一ノ瀬の議論でカバーされていない側面がまだいくつかあるのではないかと考える。

第一に、通常のコースからの逸脱によって前景化する因果関係の背景には、いわばその図に対する地としての、通常のコースについての非明示的な理解があり、その理解そのものが因果的な性格のものなのではないか。このことについては、所有や、それとかかわる「行使されない力」についてのヒュームの議論を取り上げて論じていく。

第二に、一ノ瀬はもっぱら、すでに起こった出来事の原因についての問いを扱っている。しかし、因果についての問いには、こうしたいわば後ろ向きの視点からのものと並んで、前向きな、現在から未来へ向かう事象の系列についてのものもある。私は、現在から未来へ向かう自分の行動の可能性という視点からの因果性理解にかかわっても、不在のものや、逸脱に対する感情をともなった反応の役割を見いだすことができると考えている。この点についてもまた、ヒュームの議論ともかかわらせて論じることにしたい。

【第3節】一ノ瀬のヒューム理解とその問題点

このあとで述べる私自身の議論は、私なりのヒューム理解を前提としている。そのため、本題にはいる前に、一ノ瀬が示しているヒュームの因果論の理解とその問題点を検討することをつうじて、私のヒューム理解のポイントを示しておくことにしよう。

すでに述べたように、因果性そのものの知覚が不在という意味で因果性が実在しないという点で、一ノ瀬はヒュームに同意する。その上で、一ノ瀬は、ヒュームの議論を「問題含み、問題のオンパレード」（同上202頁）と評し、つぎつぎに批判していく。

最初に指摘されるのは、必然的結合についてのヒュームの考察が「である」の領域に意図的に限定され、「べき」の領域に飛躍しないようにしているという点である（同上203頁）。因果性は単に事実の問題ではなく、規範性を含んだ実践から立ち上がるものだというのが、一ノ瀬の主張であろう。その前提となるのが、ヒュームは、事実の領域と規範の領域を峻別する「ヒュームの法則」を提唱しているという理解であり、その根拠として、「である／べきである」についてのヒュームの議論（THN 3.1.1.27）が挙げられる。

しかし、私の考えるところでは、問題の一節は、理性の働きは観念の関係の発見であるというヒュームの理論的前提にもとづいて、道徳的性質が理性によって発見されるという論者への批判を試みたものであり、こうした枠組みを離れて、事実から規範が導出できないという一般的な主張を支持するものではない。ヒュームは、対立する論者に、道徳的性質が「〜べきである」の表現する観念の関係に存するという主張を帰した上で、その関係がなんであり、それがいかにして「〜である」の表現する関係から引き出されるのかという問いを立てているのである（伊勢 2012, 232頁）。

因果性における事実と規範の関係についていえば、ヒュームは、必然的結合を対象の側における事実として見いだすことを断念した上で、因果推論というわれわれの実践のうちに、その概念の成立条件を見ようとする。この実践が、規範性を排した純然たる事実性の領域において成立するとは、むしろ考えがたいのではないか。私の考えるところでは、ヒュームの因果理解は規範性を含んだ実践に内在的なものである。

また、一ノ瀬は、「因果的必然性を、因果性の究極の基準として持ち出す」のが、そもそも誤りであると言う（一ノ瀬 2018, 203頁）。確かに、不在因果や確率的な因果などを考えると、因果性についてのわれわれの判断は、結果の生起を必然化する先行事象の指定を必ずしも含まない。しかし、ヒュームにおける因果推理とは、基本的に既知の事象から未来の事象への精神の移行であり、必然的結合とはこの移行を駆動する原理をいうのである。未来へ向かう行動の場面での因果理解の働きを考察するさいに、この駆動原理を中核にすえるのは、けっして失当ではないであろう。

つぎの論点は、「恒常的連接」を因果性の必要条件とするヒュームの議論は、一回限りの事象の因果的理解や、不在因果の問題をカバーすることができないというものである（同上204頁以下）。この点にかんしては、ヒュームが因果性概念のもとに解明している事象が、恒常的連接、つまり二つの対象の隣接と継起の反復的経験をともなっていない場合があると、私は考えている。こうした事例を考察することから、ヒュームの因果性理解が、必ずしも恒常的連接一辺倒ではないことが示されるのではないか。

最後に、「ヒュームの因果論最大の問題」として提出されるのが、ヒュームの議論は、無限に続く「高階の因果性」を必要とするという論点である（同上208頁以下）。つまり、ヒュームによれば、恒常的連接の経験から因果的信念が発生するのであるが、それ自体が因果関係であり、その因果関係が成立するためには、恒常的連接の経験と、信念の発生のあいだの恒常的連接の経験が必要となる。そして、この二階の因果関係の成立の説明は、さらに三階の因果関係を要求し……というわけである。

しかしこの点では、因果性を言語行為とみなす一ノ瀬の議論についても、言語行為自体が因果性を前提としているのではないかという疑問が生じうる。そのことは、一ノ瀬が、「ベッキーさん」とともに登場するもう一人の架空の対話者、「デアール君」に語らせている通りである。これに対して「シッテルン博士」は、DBQDTは、ヒュームの規則性説のような「還元的議論」ではなく、われわれの因果関係理解を前提して、そういう理解のありさまを解明しようとする「非還元的議論」であると切り返す（同上283頁以下）。

「還元的議論」と「非還元的議論」の対比はそれ以上説明されていない。しかし、「還元的議論」が、われわれの言語的・認識的実践の根拠をその実践の外部にある実在によって根拠づけようとするものであるとすれば、ヒュームの因果論にそのような批判は妥当しないのではないか。ヒュームの因果論を実践内在的なしかたで理解する可能性については、あとでさらに論じる。

［第4節］ヒュームの因果論における「不在」

一ノ瀬が通常のコースを逸脱する事態に因果概念の働く場を見いだすのに対し、ヒュームは、われわれの想定する通常のコースを構成する秩序そのものを因果的なものとみなす。それは確かである。そして、ヒュームによれば、因果的信念が成立する条件は、恒常的連接、つまり、近接と継起という知覚可能の関係の反復的現前である。そもそも、ヒュームの哲学は、精神に現前する観念と印象をもとにすべてを論じようとする、プロト実証主義のようなもので、何かの不在ということを適切に扱えないのではないか。観念と印象の理論、経験の反復による習慣の形成といった、ヒュームの哲学、とくに認識論の表の筋からは、そういえるように思われる。

一方、ヒュームが因果的秩序をみなすものの中に、不在なるものの問題が深く食い込んでいることを見いだせるように思われる場面もある。上でも触れた「所有」にかかわる議論がそれである。『人間本性論』で所有が集中的に論じられるのは、いうまでもなく第3巻「道徳について」第2部の「正義と不正義について」であるが、それに先立って、第2巻「情念について」において、所有が誇り（pride）の情念の原因の一つとして取り上げられる。

ヒュームが間接情念と呼ぶのは、ある人物（person）を対象とする情念であり、その人物が持つ精神や身体の性質や、その人物と関係づけられた対象が原因となって生じる。情念の対象が自分自身である場合、その原因が見るものに快を与える場合には、誇りの情念が生じ、不快を与える場合には、卑下（humility）の情念が生じる。情念の対象が自分以外の人物である場合は、快を与える原因からは愛の、不快を与える原因からは憎しみの情念が生じるという。

所有は誇りの情念を生み出す快い対象との関係すべてのうち「最も密接なもの」であり、「特定の種の因果性」であるとされる。

> 最も密接で、あらゆるものの中で最も普通に誇りの情念を生み出す関係は、**所有**である。（……）所有はつぎのように定義できよう。ある人物と対象の関係であって、対象を自由に使用し確保することが許されて、正義の法と道徳的衡平を侵すことのないのが、その人物であり、他のいかなる人物にもそれが許されないような関係である。（……）所有は特定の種の**因果性**とみなすことができよう。それが所有者

に、対象を好きなように動かせるようにするということを考えても、所有者が対象から引き出す利点を考えても、そうなのである（THN 2.1.10.1, 傍点は原文イタリック）。

同じ論点は、1750年代の'Dissertations on the Passions'でも繰り返されており（Hume 2007b, p.13）、ヒュームが一貫して持っていた見解とみなすことができる（下川 1994, 39頁, Susato 2015, pp. 47f.）。（＊1）

しかし、いかなるしかたで所有が誇りの情念の原因になり得るのかについては、ちょっと考えてみなければならない問題がある。ヒュームの情念論の基本的な図式によれば、情念の原因となるものは、快あるいは不快の印象を引き起こし、そのことによって、それ自体が快い印象である誇りや愛、あるいは不快な印象である卑下や憎しみと結びつくはずだ。ところが、所有が、常に快い印象の現前をともなっているとは考えにくい。

先にも見た通り、ヒュームは、『人間本性論』第3巻第2部第3節「所有を決定する規則について」で、再び所有を因果関係として特徴づける。そこで語られるのは、対象を使用する力は、現に行使されている必要はないこと、また、その力の確実性を規定するのは、対象の使用に対する障害の蓋然性であることであった（THN 3.2.3.7）。つまり、対象に直接触れずに所有している状態では、対象との可感的関係の印象は存在せず、また、そこでは、対象を使用する力の行使に対する障害は生じていないのであるから、その障害の印象も存在しない。

実際、ヒュームのつぎのような叙述は、所有が知覚可能な関係としての実在を持たないことを示唆しているように思われる。

ある対象の所有は、それが何らかの実在的な、道徳や心の感情と関連がないものとされるときは、完全に感覚不可能な、考えることさえ不可能な性質である。また、所有が固定しているとか移転するとかいう判明な観念を形成することもできない。(THN 3.2.4.2)

「所有」と呼ばれるこの性質は、ペリパトス派の哲学がいう想像上の性質の多くと同様のものであり、道徳感情と分離して考察されるとき、主題をより精確に探査すると消え失せてしまう。(THN 3.2.6.3)

[第5節] 所有と感情

こうして、あらゆる関係の中でも最も普通に誇りの情念を生み出す、最も密接な関係である、所有という因果関係の核にあるのは、知覚可能な関係の現前ではなく、所有は、対象への力の行使を妨げる妨害条件の不在として特徴づけられる。それを理解可能にするのは、道徳感情であるといわれる。してみると、所有は道徳感情を背景として成立する一方で、誇りの情念という感情を生み出すものでもあるということになる。

以下、所有と感情のこの込み入った関係の整理を試みよう。その整理から浮かび上がるのは、恒常的秩序として想定されている因果性の理解は、必ずしも明示的な意識経験の反復から生じるのではなく、通常は非明示的な想定にとどまっていて、その秩序から逸脱する変則事態への感情的反応をつうじてはじめて明るみに出るという図式である。一ノ瀬が逸脱そのものの因果的説明に注目するのに対し、ヒュームは通常の秩序を因果性としてとらえる。ここでは、不在のものが原因になるのではなく、秩序そのものが逸脱の不在としてとらえられるのだが、両者に共通して、因果性への気づきに導くのは、逸脱への感情的反応なのである。

ヒュームにおける所有という因果と変則事態への感情的反応の関係を明らかにするために、はじめに、ヒュームが、正義の感覚を生じさせる印象すなわち感情について述べるところを見てみよう(*2)。

ヒュームによれば、「正義の感覚は、われわれの観念ではなく、印象に基礎を置く」（THN 3.2.2.20）。つまり、正義と不正義の区別は、知性ではなく、情念、感情にもとづく。そして、「この正義の感覚を生じさせる諸印象は、人の精神に自然なものではなく、人為と人間の合意から生じる」（THN 3.2.2.21）という。この印象は、「私自身を正義の諸規則に従わせる動機」（THN 3.2.2.22）ともいわれる。

（正義に従う行動の仕組みが全体としてもたらす）この利益に、社会のすべての成員が気づき、すべての人がこの気づきを仲間たちに向かって表出するとともに、それによって自らの行動を正そう、ただし他の人たちも同様のことを実行するという条件で、という、自分のなした決意を表出する。これ以上何も必要とせずに、このうちの誰であれ、最初の機会があれば、正義の行ないを実行するように導かれるであろう。これが他の人々に対する手本となる。そしてこうして正義が一種の合致ないし一致（convention and agreement）によって確立される。（Ibid.）

この最初の「正義の行ない」とはなんであろうか。これに先立つ叙述では、正義の行ないが単独で、他と切り離して考えられるときには、公共の利益や当事者の私的な利益に反する場合があることが語られる。ヒュームが言いたいのは、正義の諸規則が社会やその成員に利益をもたらすのは、社会の成員が一致してそれに従うという全体のしくみとして考えられる場合のみだということである。ヒュームが挙げる例は、有徳で心の寛い人物が、吝嗇漢や偏狭な煽動者に大金を返すのが公共の利益に反し、また、誠実に約束を果たすことで当人が自らの利益に反して困窮するというものである（ibid.）。

しかし、金を返すというのは、正義の諸規則のシステムを起動させる最初の行ないではあり得ないであろう。返すためにはまず借りなければならないが、金を借りるという行為は、すでに所有と権利の概念を前提とする。正義の諸規則がすでに効力を持っている状態でなければ、金の貸し借りというやりとりは成立しない。

結局ヒュームは、社会の成員にとっての手本となる最初の正義の行ないの例を具体的に示していない。正義の行ないとしてありありと想像できるのは、正義の諸規則に違反する動機が存在するときに、人があえてそれに逆らって誠実に振る舞うような場合である。こうした行為に対する称賛の感情は、それに違反する行為が容易に想定される場合に、違反、すなわち正義の秩序からの逸脱に対する非難の感情が一方にあってはじめて成り立つのではないか。

ヒュームは、「正義の感覚を生じさせる印象」を説明すべきところで、正義の諸規則に対する違反が生じる具体的な危険に対する感情的反応に言及する。このことによって、正義の諸規則のシステムを起動させる行ない、それが引き起こす印象が示されたように一見思える。しかし、正義のシステムが正常に作動している状態では、正義の諸規則への違反の可能性が具体的に想定されず、それに対応する意識的な感じをともなった反応、すなわち印象も不在のはずである。

こうして見ると、正義の諸規則によって成り立つ所有に対する誇りの場合も、誇りと結びつく快の印象が常に明示的に意識されているとは限らない、いや、明示的に意識されるためには、単に所有しているのとは異なった何らかの事態が生じなければならないとさえいえるのではないか。

誇りと結びつく快の印象が明示的に生じる場合の一つは、当然だが、所有する対象を実際に使用し、それによって快を得る場合であろう。対象を使用する力が現実に行使される以前にも、力の行使が具体的にありそうなこととして想定される場合には、それによって快の印象が生じるであろう。

しかし、対象を使用する力を自分が行使する可能性がまったくなくても、所有と富が所有者に快を与える場合があるとヒュームはいう。

吝嗇漢は自分の持ち金に喜びを覚える。つまり、その金によって得られる、生活を気持ちよく便利にするあらゆるものを手に入れる力に喜びを覚える。40年もその富を手もとに置いてまったく使いもせず、従ってどんな種類の推論によっても、自分の持っているものがまったくない場合と比べても、こうした快が実際に存在するとはいえないのにもかかわらず、そうなのである。（THN 2.1.10.9、傍点は原文イタリック。）

こうした場合に、それ自体としては知覚可能な実在を持たない所有という意識を前景に押し出すものは何か。ヒュームは明示的に述べていないが、それは、所有がないこと、所有を失うこととの対比であろう。他人が所有を持たず、あるいは所有を失うのを目にし、それに感情的に反応することによって、通常は明示的に意識に上らない自らの所有に目が向けられ、他人の苦痛との比較によって、自らの快の気づきが生じる。ヒュームは、誇りの情念を引き起こす契機としての他人との比較を重視しており、所有の場合にもそれが当てはまる（THN 2.1.10.12）。

［第6節］因果性と自分の力

ヒュームは、物質的自然界の事象と、人間の精神や社会の諸現象が、ともに原因と結果の関係に貫かれていると主張する。因果関係は、ある対象が他の対象の運動や作用を現に生み出す場合に限らず、生み出す力を持つ場合にも認められる。人間社会における因果的な秩序は、主として、こうした、必ずしも現実化しない力から成り立っている。

二つの対象が原因と結果の関係によって結合されているのは、一方が他方の運動や何らかの作用を生み出すときだけでなく、生み出す力を持つときでもある。そしてこのことは、利益と義務のあらゆる関係の源泉と見ることができる。この関係によって人々は社会においてたがいを動かし、支配と服従の絆に置かれるのである。(THN 1.1.4.5)

こうした力からなる秩序の中核にあるのが、所有という力である。ここまで見たように、所有は必ずしも現実化しない力である。それだけでなく、所有を支える合致もまた、何らかの積極的な「正義の最初の行ない」の現前ではなく、妨害や異義の不在によって成り立つのであり、所有を成り立たせる「正義の感情」は、合致による秩序が守られているあいだは発動せず、秩序を破る変則事態への感情的反応としてはじめて姿を現わす。ここから見て取れるのは、社会的世界におけるわれわれの思考と行動の土台にある因果関係の了解の根底にあるのが、可感的関係の反復的現前というより、ある種の事態の不在についての非明示的、前反省的な想定だということである。こうした想定のあり方を明るみに出すのは、この想定を背景とする規則に従う行動ではなく、この規則を破る行動への動機が生じ、それが実行に至らないとしても、具体的に表象される事態であり、それに対する感情的反応である。

因果性にかんする日常的思考と行動において重要な主題になるのは、目的に適合した手段の選択である。ここで問題の焦点となるのは、自分が何をする力を持ち、その力の及ぶ範囲がどれほどのものであるかであり、日常的な因果理解の核心には、この、自分の力があると考えられる(*3)。そして、所有は、自分の力の及ぶ範囲を規定する重要なファクターの一つである。所有が最初に取り上げられるのが情念論の文脈であり、自己に差し向けられた誇りという情念にかかわってであるのは、まさに、所有が自分の力の重要な構成要素であるからにほかならない。

自分の力という因果概念の特徴の一つは、それが、すでに起こったことを説明するのではなく、現実の、あるいはこれから生じることの可能な状況下で、自分には何ができるか、何をすることが許されているかという、現在を含むそれ以降の時点に向けられた、いわば前向きな概念であるということである。

自らを取りまく環境をわれわれが認識するしかたのうち、とくに重要なのが、その環境の中で、われわれに可能な行動がどのようなものであるかを見て取ることである。自分の力の現実の行使は、常に環境の制約の下にあり、自分の力とは、形而上学的に仮定された自由意志のような無規定な概念ではない。

そして、自分の力の重要な要素をなす所有が、因果的な概念である一方で、正義の諸規則という規範によって支配された社会的環境における人間の相互作用という実践に内在的な概念であることはいうまでもない。また、所有する対象への力の行使だけでなく、自分の力の行使に対する環境の制約は、物理的で事実的な側面を持つと同時に、社会的で規範的な側面を持つ。われわれが、置かれた環境の中で行なう、さまざまな物や人と因果的インタラクションは、事実的に、かつ規範的に条件づけられた実践なのである。

［第7節］結論

一ノ瀬とヒュームの因果理解は、知覚可能な関係としての因果性の理解の不在という点で一致するが、それ以外はむしろ対立する側面が大きい。最も大きな対立は、因果性をとらえる基本的な図式にある。ヒュームが、事物の通常の秩序に因果性の概念を当てはめるのに対して、一ノ瀬は、通常の秩序から逸脱する事態に、因果概念の働く場を見いだす。そのさい、一ノ瀬が前景に押し出すのが、なされなかったことを事態の原因として指定する不在因果である。

不在因果や、その枠組みをなす反事実的条件分析を、ヒュームは論じていない。しかし、不在の問題は、別のしかたでヒュームの因果論のうちに位置を占めている。つまり、事物を通常の秩序から逸脱させる妨害条件の不在である。ヒュームは物質的自然と社会的世界を同一の因果概念のもとにとらえようとするが、社会的世界における因果は、多くの場合に必ずしも現実化しない力のかたちをとっており、このような因果の条件として、恒常的連接、つまり知覚可能な関係の反復的経験を求めるのは困難である。ここで、因果関係は、明示的な意識というより、前反省的な想定の対象にとどまる。しかし、こうした非明示的な想定を明るみに出すのは、その想定に反する変則的事態である。そして、この変則的事態は、事実的な予期に反するだけでなく、規範的な秩序を侵害するものとして、感情的反応を引き起こす。こうして、因果的概念が、逸脱への感情的反応によって意識にもたらされるという点で、一ノ瀬とヒュームの因果理解は一周り回ってつながるというしかたの一致を見せることになる。

しかしやはり、一ノ瀬とヒュームの因果論は、出発点の基本的図式を異にするだけでなく、それが因果に向けるまなざしの方向性という点で、明確な対照をなす。一ノ瀬は、すでに起こったことに対して、「それがなぜ起こったのか」「それを防ぐことはできなかったのか」を問う中で働く因果理解を問題にする。これに対してヒュームは、われわれの日常的な因果理解の働く場を、現在とそれ以降の時点に向けられた、行動をつうじた環境とのインタラクションに見いだす。こうした行動に対する物理的および社会的制約が、われわれの力の行使のあり方を事実的かつ規範的に規定し、因果性の理解に具体的なかたちを与えるのである。因果性の一種としての所有の場合に明らかなように、ヒュームにおいても、因果性は、社会的世界での規範的な実践に内在する性格を持つ。ここでも、一ノ瀬とヒュームの因果論は、違った方向を向きながらどこか似通った相貌を示すように思われる。

哲学においては、ある議論や論者が、批判しつくされ、後方に安全に置き去られたように見えて、批判を思わぬ方向からすり抜けてよみがえってくることが、しばしばある。一ノ瀬は、ヒュームをあるところで置き棄てて、ヒュームとは別の方向で因果論を展開しようとするが、この場合も、一ノ瀬の因果論の主要な主題のいくつかを、一ノ瀬のしかたでなく、ヒューム的に変奏することができるのではないか。本稿は、そのような変奏の一つの試みである。

＊付記
本研究はJSPS科研費16K02146の助成を受けている。

◉注

＊1　下川は、私とは反対に、因果性としての所有も、恒常的連接によって裏づけられると主張する。
＊2　より詳細な議論は、伊勢2018, 3頁以下を参照。
＊3　日常的な因果理解における自分の力の決定的な役割について、より詳しくは、伊勢2018, 5頁以下を参照。

◉文献表

＊ヒュームの『人間知性研究』への指示は、'EHU' に続いて、Hume 2000のパラグラフ番号を、『人間本性論』への指示は、'THN' に続いて、Hume 2007aのパラグラフ番号を記した。

Hume, David. 2000. *An Enquiry concerning Human Understanding*, edited by Tom L. Beauchamp. Oxford: Oxford University Press.

Hume, David. 2007a. *A Treatise of Human Nature*, edited by David Fate Norton and Mary J. Norton. Oxford: Oxford University Press.

Hume, David. 2007b. *A Dissertation on the Passions / The Natural History of Religion*, edited by Tom L. Beauchamp. Oxford: Oxford University Press.

一ノ瀬正樹 2018『英米哲学入門』筑摩書房。

伊勢俊彦 2012「ヒューム『人間本性論』の道徳哲学」（デイヴィッド・ヒューム、伊勢俊彦・石川徹・中釜浩一訳『人間本性論 第3巻 道徳について』法政大学出版局、２０１２年、207-310頁）。

伊勢俊彦 2018「経験世界のヒューム的再構成（三）」『立命館文学』第567号、１－10頁。

Lewis, David. 1973. 'Causation.' *The Journal of Philosophy*, 70, pp. 556-567.

下川潔 1994「ヒュームのプロパティ概念—因果論による所有権概念の書き換えについて—」『倫理學年報』第43集、35－50頁。

Susato, Ryu. 2015. *Hume's Sceptical Enlightenment*. Edinburgh: Edinburgh University Press.

［第十五章］

因果性と規範性

一ノ瀬化されたヒューム因果論

相松慎也——東京大学大学院

【第1節】はじめに

物事の原因や結果を知っていることは、私たちにとって大きな意味をもつ。この世界とうまく付き合っていくためには、次に起こる出来事を予測し、望ましくない出来事を予防し、望ましい出来事を促進する必要がある。こうした未来の予測と操作は、私たちが関連する因果関係――どんな原因からどんな結果が生じるか――を知っているからこそなしうる（cf. Bacon 2000, p.33）。それを知らなければ、私たちの予測と操作は失敗に終わるだろう。

こうした語り方には次のような含意がある。因果関係とは「知られるもの」であり、世界の側に「実在するもの」であり、世界の道行きを「定めるもの」である。それゆえ、私たちの因果信念（因果関係についての信念）は、実在する因果関係と合致しているか否かによって真にも偽にもなりうる、と。日常的・科学的な常識では無論のこと、西洋哲学史上でも長らく因果性とはそのようなものだと理解されてきた。

しかし、18世紀の哲学者デイヴィド・ヒュームは、この常識的な因果理解に疑義を呈した。因果関係は世界の側に実在する秩序ではなく（少なくともその証拠はなく）、人間たち動物の心理的な癖の産物である、と。こうしたヒュームの因果論は、カントをはじめ多くの哲学者に衝撃を与え、多くの批判を浴びながらも、現代まで至る因果性論争の発端となった。

現代日本にも、ヒューム因果論との徹底的な対決を通して、独自の因果論を構築した哲学者がいる。それが一ノ瀬正樹である。初期の『原因と結果の迷宮』から最近の『英米哲学入門』に至るまで、一ノ瀬哲学の一翼を担っているのは間違いなくヒューム因果論の批判である。一ノ瀬は「因果関係なんてない」（一ノ瀬 2018, 163頁）という洞察こそヒュームの功績と見て受容する半面、その他の点ではまったく受け入れられないとして「アンチ・ヒューミアン」（一ノ瀬 2018, 161頁）を自称するに至っている。

両者の対決はそれ自体として興味深いだけでなく、「因果性とは何か」という根本問題にも一石を投じることになるだろう。しかし、管見の限り、一ノ瀬のヒューム因果論批判を正面から受け止めて分析した先行研究は存在しない。そこで本稿では、ヒューム因果論と一ノ瀬因果論を突き合わせつつ、両者の何がそれほど違うのか、その溝は決して埋めることができないのか、という点を検討していきたい。鍵を握るのは、一ノ瀬がヒュームに欠けていたと主張する、因果性に絡みつく「規範性」である。結論からいえば、実はヒューム因果論には、一ノ瀬因果論の核心ともいえる規範的側面がふんだんに用意されており、両者の立場は驚くほど親和的だったということが明らかになる。

本稿の構成を述べておこう。第2節では、ヒューム因果論の標準的な解釈を示す。第3節では、それに対する一ノ瀬の批判を三点にまとめて紹介し、それを乗り越えるべく一ノ瀬が注目した概念が「規範性」であることを確認する。第4節では、一ノ瀬の診断に反して、ヒューム因果論には陰に陽に「規範性」概念が浸透しており、ヒューム因果論を「一ノ瀬化する」ことは十分に可能であることを示す。第5節では、こうした因果論が胚胎する懸念を述べる。

【第2節】ヒューム因果論の概要

哲学古典研究のご多分に漏れず、ヒューム因果論の解釈はまったく一枚岩ではなく、まさに百家争鳴の様相を呈している (cf. Garrett 2009; 萬屋 2018)。ここではそういった解釈論争に深入りせず、一ノ瀬が対決している標準的なヒューム因果論を押さえて、議論の出発点としよう。

最初に、ヒューム哲学の前提を確認しておく。ヒュームの研究対象は、人間の心の中に現れるものであり、そのすべてが「知覚」と呼ばれる。感覚や感情などの生き生きした知覚は「印象」(感じられるもの) と呼ばれ、その活気が私たちにとって標準的なリアリティの基準をなす。他方、記憶や想像など、印象が心の中で再現・再構成された比較的ぼんやりした知覚は「観念」（考えられるもの）と呼ばれ、活気の程度に応じたリアリティが認められる（T 1.1.1.1; 1.1.2.1; 1.3.9.3）。こうした知覚の生起は二つの原理に支えられている。一つは「コピー原理」であり、すべての観念は、少なくともその単純な構成部分については、先行する印象のコピーとして生じる（T 1.1.1.7）。もう一つは「観念連合原理」であり、ある観念が生起すると、それに「類似」「（時空的）近接」「因果」いずれかの関係にある観念が自然に想像され、結びつく（T 1.1.4.1）。ヒュームの因果論が目指しているのは、この因果関係による想像（因果推論）メカニズムの解明、ひいては、ここで「因果関係」と呼ばれている関係（複合的な観念）の分析——そのコピー元となる印象の特定——にある。

ヒュームはまず因果関係の観念が「（時空的）近接」「（時間的）継起」「必然的結合」という三つの構成要素からなると指摘する（T1.3.2.9, 11）。定式化するなら、「cはeの原因である⇔cはeに近接・先行し、かつ、cが生じると必ずeが生じる」ということだ（＊1）。しかし、最後の必然的結合に関しては、cとeをいくら観察しても元の印象が見つからない。そこでヒュームは、知覚対象間の因果関係から知覚者の心に目を転じ、人の心中で因果推論および因果信念が発生する条件を探る。ここで突き止められるのが「恒常的連接」（T1.3.6.3）、つまり、「これまでcに類似する対象（タイプCの対象）が生じると常にeに類似する対象（タイプEの対象）が生じてきた」という過去における同種事例の反復関係である。この関係を観察・記憶した人は、任意のCを知覚すると対応するEを想像して知覚するという「習慣」（T1.3.8.10）を身につける。この状態で新たなCの印象cが知覚されると、その活気が心を打っている最中、ただちに対応するEの観念eが想像されるため、そこに活気が伝播し、eが生き生きと思い描かれる。つまり、eの観念に十分なリアリティが付与されるため、eの存在を信じてしまう（eの信念を抱く）ということだ（＊2）。このようにして心が決定されること、「精神の被決定性」を感じることこそ、必然的結合の元の印象だということになる（T1.3.14.20）。

因果関係のコアは、cやeという判断対象の側にではなく、「cはeの原因である」と判断する者の側にある（T1.3.14.24）。

［第3節］一ノ瀬のヒューム因果論批判

このヒューム因果論に対する一ノ瀬の批判を見ていこう。ここでは核心的な三つの論点を取り上げたい。一つ目は、ヒュームは因果性概念の中に「必然性」を不当に組み込んでいる、という批判である。二つ目は、「恒常的連接」を因果性の実質とするヒュームの因果論は「単称因果」と「不在因果」を適切に扱えない、という批判である。三つ目は、ヒュームの因果論を受容すると「因果的超越」という好ましからざる事態が帰結する、という批判である。以下では、これらがどういう批判であるかを確認した上で、ヒューム（解釈者）が応えなければならない問題を明らかにする。

［1］因果的必然性

第一の批判はこうだ。ヒュームは因果論の出発点で、因果関係の観念は「必然的結合」の観念を含むと唐突に主張するが、なぜそう言えるのか不明である。

たばこと肺がんの間に因果関係があると私たちが認めていると想定するとき（その想定を拒絶するのは現状の言語使用法からして難しい）、因果関係に必然的結合が組み込まれているというのは日常言語的に自明ではない。喫煙者が全員必ず肺がんになるわけではないからである。まして、量子力学的な世界像……を考慮に入れるとき、「因果的必然性」をデフォルトに置くというのは、きわめて受け入れにくい断言に

聞こえる。（一ノ瀬 2011b, 340頁）

つまり、現に私たちは偶然的・確率的な関係も因果関係と見なしているのに、概念上「必然的な関係のみが因果関係だ」と主張する根拠がどこにあるのか、という批判である（＊3）。

実は、ヒューム自身がこの批判の前半部分を受け入れてしまっている。「一般人（vulgar）は物事を最初の見かけ通りに受け取るため、出来事の不確実性を原因自体の不確実性のせいにする」（T 1.3.12.5）。つまり、普通の人々は、概念上「原因は不確実でありうるもの、偶然性や確率を胚胎しうるもの」だと考えているということである。それゆえ、ヒュームの因果論は一般に流布している因果概念の分析から始まっているとはいえない。むしろヒュームの念頭には「哲学者」と呼ばれる人々の因果概念がある。「哲学者は「あらゆる原因と結果の結合は等しく必然的であり、一部事例における見かけの不確実性は反対〔の結果をもたらす〕原因たちの隠れた対立から生じる」という原則を打ち立てる」（T 1.3.12.5）。

こうして異なる因果概念が認められるとき（＊4）、どうして必然性を含む因果概念がデフォルトなのだろうか。それは経験的な事実に基づいた選択なのだろうか。否、事実は、確率的にしか結びついていないように見える因果の事例が多々存在しており、それを受けて、多くの人々は「因果性は確率的だ」と考え、他方、決定論的世界観を受け入れる人々は「それでも因果性は必然的だ」と考えている、ということにすぎない。いったいなぜ後者の因果概念が正しい分析対象だといえるのだろうか。

［2］単称因果と不在因果

第二の批判は、ヒュームが因果関係の実質に「恒常的連接」を置いたことに関わる。もしそのような反復関係が因果性のコアだとすると、単称因果と不在因果を因果関係として認めがたくなると言うのだ。

まず、単称因果とは現実世界の中で生じる個々具体的な出来事間の因果関係である。たとえば、〈タロウが自動車にひかれた後に死んだ〉という状況を観察し、「タロウが死んだ原因は自動車にひかれたことだ」と判断する場合だ。ヒュームは、私たちがこうした単称因果判断を下せるのは、過去に同種の事例を経験してきたからだと考える。実際、「自動車にひかれて人が死んだ」という話はしばしば聞く。しかし、こうした反復経験がそもそも存在しない場合でも、私たちは躊躇なく因果関係を認めるように思える。

> 連れが、名も知らない草を食べたら、突然具合が悪くなって泡を吹き出したとしてみよう。……これって一回こっきりの出来事でしょ。恒常的連接をなすほど繰り返し見てきたはずがない。でも、こういう状況だったら、草が毒物で、それが原因で具合が悪くなったんだって、間違いなく思う。……これをヒュームはどう説明するんだろうか。（一ノ瀬 2018, 204頁）

無論ヒュームも、こうした一回限りの因果性の問題に気づいている。「哲学だけでなく、日常生活においても、一度の実験だけで特定の原因に関する知識を獲得することができる」（T 1.3.8.14）。ヒュームはこれを次のように説明する。私たちはほかの膨大な恒常的連接の経験から「似た対象は、似た条件の下に置かれると、常に似た結果を生み出す」（T 1.3.8.14; cf. T 1.3.15.6）という一般的な規則を習慣的に確信しているため、一回限りの出来事もこの習慣的な原理の一例として一般化してしまう。つまり、実際の経験上、cとeが初めて観察されたものであったとしても、一般規則により、私たちは「cに類似する対象が生じると常にeに類似する対象が生じる」と考え、この仮想の恒常的連接に基づいて「cはeの原因である」と判断する（*5）。このような説明は、因果推論・判断の契機を徹頭徹尾「通常の事態」とすることを意味する。私たちは（現実の歴史的パターンまたは一般規則によって）「いつもこうだ」と感じて初めて因果推論・判断を行うことになる。

しかし一ノ瀬に言わせれば、私たちがわざわざ因果推論・判断を行う引き金として何の変哲もない事態を言挙げするのは奇妙であり、むしろ恒常的連接のない一回的な異常事態でこそ因果関係が問題になるはずだ（一ノ瀬 2018, 265－267頁）。日本人は電車が定刻通り走っていることの原因など気にも留めないが、電車がわずかでも遅延したら躍起になって原因を探し求める。因果性のこの側面をヒュームの議論が主題化していないのは確かだろう。

また、不在因果も同根の問題としてとらえることができる。不在因果とは〈Xでない〉という消極的な出来事が原因の役割を果たす因果関係である。たとえば、「ジョンが餌をやらなかったせいでペットの亀が死んだ」という場合だ。このような因果関係を知覚間の恒常的連接で説明するのは確かに難しい（一ノ瀬 2018, 205頁）。消極的な出来事を特定の知覚としてとらえることが難しいことに加え、私たちが〈Xでない〉ということを言挙げするのは、通常なら〈Xである〉ところで例外的に〈Xでない〉場合だろう。それは、〈Xでない〉こととその結果の恒常的連接が観察されにくいケースだ。それゆえ、恒常的連接をベースにしたヒューム因果論では不在因果を適切に処理できないように思える。

［3］因果的超越

第三の批判は次のように再構成できる。ヒュームによれば、［1］cとeの因果関係は、主体Sがcからeを推論することで成立する。ヒュームの議論構造を分析すると、［2］〈Sがcからeを推論すること〉の原因は〈SがCとEの恒常的連接およびcの印象を知覚したこと〉であり、両者の間には高階の因果関係が成り立っている（一ノ瀬 2001, 37頁）。［1］を踏まえると、［3］この高階の因果関係は、第三者が〈SがCとEの恒常的連接およびcの印象を知覚したこと〉から〈Sがcからeを推論すること〉を推論することで成立する。以下同様の行程がいつまでも続くことになり、因果関係の成立条件が無限の「他者」へと後退していき完結しない。こうして因果性やそれをベースにした世界のリアリティが崩壊していくさまを「因果的超越」と言う（一ノ瀬 2001, 41頁）。一ノ瀬はこの事態に「暗黒」「暗闇」「不安定」「不自然」といったネガティヴな評価を繰り返し与えている（一ノ瀬 2001, 4頁；2004, 254頁；2018, 211頁）。

［1］に関して、これは認識論と存在論の混同だという反論がある（柏端 2003, 139頁）。しかし、ヒューム内在的にはこうした応答は難しく(＊6)、また一ノ瀬は認識論と独立に存在論を論じることに説得力を認めず（一ノ瀬 2011a, 259頁）、この点ではむしろヒュームの方法論を受け入れている。［2］に関しても、実際ヒュームの因果論は因果的な説明に満ちている。また、鵜殿が指摘するように、ヒュームは因果性の還元的（分析的）定義に興味はなく、因果的定義で満足しているように思える（鵜殿 2011, 25頁；cf. T 1.3.14.31）。だとすれば、ヒュームは喜んで［2］を受け入れるだろう。しかし、ここまで認めると、［3］の帰結は否定しがたくなる。

問題の発端は、因果性を「他律」（一ノ瀬 2001, 10頁）的に理解したことにある。つまり、ヒュームは、因果性が対象内在的にではなく、外在的な他者によって成立すると考え、しかも、その他者における因果性の成立機序自体も因果性だと考えたために、因果性の成立が無限後退に陥ってしまう。ヒュームの因果論には「因果的超越をどこかで一旦停止させるという作用が一切見込まれていない」（一ノ瀬 2001, 41頁）。しかし、それほど不安定な世界理解は、私たちの生活実感からかけ離れている（一ノ瀬 2018, 211頁）。

［4］規範性の介入――一ノ瀬因果論の概要

一ノ瀬のヒューム因果論批判をまとめると、たいていの因果性は必然的ではなく確率的であること、因果推論・判断の契機は常態ではなく逸脱にあること、そして、因果性が他律的に成立すると理解すると結局成立しなくなるということ、以上である。一ノ瀬によれば、これらの問題を解決する鍵は、因果性を支える「規範性」への注目にある。

事実としては、せいぜい過去の規則的なデータないし恒常的連接の経験しかなく、たいていはそのデータや経験にも紛れがあり、「一定の条件下では高頻度でしかじかが起こる」という程度のものだ。それにもかかわらず、未来にも及ぶ因果性が、しかも必然的なものとして存在するように感じるのはなぜか。それは、因果判断・推論という実践が、「責任」や「応報」といった高度に規範的で制度的な概念と結びついているからである（一ノ瀬 2018, 134－141、258－259頁）。たとえば、原発事故のようにネガティヴで異常な出来事が生じたとき、私たちはその不幸を誰かのせいにしたくなる。責任者を特定したくなる。私たちの怒りはやり場を求めているし、同じ不幸は二度と起こってほしくない。だから、その不幸と偶然ではない仕方で結びついている者――それを引き起こした者、あるいは、それを防ぐこともできたのに怠った者――が存在するはず、いやむしろ存在するべきなのだ（組織における責任者不在の状況がすでに非難の的になることを思い出そう）。こうして、「責任＝原因」が存在するべきものとして想定されるようになる。さらにここで応報思想が絡んでくる。意図的に不幸を招いた者、罪を犯した者が特定されたとしよう。事実としては、その者は自分がしたこと（原因）の報い（結果）として何らかの罰を受ける確率が高いものの、必ず罰を受けるとは限らない。しかし私たちは、その者は必ず罰を受けるべきだと考える。かくして、原因の必然的な結果というものが概念化される。

つまり、どうして因果的必然性という幻想が生まれるかというと、そもそも因果性が、単に恒常的な事態の観察から受動的・他律的に生成してくる事実記述的な概念ではなく、むしろ観察者が自分の規範意識に基づいて能動的・自律的に創り出す評価的・規範的な概念だからである。「必然性は、事実としてではなく、規範という身分においてむしろ積極的な意義を担っている」（一ノ瀬 2001, 198頁）。

このように発想を転換すると、問題が一挙に解決される。ヒュームは因果性を恒常的で他律的なものだと理解してしまったために、逸脱的な単称因果や不在因果を正面から扱えなくなり、またその「恒常的」な因果的リアリティも、無限後退的な「他律」構造によって因果的超越に陥り、結局は無に帰してしまう。真相としては、平常時において因果性などというものは端から存在しない（一ノ瀬 2018, 265頁）。しかし私たちは、自分の規範意識を刺激するネガティヴな異常事態に遭遇したとき、「なぜそんなことが起こったのか」と問い、その答えにふさわしい因果性が存在するべきだと考え、因果性を自律的・即興的に仮構する（一ノ瀬 2018, 268－269頁）。かくしてリアリティを与えられた「制度的実在」（一ノ瀬 2001, 242－247頁；2018, 284－286頁）としての因果性が存在するようになる。

また、因果性はその出自からして規範的な概念であり、その意味で必然性を帯びている。だが、因果性がいったん仮構され事実化されると、「事実の次元では必然性などない（認識できない）」という現実により、因果性は偶然的・確率的なものとならざるをえない。しかし、多くの哲学者は「規範―必然的」側面と「事実―偶然的」側面を混同（ないし恣意的に取捨）し、因果性を「事実―必然的」な概念としてとらえようとするから無理が出てくる。一ノ瀬によれば、こうした因果性のありようを包括的に理解するには、むしろ確率的因果をベースとしつつ「因果的必然性が帰せられる決定論的な場面というのは……確率が1か0の極限的なケースである」（一ノ瀬 2001, 199頁）と考えればよい。

ヒュームの落ち度は、規範と事実の両方にまたがる因果性の本性を見抜けず、実際には規範的側面である必然性を因果性の本質としたまま、事実レベルで因果性を説明し尽くそうとしたことにある。これが一ノ瀬の診断である。

［第4節］ヒューム因果論再考

本節では、一ノ瀬の批判に対し、ヒューム因果論の内部から応答を試みる。応答の仕方はいろいろありうるだろうが、ここでは一ノ瀬哲学に寄り添い、ヒューム因果論においても因果性と規範性は絡みあっているということを示したい。

［1］因果性と情動的態度

そもそも「規範性とは何か」が大きな問題だが、ここでは一ノ瀬の理解を踏襲しよう。まず、一ノ瀬は、因果推論・判断の契機となる逸脱状況を「不規則なこと、驚くべきこと、ショッキングなこと、興味深いこと」（一ノ瀬 2018, 266頁）とし、「驚き」（一ノ瀬 2018, 230頁；2001, 230頁）を生むものだととらえている。しかもそれは価値負荷的な（基本はネガティヴだがポジティヴでもありうる）事態であり、「後悔」や「嫉妬」なども生む（一ノ瀬 2018, 271・273頁）。こうした情動的態度が「なぜそんなことが起こったのか」「どうすれば予防できたのか」という因果的問いの引き金になる（一ノ瀬 2018, 272頁）。また、規範性は、逸脱に対する「非難・批判の過酷度」として定量化される「強制力」をもつとされる（一ノ瀬 2018, 338頁）。極端な場合、死刑などの物理的な刑罰に達するだろうが、そこに通底するのは自責の念や非難感情であろう。以上より、一ノ瀬の言う規範性が観察者の情動的態度と深く結びついていることは間違いないだろう。

だとすれば、一ノ瀬の規範性理解はヒュームと軌を一にしている。ヒュームは実践的原理を理性ではなく情念とし（T 2.3.3.3）、非難感情を道徳判断のベースにする古典的な道徳感情論を提示している（T 3.1.2.1）。それゆえ、ヒュームにとっても情動的態度は規範性のコアにある。

そして、実はヒューム自身、因果推論・信念が「観察者の情動的態度」に大きく左右されると各所で述べている。

情念は信念に対して大いに寄与する。快適な情動をもたらす事実のみならず、苦痛を与える事実も非常にしばしば、そのゆえにより容易に信念と意見の対象になる。簡単に恐怖心を抱く臆病者は、自分が危

> 険な目に遭うだろうという話にすぐ同意する。同様に、悲しみやすく憂鬱になりがちな人は、自分のそうした支配的な情念を助長するどんなことでも非常に信じやすい。感情を動かす対象は、出現するや、警告を与え、すぐにその対象にふさわしい情念をある程度で生み出す。とりわけ、その情念を抱く自然な傾向をもつ人の内に。この情動はたやすく想像力へと伝播し、感情を動かす対象の観念に広がり、より大きな勢いと活気と共にその観念を形成させ、かくしてそれに同意させる。感嘆と驚きも他の情念と同じ効果をもつ。……奇跡のような話に自然に伴う最初の感嘆が、魂全体に広がり、観念を活気づけるため、その観念は私たちが経験から引き出す結論と類似することになる。(T 1.3.10.4)

つまり、価値(快苦)を帯びた対象の知覚は、知覚者の性格次第で対応する情念を喚起し、その情念が今度は(想像力の活気づけを介して)元の対象に関する信念形成を促進する。たとえば、臆病者は、恐怖心を抱きやすいため危険な事態を信じやすく、逆に、安心感を抱きにくいため安全な事態を信じない傾向にある。性格に何の偏りもない人間というものは想像しがたく、こうした事情はほとんどの信念形成に当てはまるだろう。そして、因果推論を構成する想像力や信念が情念の影響を受けるなら、因果推論には情念の「バイアス」が多かれ少なかれ介入してくることになる。

　すると、因果推論・信念ひいては因果関係は、各人の性格に依存していることになる。このことがもつ意味は大きい。というのも、ヒュームによれば、人はその性格に端を発する行為にこそ責任を負うからである。

> 行為がそれをなした人格の性格や傾向性に含まれる何らかの原因から生じていない場合……その人格にはその行為に対する責任がない。つまり、その行為は彼の内にある持続的・恒常的なものから生じていないため……彼は罰や復讐の対象になりえない。(T 2.3.2.6)

一ノ瀬が指摘するように、そうした持続的性格に由来するものは、行為に限らず、「感情や態度の発露」も含め、その人格の責任下にあり、道徳判断の対象になりうる（一ノ瀬 2005, 74－75頁）。それゆえ、同じことが因果推論や信念形成にも当てはまるだろう。傍証として、ヒュームは判断力・想像力・記憶力など、因果推論や信念形成に関わる人格の性質を「自然的能力」として徳・悪徳の一種に含めている（T 3.3.4.1, 3, 5, 13; EPM 6.19）。

してみれば、各人は自分の責任のもと、自分の規範的態度に基づいて、各人各様の因果性、ひいては世界のリアリティを自律的に創り出していることになる。他律的な因果的超越を乗り越える鍵は、まさに自律的に因果性を創造することにあったのだから、これは光明といえるだろう。次の一節は、私たちのそうした「創造性」を如実に示している。

> 〔裁判官に罰を科される場合のように〕誰かから害を受けたとき、私たちは彼が犯罪者だと想像しがちであり、彼が正義であり無罪だと認めることは極めて難しい。それゆえ明らかに、いかなる害も不快も……憎しみを生み出す自然な傾向をもっており、私たちは、憎しみを抱いた後で、その憎しみを正当化・確立してくれる理由を探すのである。ここでは加害の観念が憎しみの情念を生み出すのではなく、憎しみの情念から加害の観念が生じるのである。（T 2.2.3.9）

このように、創造行為においては規範性と因果性が密着した形で提示されている。

最後に、ヒュームは「一回的な逸脱事例にこそ因果性の範例がある」という一ノ瀬の主張にもある程度迫っている。一つには、先に引用したように、ヒュームは「奇跡のような話」がもたらす「感嘆と驚き」の情念がその話をより信じやすくさせる、と述べていた（T 1.3.10.4）。しかし、驚きの効果はそれにとどまらない。

驚きは……精気を揺り動かすため……快い感情だけでなく苦を与える感情も増幅する。それゆえ、新しいものはすべてきわめて影響力が大きく、厳密に言えば、本来それに属するもの以上の快や苦を私たちに与える。この新しいものも、私たちのもとに現れることが度重なると、新奇さが摩滅してしまう。情念は静まり、精気の激しい運動は終わる。（T 2.3.5.2）

このように、驚きは、対象への様々な情動的態度を全体として増幅する。これに対し、反復経験、つまり恒常的連接や習慣は逆に感情を弱めてしまう。ここには奇妙なねじれがある。ヒューム公式の因果論では、恒常的連接と習慣が信念形成の一翼を担っていたが、情念に対しては逆効果となり、かえって習慣のなさ、新奇さこそがそうした情念に有利に働き、信念形成を促進する。このことは、一回的な逸脱事例が（範例とはいわないまでも）因果推論の契機となることを十二分に説明してくれる。

二点目として、ヒュームは道徳判断の一つの基準として、人々の間で標準的な情念の傾向を挙げる。

私たちは、徳と悪徳について判定するとき、常に情念の自然で普通の力を考慮する。そして、もしその情念が共通の尺度からいずれかの側に非常に逸脱（depart）していれば、それらの情念は常に悪徳として非難される。〔……〕私たちの義務の感覚は、常に私たちの情念の共通で自然な推移に従うのである。（T 3.2.1.18）

たとえば、親が子に対する愛情を欠いていたら非難される。なぜならそれは標準的な情念の傾向から逸脱しているからだ、というのである。こうして標準的な情念の不在やそこからの逸脱が非難感情と結びついているのであれば、それらは責任帰属を介して因果性とも結びつくことになるだろう。また逆に標準の側でも、「人はこの状況に置かれたらしかじかな情念を抱くはずだ」という因果的な予測と「人はこの状況に置かれたらしかじかな情念を抱くべきだ」という規範とが癒着していることを示している。

このように、ヒューム因果論に逸脱という契機と情動的態度の介入を読み込むことは十分に可能であり、それを規範性の介入と見れば、一ノ瀬因果論とも親和するだろう。

［2］規範性と選択可能性・偶然性

しかし、以上の議論が示すのは、私たちは自分の情動的態度によってある因果推論を行うように動機づけられているということである。もしそれが必然的な決定であるとすれば、自律性も画餅にすぎない。実際、一ノ瀬はヒュームの自由論を吟味する中で、そうした必然性の中には能動的な規範性が宿る余地がないと批判している。

ヒュームの自由論は、意志―行為の因果関係が生起した後で、過去回顧的にその関係の必然性と責任を言い立てる、という構造になっており、当該の意志が生じたことを既定の基点とする単線的関係のもとでの「責任」理解であって、それだけだと、私たちが通常使用している「責任」概念の核心に触れえていないように感じられる……。つまり、私たちは、単に意志から発する行為だから「責任」が帰せられるというのではなく、そうでない意志をもつこともできたはずだと考えられるから「責任」があると、そのように事態を捉えている。……ヒュームの場合、複線的な行為の可能性からどれか一つの道筋を選ぶという、意志の立ち上がりは議論されず、すでに立ち上がった意志の単線的な因果性だけが取り上げ

られていて、他行為可能性の問題は真には言挙げされていないのである。(一ノ瀬2005, 72頁)

本稿の議論に当てはめるとこうなる。情念によって因果推論が動機づけられ、決定されているからといって、ほかの仕方でも因果推論を行えた――ほかの因果的なリアリティを創り出すこともできた――と言えないのなら、本当のところ自由も責任もなく、重要な意味での規範性をすくいとれてはいない、と。これには同意したい。

ただ、ここから一ノ瀬は次のように議論を展開する。そうした意志―行為をめぐる因果関係全体は因果的超越に陥り、因果的必然性が無化することで、偶然性が立ち現れ、それを支えとして未来へと開かれた本当の「自由」が出現するものの、その際ヒューム哲学自体はすでに自滅している、と(一ノ瀬2005, 80-81頁)。ヒューム解釈者としては、そうならないように踏みとどまりたいところだ。

私の見立てでは、ヒュームが一ノ瀬の言う意味での規範性に最も肉薄しているのは次の箇所である。引用の補足として、「穏やかな情念」とは、時空的・心理的に遠方の快苦や利害から生じる情念であり、他者の快苦や社会全体の利害をもとにした道徳感情もこれに含まれる。「激しい情念」とは、目先の快苦や利害から生じる情念である。

人はしばしば自覚しながら自分の利益に反する行為をする。それゆえ、生じうる最大の善が見込まれたからといって、いつも人がその見込みに〔よって生じる穏やかな情念に〕影響されるわけではない。〔他方で〕人はしばしば、自分の利益や計画を実現させようとする際、激しい情念に逆らって行為する。それゆえ、人を決定するのは目先の不快だけではない。一般に見て取れるように、これら〔穏やかな情念と激しい情念〕の両原理が意志に作用しており、それらが対立する場合、人の一般的な性格や現在の傾向に応じて一方

> が優越する。私たちが「心の強さ」と呼ぶものは、穏やかな情念が激しい情念に優越することを指す。しかし、たやすく見て取れるように、どんな場合にも情念と欲求の誘惑に決して負けないほど、恒常的にこの徳を有している人などいない。こうした気分の変動により、複数の動機や情念が対立しているところでは、行為と決意に関する意思決定が非常に困難なものとなる。(T 2.3.4.10)

たとえば、高校生が一年後の大学受験で合格すれば大きな利益が得られると気づけば、その心には〈勉強したい〉という穏やかな情念が生じる。しかし、目先の勉強のつらさを思えば、〈勉強したくない〉という激しい情念が生じる。この二つの情念は対立しているため、葛藤を起こす。人はその性格や傾向に応じて結局いずれかの情念に従って行為するが、どんな人でも、必ず一方の情念が優越するということはなく、意思決定はたゆたっている。

二点指摘しておきたい。第一に、ヒュームは、一ノ瀬の指摘に反して、複線的な行為の可能性とそのうち一つを選ぶという意志のあり方をきちんと押さえている。上の例で結局勉強しなかった学生は、穏やかな情念に従っていれば**勉強することもできた**のだ。第二に、この他行為可能性を保証するものとして、複数の情念のうちどれが行為に結びつくかは**必然的ではなく**偶然的であり、より正確にいえば、複数原因の混在による確率的な事態なのである。この事態を因果性の創造行為と結びつけると、ヒュームにおける因果性は、人々がどんな因果推論を行うか事前には分からない以上、少なくとも認識のうえで偶然的・確率的なのである。これは一ノ瀬の言う「即興性」に等しいのではないだろうか。以上でおそらく一ノ瀬の批判には応えられただろう。

［3］一ノ瀬化されたヒューム因果論

まとめておこう。対象の快苦が情念を生み出すかどうかは、それに対峙する人の性格に依存している。またその性格において穏やかな情念と激しい情念のいずれが勝つかは確定していない。この過程は必然的でなく、偶然性と選択可能性を含んでいる。（それゆえ私たちは「自由」や「責任」という規範的な概念を、単に過去に縛られたものとしてではなく、未来に開かれたものとして認めることができる。）そして、因果推論・信念はこうした情念に左右される。どんな因果推論・信念が行われ、どんな因果的リアリティが仮構されるかは、各人の性格責任のもとでの創造次第である。

こうして一ノ瀬哲学をベースにヒューム因果論を再解釈してみると、その懐の深さが明らかになる。一方の極には、恒常的連接を契機とし、習慣に支えられた事実記述的で他律的な因果推論・因果性があり、他方の極には、一回的で価値負荷的な逸脱事例を契機とし、情動的態度に支えられた規範的で自律的な因果推論・因果性がある。しかし、情動的態度をもたない主体など存在しないであろうから、両者は混ざり合っていると考えるべきだろう。特に、因果関係がまさに因果関係として意識されるには、後者の契機が不可欠だと思われる。逆に、逸脱が逸脱として意識されるには、まずもって標準が意識されていなければならないという意味で、前者の契機も不可欠だろう。こうした因果理解は、因果性において「である」（事実）と「べき」（規範）が絡みあっている（一ノ瀬 2018, 216頁）、という一ノ瀬の主張とも合致するのではないだろうか（＊7）。

［第5節］おわりに——規範性の理解と残存する不安定性

こうしてヒューム因果論と一ノ瀬因果論を調和させる試みは一応の成功を見た。ところで、この成功を牽引したのは、ある論争的な問題に関する二人の共通見解だった。すなわち、「規範性とはある種の心理的な影響力である」という規範性理解だ。第4節ではこの点を不問にしたまま話を進めたが、最後に疑問を呈しておこう。

いったい規範性は、情動的態度や動機づけや強制力によって説明し尽くされるものなのだろうか。また、自律的・制度的に創造されるものと言い切ってよいのだろうか。倫理学の歴史を少し紐解いてみれば、プラトンやカントをはじめ、そうではないと考えた哲学者がいくらでも見つかる。彼らは根本的な価値・規範の実在性や道徳判断の真理適合性を訴え、しかも、規範的なものは欲求や制度から超越していると考えた。もちろん善のイデアだの道徳法則だのといわれても、そこに文字通りのリアリティを認めることは難しい(Mackie 1977)。しかし、こうした道徳理解を妄想と切り捨てるのは早計だろう。実際私たちは、既存の価値観・道徳観・制度に対し「本当にこれでいいのだろうか」と常に問い直すことができる。一ノ瀬の求める「安定」(一ノ瀬 2018, 39－41頁)とは裏腹に、現状への安住を許さない不安定性が、規範性にはつきものなのではないだろうか。

こうした疑念が顕在化するのは、「因果―規範的な問いは標準からの逸脱から生じる」という一ノ瀬の(そしてヒュームにも読み込める)主張に接したときだ。確かに私たちは、逸脱事例を前にしたとき「なぜこんなことが(起こるべきではなかったのに)起こったのか」と問いを発する傾向にあるだろう。しかしだからといって、その場合にだけ問いを発していればよいということにはならない。実際、差別や奴隷制度や労働問題など、本当に深刻な道徳的問題はむしろ日常性の中にある。当たり前すぎて誰も疑問に思わないというまさにそのことに問題があるのだ。それゆえ、私たちにとって標準や日常は疑いにくいが、それでも疑うべきだといえる。実際、そのような疑問は十分に意味をなすし、制度改革の実在的な端緒でもある。この現状超越的な規範性は、一ノ瀬哲学の枠内でうまく位置づけられるのだろうか。

無理のない一つの方法は、現在の標準を「逸脱」と見なすことである。ではいったい何からの逸脱だろうか。それはおそらく「理想」と呼ばれる事態だろう。実際、人々が現状に不満を抱くのは、それが自分の信じる理想とかけ離れているときだ。しかし、理想とはまさにイデア的なつかみどころのないものであり、「これが理想だ」と信じることは「本当にこれが理想だろうか」という混ぜっ返しと地続きである。それゆえ、理想も一種の標準と見なせば、標準は無限に超越していくことになる。

一ノ瀬は、因果的超越を克服するために、因果性を規範意識に根ざした自律的・即興的な制度的実在と見なした。逸脱事例が因果的に説明されることで、世界は束の間の安定性（浮動的安定）を得る。しかし、私たちの規範意識は、標準こそ逸脱だとする理想的で無限後退的な視点を胚胎しており、結果、すべてが逸脱事例になりうる。因果的超越を規範性によって乗り越えるということは、この第二の超越、いわば道徳的超越の深淵を浮き彫りにすることでもある。一ノ瀬の期待に反し、私たちは世界の不安定性から逃れられない宿命にあるのではないだろうか。

◉注

＊1　以下、個々の知覚（対象、出来事）は小文字で、グループ化された知覚は大文字で表す。前者間の因果関係は「単称因果（トークン因果、現実因果）」と呼ばれ、後者間の因果関係は「一般因果（タイプ因果、潜在因果）」と呼ばれる（Kutach 2014, pp. 2–3, 6–7）。たとえば、「ハナコはストレスが原因で病気になった」というのは単称因果の主張であり、「人はストレスが原因で病気になる」というのは一般因果の主張である。ヒュームはあくまで「単一の事例」（T 1.3.2.9）の考察から議論を開始しているため、分析の対象は単称因果であったと解釈する。ただし、この点が後に問題になる（第3節2項）。

＊2　煩雑になるのを避けるため、ここでは原因 c から結果 e への推論だけを紹介しているが、結果 e から原因 c への推論も同じ恒常的連接の経験によって生じる。厳密に言うと、C と E の恒常的連接の経験は、C から E ないし E から C を連想する習慣を生む。

＊3　この批判は現代因果論でも取り沙汰される点であり、因果性を確率的に理解する動機となっている（Kutach 2014, pp. 91－92）。

＊4　ギャレットは因果概念（ヒュームの言葉では因果関係の「抽象観念」）の形成過程に注目することで、ヒューム因果論において「必然的結合の観念は少なくとも多くの人々の因果概念の一部をなしている」かもしれないが「因果概念自体にとって不可欠ではない」と解釈している（Garrett 2009, p.83）。

＊5　この説明に対して一ノ瀬は、結局、恒常的連接に基づいている以上、「〔ヒューム因果論では〕本当に一回こっきりの事象についてては因果関係は語れない……私たちの適用している因果概念とは違うものをヒュームは論じている」（一ノ瀬 2018, 205頁）と診断する。しかし、これはやや性急だろう。ヒュームの趣旨は、成人である私たちはすでに多種多様な恒常的連接を経験しているため、どんな単称因果も、一般的な恒常的連接の一例だと、反復可能な関係だと見なしてしまう、だからその因果関係を語れる、ということだ（cf. T 1.3.12.3）。「その草の毒を摂取したことが原因で連れの具合が悪くなった」と単称因果判断を下すとき、私たちはすでに「人は同条件でその草の毒を摂取すると具合が悪くなる」という恒常的連接関係を概念上見越している、ということなのである。「いかなる場合でも、私たちは、明示的ないし暗黙に、直接的ないし間接的に、自分が経験したことを経験したことのない事例へと移す」（T 1.3.8.14）。それゆえ、単に一回限りの因果性を持ち出しても反例にはならない。反例になるのは、こうした見越しすら成り立たないような状況、たとえば、知覚経験の乏しい（一般規則を身につけていない）子供が一回限りの因果性を認識するというケースだ。しかし、これは少々想定しがたい事態ではないだろうか。

＊6　恒常的連接のみに注目した規則性説解釈や、ストローソンのような実在論解釈をとればこのような抗弁も可能だが、一ノ瀬はそうした解釈に無理があると指摘している（一ノ瀬 2001, 30－34頁；cf. 萬屋 2018, 84－86頁）。本稿ではこの路線の応答は採用しない。

＊7　もっとも一ノ瀬はヒューム的な「常態を契機とする因果推論」というものを受け入れないかもしれない。しかし、ヒュームにとってもそれはふつう言挙げされることもない「習慣的・無意識的な心の働き」であり（T 1.3.8.10）、これを「因果推論」と呼ぶか否かは、単なる言葉上の問題であるように思われる。

◉文献表

Bacon, Francis. 2000. *The New Organon.* L. Jardine & M. Silverthorne (eds.). Cambridge: Cambridge University Press.

Garrett, Don. 2009. 'Hume.' In H. Beebee, C. Hitchcock and P. Menzies (eds.). *The Oxford Handbook of Causation.* Oxford: Oxford University Press, pp. 73–91.

Hume, David. [1739-40] 2007. *A Treatise of Human Nature,* 2 vols. D. F. Norton and M. J. Norton (eds.). Oxford: Clarendon Press.（引用に際しては、Tと略し、巻・部・節・段落番号を示す）

Hume, David. [1751] 1998. *An Enquiry concerning the Principles of Morals.* T. L. Beauchamp (ed.). Oxford: Clarendon Press.（引用に際しては、EPMと略し、章・段落番号を示す）

一ノ瀬正樹　2001『原因と結果の迷宮』勁草書房。

一ノ瀬正樹　2004「ヒューム因果論の源泉：他者への絶え間なき反転」デイヴィッド・ヒューム（斎藤繁雄・一ノ瀬正樹訳）『人間知性研究：付・人間本性論摘要』法政大学出版局、227－278頁。

一ノ瀬正樹　2005「自由・偶然・必然：ヒューム因果論が遭遇する暗黒」中才敏郎編『ヒューム読本』法政大学出版局、61－85頁。

一ノ瀬正樹　2011a『確率と曖昧性の哲学』岩波書店。

一ノ瀬正樹　2011b「ヒューム自由論の三つのスキャンダル」『思想』1052号、334－355頁。

一ノ瀬正樹　2018『英米哲学入門：「である」と「べき」の交差する世界』筑摩書房。

柏端達也　2003「書評 一ノ瀬正樹著『原因と結果の迷宮』」『科学哲学』36巻1号、137－143頁。

Kutach, Douglas. 2014. *Causation.* Cambridge: Polity.

Mackie, J. L. 1977. *Ethics: Inventing Right and Wrong.* London: Penguin Books.

鵜殿慧　2011「ヒュームによる「原因」の「定義」」『イギリス哲学研究』34号、19－33頁。

萬屋博喜　2018『ヒューム：因果と自然』勁草書房。

［第十六章］

ためらい、浮動しゆく思考

自分が自分でなくなるような瞬間の響き

一ノ瀬正樹——武蔵野大学

［第1節］世界感覚

時間は必ず経過してゆく。私はいつもこのことを感覚している。講義の場などで、この感覚を伝えようとするとき、私が挙げるのは太陽系の消滅の話である。太陽はあと数十億年後に寿命を迎え、消滅する。そのときまで、もし人類が生存していたならば、私たちの子孫たちはその時を迎える。遠い未来のことだとしても、時間は冷徹なので、必ずその時はやってきてしまう。人類がそれを乗り越えて存続するには、太陽系の外に出るしかない。そのことをぜひ想像してほしい。そんなふうに話すのである。リアリティを持ってもらうためである。

本当に、私は、いつもこの太陽系消滅のことが気になっている。倫理について考えるとき、このこと抜きには議論が完結しないのではないかとさえ感じるのである。笑われるかもしれない。そんな遙か先のこと、私たちには関係ない、心配のしすぎだ、と。いやいや、違うのだ。心配しているのではない。時間は経っていってしまうという、言葉上も実感上もどうにも抗えない壁のようなものに、ただただ立ちすくんでいるのだ。何もしなくても、自動的に引っ張られていってしまっているような感覚。ずんずん過去が消え去っていき、何の用意もできないうちに新しい時間がつねに到来してしまっている感覚。そういう意味では、消えゆく過去への郷愁、到来する時間へのつねなる不慣れ感、そういう切なさはたしかにある。

本当のことを言えば、太陽の寿命の件も全面的に信じているわけではない。自然科学が行う「外挿」の営みに、私はいささか懐疑的である。また、時間が経って私自身が死を迎えることを恐怖していると、そういうわけでもない。時間は刻一刻と過ぎていって、同じことが繰り返されることはないという、この冷厳なる一点に、私の気持ちは集中するのである。私が学部生のとき、経験論哲学に惹かれ、黒田哲学に惹かれていったのは、こうした日頃の私の思考傾向に由るところが大きいと、改めて思う（＊1）。経験とは、たゆたう時間の中での、一瞬のありようのことであると思われるからである。

けれども、現在の瞬間だけが存在する、といったいわゆる時間論における「現在主義」を信奉しているわけではない。過去のリアリティ、厳密にいえば、直近の過去のリアリティは否定しようがないと私は感じているからである。そこから連なっているという感覚、それは生活の基盤である。では、未来は。正直に告白しよう。未来は空白である、というのが私の感覚だ。たしかに、私は、そしておそらく私たちは、こうなるだろうと先を予測しながら生きている。そして、大部分は、その予測は的中し、そうした様態に合わせて社会の制度も設計されている。車が衝突したら互いに害を受ける、だから事故に遭わないように気をつけて運転しましょう。そうした制度である。けれど、そうした制度が機能してきたことは、たまたまの僥倖にすぎないのではないか。幸運なだけなのではないか。「一瞬先は闇」、時間の刹那刹那、すべては変容していく。ならば、世界の法則性も変容していく可能性をどうして否定できようか。もしかしたら、変に思われるかもしれない。しかし、これが私の世界観である。共感を促そうとは、まして強制しようとはまったく思わない。述べておきたいことは、単に、こうした世界観、というより世界感覚に基づいて、私の議論は立ち上がってきているということだけである。

人の人生というのは、ほとんどの場合、苦労多く、夢かなうこと、真正に嬉しいこと、は希である。けれども、私は、人生で二度、そうした希なる出来事に邂逅する幸運に恵まれた。一つは、「東大ハチ公像」である。２０１5年3月8日の「ハチ公」没後「ハチ」10年の日に、「ハチ公」の飼い主であった上野英三郎博士ゆかりの東京大学農学部にて記念の何かを行いたい、というのは私の願いであった。渋谷で飼い主を待つハチ公物語は有名なのに、多くの人々が、ハチは誰を待っていたのか、を知らないでいるのは、何か欠けているとずっと感じてきたからである。そして、その願いは叶った。東大ハチ公像が建った。このようなことは、ほとんど考えられないほどの幸運事である。それから、第二の機会は、今回である。若年の頃から、ふらふらともたつきながら、何とか踏ん張って重ねてきた私の思考記録に対して、何人かの方々が主題的に検討していただけるというのである。これもまた、想像を絶する、ありえない喜びである。喜びというより、むしろ、恐れ多いという感じの方が圧倒的に強い。私が指導を担当した若手の方が多いので、そうした方々の思考プロセスに少しでも貢献できるならという、わずかな合理化理由にすがる形で、今回の出版企画をお受けすることにした。

私自身の役割は、あくまで、執筆者の皆さんの思考の触媒になる、ということに尽きる。ただ、何も述べないのはまずいということなので、以下、ごく簡単に各執筆者の方々の玉稿に対して、検討対象としていただいた当人の立場から若干のコメントを記す。しかし、詳細に反論するなどということはまったく意図しない。自分の議論であっても、一度公表されたなら、議論独自のいのちを持ち、著者からは自立していく。それが思考や思想の定めである。特定の思考の意義や理解は、もとの著者にのみ特権があるのではなく、むしろ、その意義を論じたり理解や評価をしたりする人々自身の議論の中で昇華され変容していくのであり、そしてさらに、それに接する他の読者の思考の中へと浸潤してゆき、予想外の進化を果たしていく、そういうものであろう。いや、そうなることが望ましいし、それが思考そのものにとって望外の幸いなのである。なので、私は、各執筆者の思考に敬意を払い、たとえ批判的な理解を振り向けられたとしても、それに詳細に反論などせず、簡単なコメントだけを記し、他の読者へとつないでいくことだけを目指すこととする。関心を喚起された読者におかれては、私自身の議論、そして本書の各論考を読んで、検討していただければ有り難いと思う。

［第２節］ジョン・ロック、所有、刑罰

全体として、便宜上、三つのジャンルに分けてコメントしたい（あくまで便宜上の区分けなので、いろいろと主題は重なり合っている）。一つ目は、ロックやヒュームなどの哲学者に関わる議論、おもには所有についてである。二つ目は、確率や因果性や音楽化に関わる認識論的議論である。三つ目は、動物や死者に関わる倫理学的議論である。

第一に、ロックやヒュームに関わる議論について、コメントする。まずは、私の処女作である『人格知識論の生成―ジョン・ロックの瞬間』に対して、戸田山論文が展開した議論に触れる。これはかなり詳細な、そして本質的な議論で、正直、ここまで踏み込んで検討していただいたことが恐れ多い限りである。戸田山は言わずと知れた日本の分析哲学の世界の重鎮であるが、私の一年下の後輩でもあり、長年の親しい友人でもある。その八面六臂の活躍には、私はいつも尊敬の念を抱いている。そして、この戸田山論文の核心的論点は、私の議論が、労働・所有・人格・知識といった、それぞれ異なる概念をすべて重ね合わせて、渾然一体とさせていく、と指摘するところにある。それは受け入れがたい、ということであろう。ご指摘に感謝したい。

私が言えるのは一点、私のこの著作での方針は、知識を持続的な視点から真理値などを介して「誰の知識か」という観点を考慮せず論じる知識（私は「没人格的知識」と呼び、後に別の論文で「楽譜的知識」と呼んだ）のあり方と、「誰の知識か」という観点を核心に置く知識（私の言う「人格知識」、後に「演奏的知識」と呼んだ）のあり方を対比させ、前者が歴史的にずっと優勢なので、後者をあえてハイライトしてみる、ということであった。つまり、きわめて意図的に、わざと、後者の人格知識・演奏的知識を強調する論を展開してみようという、ある種の「ためにする」議論の試みなのである。音楽主義のターミノロジーでいえば、楽譜においてリ

ズム、調性、テンポ、和声、メロディーが別個に記されているのに対して、実際に音として鳴っている状況に焦点を当てよう、ということである。だとすれば、私たちにとって、鳴っている音は、それを聴く瞬間において、たとえば、メロディー、リズム、ハーモニーはまさしく渾然一体となって奏でられている。そこに私の述べたいポイントがある。戸田山論文がどちらかというと批判的にえぐり出した議論のあり方は、実は、まさしく私が積極的に描き出したい知識の様態にほかならなかったのである。しかし、それは直ちに、なんて心地よいリズムだ、なんて美しいメロディーだ、というように、ある種の分析の対象にもなりゆく。つまり、没人格知識・楽譜的知識は、人格知識・演奏的知識と不断に相互反転をしていくのであり、その意味で、そうしたメタ的なありようにおいても、演奏的形態として、高次のリズムを刻んでいっている、このことが私の思い描いていた様相であった。

次に、ロック哲学に即して私が展開した「所有」と「刑罰」の議論について触れた今村論文に言及する。今村論文は、とても丁寧に私の所有・刑罰論を跡づけていただき、感謝に堪えない。私は、ロック所有論の読解から、刑罰と賠償の強い結びつきを描出したが、それに対して今村論文は、刑罰の本質を「苦痛・害悪」に求める、という議論を対峙させる。私の刑罰賠償論だと、必ずしも刑罰が苦痛・害悪であるという必然性がなくなってしまうが、それは直観に反するのではないか、という議論だと受け取った。これにどう応えるか。私の刑罰に対する基本的スタンスは、根本的発想という点では、修復的司法に近い。すなわち、刑罰は、犯罪・加害行為によって発生した害を可能な限り修復するようにすることだという、いわば大福主義的・功利主義的見方である。加害者に苦痛を与えることが害の修復になるとは、私にはちょっと思いにくい。それより、たとえば殺人事件によって殺された人の遺族が害を受けているなら、加害者はその害を慰撫できるよう努めるべきだ、という考え方である。むろん、そうした修復行為が加害者が被る苦痛・害悪となることはあるはずである。そういう意味で、今村論文の主張と私の主張は排反はしていないと思う。

ちなみに、二点、今村論文に絡めて補足したい。一つは、刑罰のあり方についての提案である。私は、福島原発事故以来、エネルギー問題にも多少の関心を持ち、少しずつ知見を得るよう心がけてきた。そして、いかなる発電方法にもメリット・デメリットがあること、バランスが本質的に重要だ、ということを深く理解してきたつもりである。ただ、どう考えても、環境への負荷、消費主体である人間の自己責任、という点で、「人力発電」こそベストだ、という思いを拭い去ることはできない。そこで、賠償としての刑罰という理念の一つの具現化として、「懲役何年」という形ではなく、「懲役何ワット」というように発電量目標を決めて、それを達成したら刑期を終える、というシステムはどうだろうかと提案したい。現段階ではいささか夢物語的だが、害惹起に対する社会への賠償、という私の刑罰概念には叶っているし、そこで発生した利益を被害者に還元もできるのではないか。むろん、人力発電の発電効率は微量であり、あまり経済的価値をもたらすことはないかもしれないが、そこは、福祉的な発想をあてがい、国家予算で補填してもよいだろう。ついでにいえば、同様な発想で、街中に発電ボックスを設置して、国民すべてに発電カードを与えて、好きなときに発電ボックスで自転車をこいでカードにお金をチャージする、というのもよいかもしれない。ホームレスの人や失業中の人もお金を得るチャンスになるかもしれない。むろん、人間一人が数時間自転車を漕いだところで発電できる量など微々たるものだが、そこにも福祉的な視点から国家予算の補助を出せばよいだろう。もちろん、生活を支える収入には到底なりえないが、希望的観測をいえば、国民の運動不足解消、多少なりとも貧困解消のかすかな支援、ぐらいにはなるかもしれない。

もう一つは、私の死刑不可能論と死刑廃止論の関係についてである。今村論文は、私の死刑不可能論が死刑廃止論に動機づけられており、それを明言しない「ずるい」論法だと、手厳しく批判しているように読める。この点は、法学者の井田良氏からもかつて指摘された。どうももどかしい。私は著書の中でも、私の死刑不可能論は「もし基本的人権の思想を受け入れるならば、死刑は不可能である」とする条件文による主張であると繰り返し述べた。言い方を換えれば、「もし基本的人権の思想を受け入れるならば、現状の死刑は刑罰ではなく、国家による単なる暴行である」という条件文の主張である。この場合、「基本的人権」を受け入れるというのはほぼデフォルトであると無意識的に捉えられているがゆえに、私の死刑不可能論が死刑廃止論と異ならないと理解されてしまうのだと、私は捉えている。

けれど、私は実はそう考えていないのである。その根底には、「人権」概念に対する私の理解がある。いくら発祥以来いくたの変遷を経て、今日ではほぼ普遍的に受容されていると感じられる「人権」概念だとしても、その発祥源泉の一つであるロック哲学からして明らかなように、それがキリスト教由来であるという出自はいかにも覆い隠しようがない(*2)。つまりは、人権思想の根底には、やはり、いのちは神の賜物、究極の裁きは最後の審判で、という思想が少なくとも隠伏的に流れているように思われるのである。しかるに、日本はキリスト教文化圏であるとは到底思えない。日本のキリスト教信者数はせいぜい1%か2%程度である。にもかかわらず、憲法において基本的人権の思想を謳っている。そして、再び、にもかかわらず、日本は、いまではマイナーとなってしまった死刑存置国の一つであり続けている。けれど、憲法の「人権」が"Human Rights"と英訳されると、諸外国からはキリスト教由来の思想を日本が受け入れていると理解される可能性があり、そうなると、死刑を存置し続けていることが場合によっては言行不一致に映ってしまう懸念がある。事実、日本は国連から何度も死刑廃止勧告を受けているのである。憲法に人権尊重を謳いながら、死刑を存置するというのは、人権思想の発祥の地などからすると、いかにも矛盾に映るのだろう。（詳細は『死の所有』を見ていただきたいが、人権思想を受容するならば死刑は不可能だとする私の死刑不可能論は、加害者の人権だけを問題にするといった類いの議論ではない点を、ぜひ注意していただきたい。）

ここで、整合性を保ち、海外からの誤解を避けるストレートな方策は、死刑を廃止する、というやり方であろう。「基本的人権」を尊重する、という現憲法の内容を文字通りに保持するならば、そうするのが自然だし、合理的である。しかし、日本の世論として、死刑存置支持が圧倒的で、死刑廃止などとんでもない、というのが抗い難い趨勢であるとするならば、この方策は採れない。だとするならば、私は、ほとんど実現可能性のない、犬の遠吠え（本当は使いたくない表現だが）のような考え方だとしても、日本の文化的・歴史的現状に鑑みて、表面的には過激発言のように聞こえることを承知で、あえて研究者として誠実に自分の考えを述べる勇気を振り絞りつつ、日本の憲法や規範から「人権」の概念を削除することを一つの理論的可能性として提案したい。その代わりに、事態的にほぼ同義な、日本の文脈に馴染む概念で代替することを提起したいのである。たとえば、「慈悲」、「高潔」、「惻隠」、「寛大」、「公明正大」、「尊厳」などの概念が候補になるだろう（「権利」の概念も、「人権」と明確に誤解なく区別できるならば、含めてもよいかもしれない）。あるいは、こうした提案があまりに非現実的で過激すぎるということならば、憲法の公的な英訳を明示的に作成し公開する、その際「人権」を"Jinken"と表記して、この"Jinken"の概念は日本的なもので、"Human Rights"とは微妙に異なる、という注記をしっかりと明記する、という方針でもよいと思う。いずれにせよ、私は、死刑不可能論の前件「もし基本的人権の思想を受け入れるならば」が成立しない状態を十分に有意義な選択肢として思い描いている。そして、もしそうした選択肢を採用するならば、死刑不可能論の主張は様相を変える。それは、死刑廃止論とは一致しない立場へと変わっていくはずであろう。

[第3節] ヒューム因果論の射程

さて、私のヒューム因果論の理解について、ヒュームのテキストに則って実に的確な検討をしていただいた伊勢論文に移る。伊勢論文の核心的なポイントは、私のアンチ・ヒューミアン的なヒューム因果論批判において、恒常的連接を基盤とするヒューム因果論では「不在因果」は説明できないだろう、と論じられているが、ヒュームの所有論や正義論では実際上「不在因果」が主題的に導入されているのではないか、という指摘にある。この指摘は、私にとって非常に面白かった。なるほど、そのようにも読めるかもしれないと、一定の説得力を感じた。私はずっと自身をアンチ・ヒューミアンと称して、ヒューム哲学に批判的な見解を展開してきたが、実は自分自身意識しているように、そのことはヒューム哲学のパワーを感じ取っているということの裏返しでもある。ヒュームの議論に、私が、自身の見方の偏りのため見逃してしまっている観点があるだろうということはもともと内心では予想していたところである。その点、改めて自覚させていただいたことに対して、伊勢論文に感謝申し上げたい。

あえてコメントするならば、伊勢論文のヒューム因果論解釈では、ヒュームの恒常的連接に基づく因果関係理解は必ずしもすべての因果関係に当てはまるのではない、ということになってしまうが、ヒューム解釈としてそれが正確なものになるのか、その点私はちょっと判断に迷う。それからもう一つ、最も強く感じたことは、ヒュームの議論の中に不在因果への目線が入り込んでいるということは、むしろ、因果関係について誠実かつ正面から向きあうならば、不在因果の問題に、意識するとせざるとにかかわらず、触れることにならざるをえない、という事態を暗示する一例なのではないか、ということである。因果を論じる以上、それが真摯なものである限り、自覚はなくても、不在性が原因や結果となる事態がおのずと射程に入り込んできてしまうのではなかろうか。ヒュームの場合も、結局はそのような事例なのではないか。ただ、私は、ヒュームが明示的かつ自覚的に不在因果の問題を論じていたとは読めないと思うので、この点は、ヒュームへの批判点の一つとして挙げてもいいのではないかと依然として感じている。

次に、ヒューム哲学における規範性の問題を扱った相松論文について触れる。相松論文は、私が知る限り、彼が長い間考え続けてきた「ヒュームにおける事実と規範の対比」という問題を、私の議論に即して展開したもので、さすがに長年の蓄積に裏打ちされた、洞察に満ちた論考である。相松論文のポイントは、私のヒユーム批判、すなわち、ヒューム因果論はあくまで事実のレベルでの記述的な視点にとどまっているにもかかわらず、必然性という、本来規範的な次元でこそ意味を成立させることのできる概念を持ち込んでいる点でミスリーディングである、というヒューム批判に対して、実はヒューム自身明確に規範性を主題として取り上げていたのであり、むしろそうしたヒュームの議論は私の議論と接近している、という事態をテキスト的に指摘するところにある。それは、ヒュームが非難感情を道徳判断のベースとしているという点と、私が『英米哲学入門』において規範性を「非難の過酷度」による強制力に引きつけて理解しようとする議論との類縁性を解析することによって示される。のみならず、私の因果論の基本発想である逸脱基底性とヒュームの因果論も親和性があると論じ及ぶのである。それはたとえば、ヒューム情念論での「標準的な情念の傾向」などに即して示される。標準化に逸脱するときに非難感情が発生する、というメカニズムを読み込もうというわけである。

相松論文に対しても、私は伊勢論文と同様な感触を抱いた。たぶん、因果関係の問題に真摯に向きあう限り、検討している本人が自覚していないとしても、規範性や逸脱基底性がおのずとその特性として忍び込んでしまう、というのが実態なのではなかろうか。そして、たとえそうした事情が事態的に導かれてしまうとしても、私がハイライトしたかったのは、ヒューム本人はあくまで恒常的連接から習慣や信念というメカニズムによる解明を貫いていて、そしてそれはどう考えても事実や記述性のレベルにとどまっている議論であって、自覚的には規範性についてコミットしていないのではないか、という側面なのである。ただ、相松論文が指摘しているように、私自身、「非難の過酷度」による強制力に基づいて規範性度を規定しており、そして、過酷性や強制力というのは規範ではなく事実ではないか、と問われたら応えるのが苦しいかもしれない。実際、そうだとしたら、私が、ヒュームは事実のレベルにとどまって規範性を主題化できていない、として提起したヒューム批判はブーメランとなって私自身に返ってきてしまうかもしれない。規範性（すなわち「べき」とは何であるか、本当に難しい。私は、さしあたり、それを侵犯したときに受けるであろうと予測される非難や制裁に焦点を当てて定式化してみたわけである。この辺り、「濃い概念」をどう捉えるか、そして、『英米哲学入門』で展開したような、記述性（事実性）と規範性との相関性をどのような仕方で受け入れるか、そうした点に掛かっているように思われる。

［第4節］確率と条件文

次に、二つ目のジャンル、認識論についての議論群に移ろう。まず、私の過去論や死者観に焦点を当てて、その意義について詳細に分析した野上論文から触れていこう。正直、この野上論文は、私の議論の検討などという次元を超えて、かなり普遍的な洞察を提起している論考であり、驚嘆を禁じ得ない。この野上論文は、私の『原因と理由の迷宮』で示されている「過去確率原理」および「遡行確率仮説」に焦点を当てて、その二つの見方によって、直近の過去を別として、それより離れた過去については虚構的に真である、けれど過去の確定性は不安定である、という理解が与えられている点に関して、「虚構主義」あるいは「誤謬理論」という立場として総括し、検討を加えている。私の過去論などが「誤謬理論」であるという指摘には、ハッとさせられた。「誤謬理論」の価値について、私はこれまで真剣に考えてこなかったことに気づかされたのである。

このようにまとめられる私の議論に対して、野上論文が提起する問いは、私の議論が含意する過去の確定性が不安定・可変的であることと、私たちの責任帰属の実践が折り合うか、という疑問である。これに対して、虚構的な次元であれ証拠がそれとして受け入れられている限り、虚構主義であろうと実在論であろうと責任帰属の営みの内実に変わりはない、というのが野上論文の見立てである。加えて、虚構としての過去存在であれ「死の所有」という虚構による死刑制度であれ、虚構主義を採用する基準として「我々に恩恵をもたらす」という観点が提起される。このような論立ては、野上本人に私自身述べたことがあるポイントだが、虚構主義採用の根拠として、「功利（大福）主義」を持ち出すということなのではなかろうか。大胆な見方である。このような視点からの考察は、私はしたことがなかった。私の虚構主義は、私自身の視点では、まずもって記述的な立場に立っていたと私自身捉えていたからである。それと、もう一つ一般的な視点から提起しておきたいポイントがある。それは、虚構主義を過去のような時間様相ではなく、遠く離れた場所というような空間的な様相についても当てはめることはできるのだろうか、という問いである。ただいま現在の外国の出来事、それもまた「虚構」として扱うべきなのだろうか。いずれにせよ、野上論文の示した可能性について、今後考え詰めていきたい。

次に、条件文の扱いという観点から、私の議論を検討してくれた吉満論文に触れよう。吉満論文は、デイヴィッド・ルイス『反事実的条件法』の翻訳者として、日本での「条件文の哲学」を領導する研究者の立場からの、私の議論への検討である。条件文は、私自身、現在ただいまの最重要関心事であり、未完の（死ぬまでにはぜひ公刊したい！）『原因と責任の迷宮』の基本的な参照基盤である。吉満論文は、条件文に対して、レッシャーとベネットという二人の哲学者の分類法を整理して紹介し、それに照らして私の条件文についての議論を検討する、という構成となっている。とりわけ、ベネットの分類でいうところの「ストレート」の条件文、すなわち前件を前提したときの後件に対する主観的な条件つき確率で意味論を形作る（いわゆる「ストルネイカーの仮説」）条件文と、「コーナー」の条件文、すなわち可能世界概念を用いて、前件が現実世界で偽であり、それが真である現実世界に類似する可能世界での後件の真理値によって判定される条件文、という二区分が基本的な区分けとして導入される。誤解を恐れずざっくりラフに言うと、「ストレート」は直説法条件文（indicative conditionals）に、「コーナー」はおおよそ「反事実的条件文」（counterfactual conditionals）に対応している。吉満論文によると、私の『原因と結果の迷宮』、『原因と理由の迷宮』で扱われる条件文は「ストレート」で、『確率と曖昧性の哲学』でのｐ-自由での条件文は「コーナー」、ｆ-自由のでの条件文は「ストレート」になる、と分析が与えられる。

吉満論文は、私がｐ-自由に関して「自由の程度説」を提唱しているが、「コーナー」の条件文では程度を導入するのが原理的に難しいこと、しかし、私自身が提起しているように、「コーナー」の条件文に主観確率を適用するという、ある種のクロスオーバーな処置によって、「自由の程度説」が救える、と分析を続ける。私自身、思いも寄らない議論展開であり、私自身の議論の内包を解剖された気がした。自分の内臓を見た、といった感覚だ。ルイスの「トリヴィアリティ結果」への対処など、問題が現出してくるが、私自身は、条件文の解明については、現在では意味論的な次元とは異なる「言語行為」的な次元でのアプローチを目指している。そして、そのように条件文を理解した上で、それに基づいて、新しいタイプの「知識の因果説」を打ち立てようと、現在進行形で探求中である。

次に、私の英語論文"Normativity, probability, and meta-vagueness"を取り上げて検討してくれた鈴木論文に触れる。鈴木は私の最初期の教え子で、論理哲学の前衛で活動する希有なる研究者である。鈴木論文の提起する疑問はシンプルかつ明快である。まず、「規範性度」について、多様な規範破りの際に課せられるであろう非難や処罰の「主観的過酷性」(subjective severity)を、個人内であれ個人間であれ、均一的な尺度でどうやって測定するのか、たとえば、文法破りの発言と刑法違反の場合とで、どうやって比較するのか、という疑問が提起される。私の答えもシンプルである。私のいう規範性は、あえていってしまえば、まずは「強制力」として働く、というありようのことである。なので、それを感じるのは文脈によって、個人個人によって、違ってよい。しかし、それでは政策などには結びつかないので、社会で一般的に通用する規範性として確立させたいときは、アンケートなどのデータに基づいて「過酷度」のスケールを政治的に確定させるしかない。客観的には決めようがない、というのは鈴木論文の記す通りである。

次に、鈴木論文が提起する疑問は、私の規定する「記述性度」についてである。私は、記述性度を、「ある文Aがそれに対応する現象rAと異なるということを前提したとき、現象rAが変化不可能である確率」として記述性を定義した。これに対し、鈴木論文は、「ある文Aがそれに対応する現象rAと異ならない」ときにはこの定義は成立不能となるのではないか、という疑問を提起した。これにもシンプルに回答したい。私の記述性度の定義は、あくまで「ある文Aがそれに対応する現象rAと異なる」ことを前提にした、つまり、そうした異なりを仮に想定した定義であって、「ある文Aがそれに対応する現象rAと異ならない」場合は考慮していない。文と事実とが違っていたときに、事実の方は変化させられず、変えるとしたら文の方だ、と感じられる確率・度合いをもって「記述性度」としたのである。だから、鈴木論文の記述性度についての疑念は、私の記述性度の概念から外れてしまっている。

ただ、鈴木論文の記述性度についての疑念を受けて、私は、自身の記述性度の定義が、事実に即した条件を前提する場合と、事実に反した条件を前提にする場合との、両方の場合がありうることに気づいた。もし、「トリヴィアリティ結果」の議論を乗り越えたと仮定すると、このポイントは、先の吉満論文に関しても触れた、二つの条件文の区分に対応するのかもしれない。確率と条件文、「ストルネイカーの仮説」と「トリヴィアリティ結果」、そうした問題系と直結するかもしれないという気づきを得た次第である。

[第5節] 因果的超越とクアエリ原理

次に、私の因果論について検討していただいた二つの論考に移ろう。まずは、私にとって驚くべき指摘にあふれた乗立論文についてである。彼は、私が本郷の教員となったときの最初の学生であり、そして最初に独り立ちした研究者でもある。まことに感慨深い。今回の論文において、私が『原因と結果の迷宮』以来、おもにヒュームに拠る形で展開してきた「因果的超越」という概念について、きわめて詳細に、私自身の論調の変化を指摘してくれた。要はこうだ。『原因と結果の迷宮』では、「因果的超越」という概念は因果関係の本質をなす様相として比較的ポジティブに導入されていたが、『英米哲学入門』ではヒューム批判の論拠として比較的ネガティブな様相として扱われるように変化してきていると読めるが、「因果的超越」の概念には、私自身の意図をおそらく超えて、それ自体として依然として評価するべき含意があるのではないか。これが乗立論文のポイントである。すなわち、「因果的超越」という不安定性を肯定的に捉える見方、つまり、「端がない」という仕方で肯定的に捉え返す道筋が描きうるのではないか、ということである。

私の議論に慣れていない方々には、「因果的超越」とは何か、という疑問が湧いてしまうだろう。ある事象の原因を指摘しても、その原因の原因があり、その系列がずっと続く、というのはいわゆる「因果連鎖」である。「因果的超越」は「因果連鎖」とは異なる。ある事象の原因が指定されたとき、実は、そのような指定の仕方を引き起こした原因が当該事象のいわば外部に伏在しており、しかし、そうした高次の原因が何であるかを探求して、それを指定しても、その指定の仕方の原因がさらに外部に伏在しているのであり、そうした外部へ外部へと逃れていってしまう原因を捕まえなければ、もともとの因果関係を真に把捉したことにはならないはずだが、原理的にそのようなことは遂行しえず、原因はいつでも当該考察領域の外へと超越していってしまい、完結しない。これが「因果的超越」という概念が意味するところである。

私は、ヒュームの因果論がこのような構造を持っていると理解していた。けれども、この構造を受け入れるということは、ものすごく不安定なままでいるということにほかならない。だからこそ、『原因と結果の迷宮』ですでに「因果的超越という暗黒」と表現したのである。そして、その後、東日本大震災に直面し、様々な経緯で放射能問題に首を突っ込むことになった。その問題に対する私の基本的論調は、原発事故の放射線被曝の評価や対策はなにより線量次第であるし、放射線被曝だけを問題にすると、トレードオフによって別の害を受けることになりうることも注意すべきだ、というものであった(＊3)。なぜか本書では、私の放射線論について検討してくれる論考はなかった。やはり、躊躇われるのだろうか。そういう意味で、私はずいぶんと無鉄砲なことをしたものだと、いまさらながら自分で呆れてしまう。私は、この放射線論のゆえに、今日に至るまで、依然として、放射線被曝は端的に危険であり、ひたすら避けるべきだと論じる方々や、ある種の活動家風の方々から、執拗に批判され続けている。イデオロギーの風圧を人生で初めて感じた出来事であった。

こうした私の放射線論の根底には、自分で振り返ると、放射線問題で極度に不安定な状態に陥ってしまっていることから抜け出たいという、福島をルーツとする私個人の本能的な願望があったのかもしれないと思う。それゆえ、『原因と結果の迷宮』のときにも増して、不安定な状態のままで居続けることへの拒否感が、どうしても受け入れがたいという感覚が、醸成されていったように改めて思う。だからこそ、『英米哲学入門』では、「因果的超越」というありようが、因果関係の本質的あり方だとしても、どこかで瞬間的にでも安らう様態がなければ、私たちは生きていけないのではないか、そのように(根拠はなくとも)(犬たちの生活に具現化されているのとほぼ同様に)実際安らって暮らしているのではないか、という側面に視線が向き、「浮動的安定」という言葉でそれを表現しようとしたのではあるまいか。意図していたわけではない。自分が、自分で把握していたはずの自分ではなかったこと、自分自身が必ずしも意識できていなかった内面の経緯、それに気づく瞬間をもたらしてくれた乗立論文に深く感謝したい。

次に、その『英米哲学入門』で展開した因果論について、正面から検討していただいた次田論文に移ろう。次田論文は、『英米哲学入門』の本丸の議論に焦点を当てて論評を加えた、最初のそして最大の論考であり、大変に有り難い。『英米哲学入門』は、前半はたしかに入門的になることを心掛けて執筆したが、後半はかなり自分自身の立場を打ち出したもので、研究者からのリアクションをいただけたのは嬉しい。次田論文は、私の「クアエリ原理」や「野放図因果」の議論に直に向きあって、疑問を提起している。その要点は、「クアエリ原理」による「因果の逸脱基底的・疑問依存的理論」(DBQDT)や「野放図因果」は、多様な原因候補を許容すると同時に、その中から比較的に適切な原因を選択する機序も示さねばならないが、そうした機序に対する私の提案は、心理学的・語用論的な観点から、現象に対する「なぜだ」という疑問を仮定法的に解釈することで普遍化される、というものである。

私は、次田論文のこの解釈にまったく異存がない。むしろ、そういうものとして私自身提起したのである。あえて述べれば、「心理学的・語用論的」と特徴づけるとき、その対極に「真理度」とか「客観性」とかの視点が置かれているように読める点、ややもやもや感が残る。というのも、真理度であれ、客観性概念であれ、ただいまこのとき会話したり考察したりしているときに生きている概念であって、その限り、語用論的という特徴づけと背反するものではないと思われるからである。「クアエリ原理」は、実はそうした点をも含意している。こうした捉え方は、冒頭で示した私の世界感覚とも呼応している。また、次田論文は、原因概念と責任概念とのデリケートな関係性に触れて、語源が同じといった根拠で両者をつねに同一視することへの疑問を提起し、私の未刊の書『原因と責任の迷宮』に課題を示した。まことにもっともなことである。心して研究を続けたい。

[第6節] 音楽化された認識論

第二ジャンルの最後に、私の「音楽化された認識論」に関する論考を取り上げよう。まずは、野村論文に触れたい。野村論文は、私の「人格知識論」そして「音楽化された認識論」というプロジェクトを正面から取り上げて、それを「絵画化された認識論」として再解釈することで、私の議論の意義を彫琢していこうとする、大変に有り難い議論である。野村論文は、哲学史研究それ自体が「哲学という営み」に資するものであることを確認した上で、ロック哲学に則る私の「人格知識論」は、過去に沈殿した言語を即興的に組み合わせる「作品」として知識を捉える立場であると総括した上で、そうした即興的に立ち上がってくる知識の位相が（比喩ではなく字義通りに）音楽として理解されるに至る、とまとめる。「音楽化された認識論」である。野村論文は、こうした私の議論がロック哲学への参照によるものであることを踏まえて、ロック哲学における知識と音の関係性に注意を向ける。そして、ロックが知識と言葉を切り離せると考えていたこと、そして知識の基礎をなす直観的知識は「一覧性」(at once-ness) という特徴を持つこと、をテキスト的に確認する。かくして、むしろロックの知識論は、「一覧性」という、視野の中に当該の内容を一度に収めるという様態を特徴として持つ以上、「音楽化された認識論」というよりもむしろ「絵画化された認識論」と捉えるべきなのではないか。

はっとされられる指摘であった。たしかに、ロックの直観的知識には「一覧性」と呼んでよいような特性が備わっているかもしれない。ただ、私の言う「音楽化された認識論」は、「時間の中で現れる、一回的で即興的なリズム現象」という側面に注目して認識作用を捉える立場であり、その限り、視覚的・絵画的な情報をも包括している。たとえば、美術作品を眺めるときなら、それを遠くから視野に入れ、だんだんと近づき、目の前までやってきて、息をのんで眺める、という一連のテンポラルな過程が、「音楽化された認識論」に拠るところの視覚的知識のありようなのである。それは、目や耳が不自由な方が、身体を使って何かを順に触ったりして獲得する認識にも妥当する。むろん、「音楽化された認識論」では、一体どうやって「言葉の意味」を説明できるのか、一体どうやって論理的推論の妥当性を説明できるのか、といった多くの課題が残されている。こうした課題に関しては、もしかしたら、図表などを取り込めるという点で、「一覧性」に基づく「絵画化された認識論」の方が有効かもしれない。野村論文が示唆するように、「絵画化された認識論」と「音楽化された認識論」は排反するものではないので、野村論文の指摘を受け取り、熟慮してみたい。

次に、本書の編者であり、本書の基となったワークショップの主催者でもあった宮園健吾の論文について触れたい。宮園は英米留学歴が長く、きわめてグローバルに活躍している気鋭の研究者である。宮園論文は、「二人称的観点の認識論？」と題された、私にとって、きわめて、きわめて刺激的で、蒙をひらいてくれる論考である。宮園論文は、「二人称的倫理学」という問題圏を認識論に適用した「二人称的認識論」の可能性を私の議論、とりわけ「特定の誰かの知識」に焦点を当てようとする「人格知識」や「音楽化された認識論」の議論、の中に読み取ろうとするものである。宮園論文は、「足踏みのケース」、すなわち、AがBの足を踏んでいて、足をどける場合、を雛型として、三人称的理由と二人称的理由との区別の特徴を析出する。三人称的理由は、Bが感じているであろう痛みを考慮するというものであり、二人称的理由とは、たとえばBがAに直接「足をどけてくれ」と言ったときに発生する理由である。こうした二人称的理由の認識論的対応物として、宮園論文は、「不一致」を契機として何らかの「問答」を媒介した、知識の相互反応性に注目する。そして、そうしたありようが私の認識論に潜在する、と論じ及ぶ。とくに、私が繰り返し述べている、「決定論」への批判に、問いかけと応答の様式が現出している、とするのである。（ちなみに、ここに関連して私の方で説明を付け加えれば、形而上学的主張に対して問答様式は適用可能か、という問題意識が私にはあったのである。たとえば、時間論の永遠主義に対して、How do you know? と問うことは有意義だろうか？）

私自身、このような視点を強く意識していなかったので、宮園論文の指摘には、かなり意表を突かれ、ハッとさせられた。実際、自身の議論を振り返れば、死者に語りかけるときの「彼岸視点」など（葬儀の際の弔辞などを想起してほしい）も、明白に二人称的である。さらに、私は、論文の中でも、しばしば読者のことを「あなた」と二人称で呼ぶことが多いことにも、気づきが及ぶ。ただ、宮園論文は、それでも私が三人称的視点を核心的な部分で持ち出すことをも批判的に指摘している。そのことについて、少し次のようにコメントしておこう。人格知識／没人格知識、演奏的知識／楽譜的知識、といったコントラストは、実際の瞬間瞬間において、相互的に反転し続けるものであって、どちらか一方に固定された視点というものはない。人格知識論を展開したときも、私は、そうした知識のありようがあまりに軽視されすぎているので、あえて意識的にそちらをハイライトしてみようと意図しただけで、没人格知識を頭から否定するということなど微塵も考えていなかった。演奏／楽譜の対も同様である。人格知識の様態の中に、人と人の相互反応性が内在しているとするなら、人格知識と没人格知識の関係には、つまりは二人称的視点と三人称的視点との間には、いわば「メタ相互反応性」が内包されているのである。

ジャズの即興演奏を思い起こそう。ドラムス、ホーン、ピアノ、各々の奏者は相互に反応し、相手の即興的メロディを引用し合ったりしながら、演奏する。けれども、同時に、リズムを保ち、いま何小節目の何拍目を演奏しているのか、楽譜的な自覚も持ちながら演奏する。同様に、医師が患者を診るとき、世間話など二人称的に語りかけながら、肌の様子を確認したり、聴診器で鼓動を診たりする。かくのごとく、二人称と三人称は、いつもつねに相互に反転しながら、いわば共在しているのではなかろうか。加えて、確信はまだ持てないが、一人称にも、二人称と三人称の視点がしばしば交錯してもいるのではないかと感じる。私は、ときどき自身に語りかける。しばしば鏡を覗き込んで、服装のだらしなさを発見したりする。人称性というのは、それ自体、このようにダイナミズムにあふれていると思われるのである。

[第7節] 犬と動物

最後に、第三のジャンル、倫理学に向かおう。最初に、やはり本書の編者の一人であり、出版に際して縦横無尽に尽力いただいた、私の教え子であり、一年間は私の同僚でもあった大谷弘の論考に触れよう（ちなみに、逆の関係、すなわち私の師であり、一年間は私の同僚でもあったのは、末木剛博先生と坂部恵先生であった。懐かしい）。大谷論文は、私の動物論に焦点を当てて、「パーソン」を「声主」と解し人間と動物のパーソン性を連続的なものと解する私の議論の正当性を詳細に検討し、それは哲学の標準的な視点からすると、動物は自身の選択の理由を正当化して述べる能力を持たないがゆえに、論証としての説得性が弱いと判定する。しかし、実は、私の動物論や「パーソン論」のポイントは、通常の言語ゲームからするとあっさり類似性が否定されてしまうような局面に関して、人々の想像力を刺激して、「そこにある」類似性を超えた、新しい類似性を感じてもらうという点にあると、そう大谷論文は診断する。

こうした文脈では、たぶん、「理性的な正当化」とは何か、ということが問題になるのだと思われる。人間の言語や推論方法によるものを「理性的な正当化」だと規定してしまえば、それを動物に拡張適用することはア・プリオリに拒否される。けれど、どうも、私にはそんなふうには必ずしも思えないのである。この点について私は、言語行為論あるいは音声行為論の視点から、演奏的知識として「理性的な正当化」というものを理解してみたらどうかと考えているのである。たとえば、子犬を産んだばかりの母犬の前で、子犬を触ろうとすると、母犬はときとしてうなり声を上げてそれを阻止する。そのとき、私たちは、母犬がうなり声を上げて攻撃的に行為したことの理由を明白に理解し、きわめてもっともなことだと受け入れるのではないだろうか。スティーブン・ミズンの『歌うネアンデルタール』にあるように、もともと人間の言語とて、叫びのようなものから発生してきたと考えられる点からすると、動物の鳴き声と人間の言語との間には、考えられている以上の連続性があるのかもしれない。むろん、叫び声と言語の「意味」との間には間違いなく懸隔はあるが、それがどのような懸隔かはまだ分からない。動物学や動物生態学の知見にも目を配る必要があるだろう。いずれにせよ、人間の法廷で人間の言葉で自身の行為を弁明できる、というように「理性的な正当化」を限る必要はない、というのが私のスタンスである。

ただし、たとえ自己主張の音声行為という点では人間と多くの動物の間にシームレスな連続性が認められるとしても、責任帰属という点では何か本質的な相違があるようにも感じられる。「断章 いのちは切なし」という論文でこの点を検討した。ただ、私としては、犬などの動物もまた、いたずらをしたことによる罰、という観念を理解できているように思えるので、もしかしたら、この責任帰属の点でも、人間と動物とを、たとえ権利主張の場合ほどは太い仕方ではなく細い糸に拠るような仕方だとしても、結びつけることができるかもしれないと踏んでいる。実際、フランス・ドゥ・ヴァールの『動物の賢さがわかるほど人間は賢いのか』によれば、ラットが自分の決断を悔やむことさえあるという(12頁)。こうした実証的研究は、理性や知性という能力への再考を迫るかもしれない。大谷論文によって、このような方向に論を進めることの動機をいただいた。感謝したい。

次に、動物倫理を正面から扱った浅野論文に進もう。浅野論文は、浅野の長年の動物倫理に対する考究の蓄積に裏打ちされた、かなり鋭い批判的指摘を、私の『東大ハチ公物語』に示した「返礼モデル」という、犬と人間の交流について提案したあり方に対して、加えている。浅野論文の指摘は私にとって意表を突くもので、かなり反省させられた。私は『東大ハチ公物語』において、犬と人間の交わり方の三つのパターンを示した。犬をペット化したことを道徳の退廃であり、自然への畏敬を喪失させたことと見なす「退廃モデル」、犬をペット化したギルティーな感覚を受けとめ、適切な飼育環境を整備してあげようとする「補償モデル」、そして「ペット化した」といった上から目線を排し、むしろ犬が人間を選んでくれて恩恵を与えてくれたので(そのことによって同時に犬も種としての存続を果たすのだが)、人間は返礼しなければならないとする「返礼モデル」、この三つである。しかるに、浅野論文は、この「返礼モデル」が、肉食を正当化する論理としての「食肉庫の論理」と似ている、と言い及ぶのである。「食肉庫の論理」とは、家畜動物に対して、まったく生きないよりは生きて屠殺されたほうがよい、とするロジックである。この場合、人間は肉食の益を得るが、動物も生の快を得るという共利共生の関係にあることになる。この点は、「返礼モデル」も同様ではないか、と言うのである。畜産動物の場合も、「返礼モデル」と同様に、種を持続するために、豚や牛が人間を共生者として選んだ、と語りえてしまうのではないか。これは、人間の加害責任を意図的に忘却させる恐れを胚胎する見方なのではないか。

かなり辛らつな批判で、私もうなってしまう。本意ではないが、少し説明したい。私の「返礼モデル」は動物倫理の問題全般に関する何らかの解決策を提示しようと意図したものではまったくない。豚や牛などを含む動物一般ではなく、ひとえに「犬」だけに向けた提案なのである。その根底には、「犬」という動物の、人間に対してすでに保持してしまっているところの、極めて特異な様態がある。独特の性質がある。むろん、さらにその根底には、私個人の、哲学的とは到底いえない、「犬」への偏愛があると自省する。どうしても、「犬」が特別に思えてしまうのである。道徳的な高潔性を感じてしまうのである。私は、そういう意味で「犬儒派」の末裔なのかもしれない。ディオゲネスは、必ずしも犬に対してその高潔性を誉め称えていたわけではないけれど。それに、動物倫理に関しては、浅野論文がどちらかというと称揚している動物権利論や非搾取的動物利用論に共感を覚えつつも、どうしてもすんなりとはそれに没入できないと感じる側面も私にはある。それは「鳥獣害」の問題である。たとえば、いまや日本列島は、制陸権（などという言葉があるならば）という意味では、人間ではなく鹿がそれを握っているといってもよいくらいな状態である。とにかく鹿の個体数が増えている。鹿のみならず、イノシシ、サルなど、農作物を食い荒らし、それが理由で農業を断念する人も多い。では、動物倫理的にこれをどう扱うか。アニマルライツを尊重して、食い荒らされるままにするのか。人間の生活は軽視してよいのか。私が見るに、動物倫理はいまだ鳥獣害についての説得的な見方を提示しえていないように思えるのである。

[第8節]「死の所有」の観念から「死者のかすかなオントロジー」へ

さて、大詰めである。最後に、中論文について述べよう。'last but not least'どころか、むしろ私の議論の本丸に触れる、きわめて刺激的な論考である。著者の中真生については、彼女が学部生時代に私のところに進路相談に来て以来、その研究の内実をよく知るところである。彼女の卒業論文、修士論文と、舌を巻くような秀逸な出来で、その論理構成と感性の鋭利さに関して、当代一の哲学的センスだと私は評価している。その彼女が、２００1年に私が岩波『思想』に発表して以来、私の思考の根幹となった「死の所有」の観念についてわざわざ本書のために執筆してくれた。大変に有り難い機会であると、深く感謝したい。「死の所有」について、ここまで踏み込んだ考察ははじめてである。

中論文のポイントは、以下の点にある。私が展開した「死の所有」という虚構的観念は、人が死んだときに「いのちが差し出される」とする捉え方と「死が差し出される」とする捉え方では、たとえどちらも虚構であることは同じだとしても、「死が差し出される」と捉えた方が実感に適っており、リアリティがまだあるのではないか、だとしたら、虚構のレベルにおいてであるにせよ、人は生前から死を所有していることになるのではないか、という論点に基づくものであった。しかし、中論文は、「死が差し出される」という実感は認められるとしても、そのことから、人は生前から死を所有している、とまで述べる必要はないのではないか、「所有」の概念は不要なのではないか、と突き刺してくる。むしろ、私の「死の所有」にまつわる議論は、個々の存在の重みを、あるいは生のリアリティを、感じることと等価なことを述べていると解することができるのではないか。

そのように論じ及ぶ中論文の根底には、「死」というのは死者と残された者との個別個別の関係性において立ち上がる現象であり、それを「所有」の概念によって記述してしまうと、誰に譲渡しても同じものが予めあって、それを所有したり譲渡したりしているようにとれてしまう、という「死」の究極的な個別性・固有性への眼差しがある。では、人が死するとき、残された者に何が差し出されるのか。それは、先にあるように、死によって最終版として浮かび上がる「生のリアリティ」、「固有の生の重み」、なのではないか、と中論文は提起する。中論文は、このことを、私の「害グラデーション説」に言及しながら、胎児の死、流産、といったいわば真正に固有的であり、そして未来への仮託が生々しく顕現するような、極限的な事象に即して例解し、論を締めくくる。

なんと言うべきか。あまりに圧倒的な思考のほとばしりに言葉を失う。私が理解する限り、死に際して、死の所有が与えられるとするのと、最終版の生のリアリティが与えられるとするのも、外延的にはまったく違いはなく、中論文は私の議論の核心を正確に捉えてくれているが、その二つはいわば内包的に異なるのであろう。つまりは、中論文は、「所有」という概念にまとわりつく制度的な含意に、死者を扱うのには不適な響きを感じているのだと理解される。しかり。私はその感覚に反論しない。ただ、あえていえば、私は「所有」という事態をかなり緩く捉えている。何かを思う、ということもその何かをそのとき所有することだと捉えているのである。このことは、ロックの認識論とロックの統治論とを突き合わせつつ「知的所有権」の概念を構想するとき、歴史的文脈からも一つの支持を得られるであろう「所有」概念ではある。

加えて、中論文のように、人が死するとき、「生のリアリティ」が差し出されるという表象には、私自身、少しのためらいが感じられてもしまうのである。死者はすでに生きておらず、その「生」はどこにもないからである。生やいのちは、死んでしまった者には、差し出すことができないのではなかろうか。むしろ、死の記述としては、「生のリアリティ」が消失する、という方が正確なのではなかろうか。そして、蒸し返し

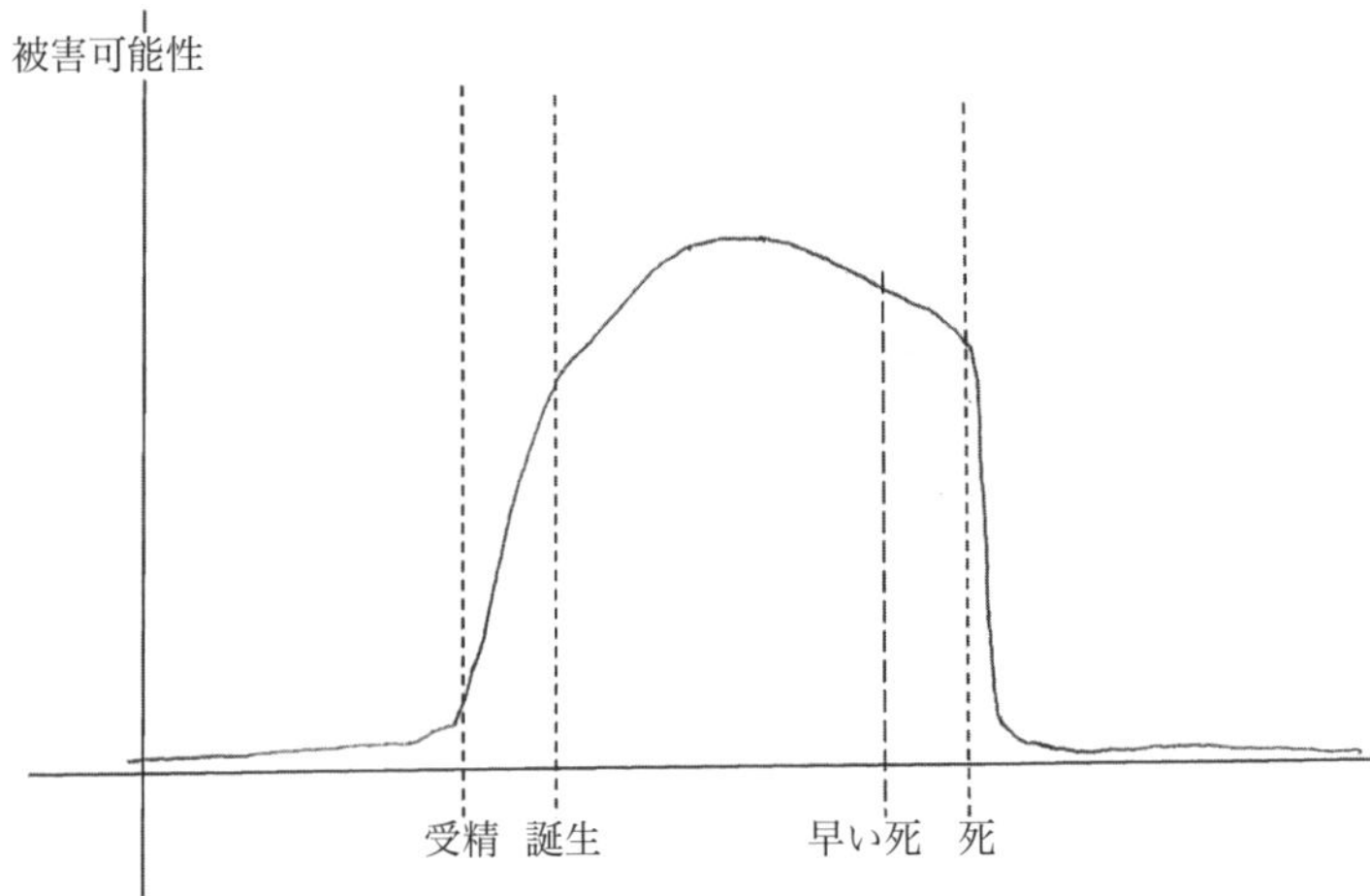

CCモデル

になるが、この点に関して、「死」が差し出される、という見方にはやはり利点があるようにも感じられる。実際、死の情景が、死体が、そこにあるからである。あるいは、「生のリアリティが死の情景として差し出される」と述べようか。けれども、いずれにせよ、これらはどれも虚構であり、どっちが一層適切かは、たぶん、感性の問題なのだというべきであろう。

しかしながら、私は中論文に触発されつつ、自分が自分ならざる思考に知らずに突き進んで行っていることに、改めて気づくに至った。それは、とりわけ、2019年に刊行した『死の所有 増補新装版』に加えた補章において、一定の形をなしてきた思考に関してである。そこで私は、「害グラデーション説」の展開型として、平均的な人生を送る人物の因果連続性に基づく「被害可能性」のモデル、すなわち「因果連続モデル」（causal continuity model, CCモデル）を提起した。詳しくはそちらを参照していただきたいが、それは要するに、私たちの生存中は被害可能性の度合いが高いのは当然だが、誕生前にも、死後にも、被害可能性の度合いは、生存中と比べて圧倒的に少ないとしても、ゼロにはならない、なぜなら、ある人物の誕生前にもその人物の因果的起源がどこかにかすかな形であると考えられるし、その人物の死後にもその人物の因果的痕跡がかすかな形で残存し続けると考えられるからである。理解の便宜のため、CCモデルの図をここに再掲しておく（『死の所有 増補新装版』、385頁）。これは、いわば楽譜的知識の一種に属するオントロジーの図であり、これに応じる経験や理解は演奏的知識となる。

個人的経験になるが、チェコのプラハを訪問したとき、モーツァルトがプラハに滞在した際に定宿としていた館を訪ねた。そこに、なんと、モーツァルトの毛髪が残されていたのである。私は、えも言えぬ感覚を抱いた。そこにモーツァルトその人が、というよりも、何かモーツァルトの霊気のようなものが、いるように錯覚したのであった。しかし、もちろん、モーツァルトは死んでしまっている。私は何を感じ取ったのだろうか。彼の死が残した痕跡、そこから遡及的に導かれるモーツァルトの存在性。その存在性は、いまはいない、という不在にこそ縁取られた、なぜか重い存在性である。このことは、言うまでもなく、モーツァルトの「死」、が重大な機縁になっている。しかし、死んでしまって、存在しないにもかかわらず、何かがリアルに伝わってくる感覚。中論文はこうした感覚を彼女自身の言葉で拾おうとしていると理解される。私はこうした感覚を、誕生前や死後にも認められる、生存中と因果的に結びついたかすかな存在性として、程度概念を用いて表現したいと思ったのである。

そして、驚くべきことに、こうした私の考えは、ライプニッツのモナドロジーとの類縁性を、まったくもって図らずも、持ち始めていることに私自身気づいたのである。本書執筆陣の一人である野上志学との会話も一つのきっかけになった。私は、もとより、そのような道筋をたどるなど思いもよらなかった。本当に、自分というものは、たえず変容してゆき、自分ではなくなるような感覚を抱かせてくれる、謎なのだ。そうした絶えざる変化が奏でる、その都度瞬間の響きに安らうしかない。いまは、こうした、ためらいながら、その都度ほとんど偶然的に到来する「浮動的安定」の思考様態を、改めて感覚させ確認させてくれた執筆者の皆さんに、再度深く感謝を表明し、論を閉じたい。願わくば、本書が読者の方々にも、ご自身の謎に向きあう一つのきっかけとなりますように。

◉注

＊1　思えば、黒田亘は、晩年、功利主義（大福主義）へ傾倒していった。そのことを熱く講義で語っていたことをありありと想起できる。私は、当時は、功利主義（大福主義）への共感は薄く、多くの人々と同様に、カント的義務論への漠とした憧れを抱いていた。けれど、年齢を重ね、経験を積むと、黒田と同様、功利主義（大福主義）の合理性が身にしみて分かってくる。いや、むしろ、功利主義（大福主義）的な方針以外の考え方で物事を進めることはほぼ不可能であり、実際誰もそんなことはしていない、あるいは少なくとも、しないようにしている、という、冷厳なる事実に気づくに至った。国益、学生の利益、という視点から物事を考えるのを否定することなど、果たしてできるのか。もし特定の正義感を貫いて、しようとしている行為がもたらす損益や幸福への考慮を軽視するならば、かえって原理主義（ファンダメンタリズム）に堕する懸念さえ生じるだろう。それは独善的になりかねないのである。（ある機会に、いまの日本では「独占禁止法」ならぬ「独善禁止法」が必要だ、という意見さえ聞いたことがある。自分の考えは正しい、だからそれの実現にのみ傾注すべきだ、というのはしばしば危険をもたらすことを理解するべきだろう。）ということで、むしろ功利主義（大福主義）の欠点は、それがあまりに普遍的で、すべてに妥当してしまうので、固有な特徴が取り出しにくい、ということではないかと私は踏んでいる。

＊2　私が、オックスフォード大学での講義で、こうした人権概念のキリスト教起源性に触れたとき、講義後にアフリカ系の学生が近寄ってきて、自分も人権概念のキリスト教起源性は強く感じていて、自分たちの国には馴染まないのではないかと以前から思っていた、と伝えてきた。いまや人権概念は普遍的に使用されてはいるが、研究者ならば、少し冷静になって、その意義について絶えず問い直していくという姿勢があってよいのではないかと感じている。

＊3　私は2013年1月に『放射能問題に立ち向かう哲学』を刊行した。東日本大震災と福島第一原子力発電所事故について、とくに放射線被曝問題をめぐる一大パニックについて、哲学的に考察した書である。Amazon で評価「1」と

「5」がつく、問題作となってしまった。ただ、私のスタンスはきわめてシンプルで、事故や災害の際には「いのちの保全」が最大のプライオリティであること、したがって、放射線被曝を避ける、という方針を貫いたときに「いのちの保全」が十分に果たせないならば、別の方針を探るべきだ、というものである。そして実際、残念なことに、放射線被曝を避けても、あるいはむしろ、放射線被曝を無理に避けようとすることによって、関連死増大が発生してしまったのである。これはまことに痛恨事であった。人類の現状を考えると、人類がすべての原発を持たない、ということを実現するのはこの100年ぐらいは不可能である。ロシア、インド、中国、米国のことを考えよ。プーチン大統領や習近平主席やトランプ大統領に、原発をなくすよう説得して、それに成功する自信のある人が果たしているだろうか。しかも、いまのグローバル化の時代、そうした国々で日本人が暮らしたり働いたりする機会はさらに増えるだろう。だとしたら、原発事故や放射線被曝問題に日本人が将来巻き込まれる可能性は十分にあると考えるのが合理的である。ならば、まずは、「いのちの保全」を果たすにはどうしたらよいかについて、今回の原発事故の教訓を後世にしっかりと伝えることが私たち世代の責務である。原子力災害の際には、放射線被曝を単に避けることだけでなく、線量を迅速に測定し、リスク・トレードオフを考慮して、全方位的な行為指針を策定して、少しでもベターな「いのちの保全」の実現に貢献すべきなのである。加えて、原発の安全性を高める技術革新を、技術立国である日本こそが進めるべきではないだろうか、とも私は感じている。タブー視して自分の目の前から追い出せば幸福が訪れる、といったものでは絶対にない。たしかに、日本一国だけなら原発をなくすことは可能かもしれないが、人類全体ではそれは当分無理である。なくせないならば、その環境・条件でベストを目指すのが道徳的なのではないか。現実を見つめて、それを踏まえて考える、というのが経験論であり、功利主義（大福主義）である。

◉文献表

＊言及された拙著

『人格知識論の生成―ジョン・ロックの瞬間』、1997年5月、東京大学出版会
『原因と結果の迷宮』、2001年9月、勁草書房、
『原因と理由の迷宮―「なぜならば」の哲学』、2006年5月、勁草書房
『死の所有―死刑・殺人・動物利用に向きあう哲学』、2011年1月、東京大学出版会

（後に『死の所有 増補新装版』、２０１９年５月、東京大学出版会、増版）
『確率と曖昧性の哲学』、２０１１年３月、岩波書店
『放射能問題に立ち向かう哲学』、２０１３年１月、筑摩選書
『英米哲学史講義』、２０１６年７月、ちくま学芸文庫
『英米哲学入門―「である」と「べき」の交差する世界』、２０１８年４月、ちくま新書

＊言及された拙論

「音楽化された認識論に向けて Towards Epistemology Musicalized」、１９９９年11月、

『感覚―世界の境界線』、河本英夫・佐藤康邦編に所収、白菁社、165-199頁。

「「音楽化された認識論」の展開－リフレイン、そしてヴァリエーションへ－」

２０１３年３月、『論集』第31号、東京大学大学院人文社会系研究科哲学研究室、１-17頁。

「「ハチ」そして「犬との暮らし」をめぐる哲学断章」、２０１５年３月、『東大ハチ公物語－上野博士とハチ、そして人と犬のつながり』、一ノ瀬正樹・正木春彦共編に所収、25-55頁。

「断章 いのちは切なし－人と動物のはざま－」、２０１５年10月、『「いのち」再考』、
哲学雑誌第130巻802号、哲学会、有斐閣、46-74頁。

"Normativity, probability, and meta-vagueness". *Synthese*. Springer, vol.194, No.10, October 2017, pp.3879-3900,
DOI:10.1007/s11229-015-0950-7.

＊その他の参考文献

ルイス、D. ２００７年、『反事実的条件法』、吉満昭宏訳、勁草書房
ミズン、S. ２００６年、『歌うネアンデルタール』、熊谷淳子訳、早川書房
ドゥ・ヴァール、F. ２０１７年、『動物の賢さがわかるほど人間は賢いのか』、松沢哲郎・柴田裕之訳、紀伊國屋書店

執筆者紹介

◉相松慎也（あいまつしんや）
1983年生まれ。東京大学大学院人文社会系研究科博士課程満期退学。修士（文学）。東京大学大学院特任研究員、駒澤大学・山梨学院大学非常勤講師。

◉浅野幸治（あさのこうじ）
1961年生まれ。テキサス大学大学院哲学科博士課程修了。Ph.D. 豊田工業大学准教授。

◉一ノ瀬正樹（いちのせまさき）
1957年生まれ。東京大学大学院人文科学研究科博士課程満期退学。博士（文学）。東京大学名誉教授、武蔵野大学教授。

◉伊勢俊彦（いせとしひこ）
1959年生まれ。京都大学大学院文学研究科博士後期課程満期退学。修士（文学）。立命館大学教授。

◉今村健一郎（いまむらけんいちろう）
1970年生まれ。東京大学大学院人文社会系研究科博士課程満期退学。博士（文学）。愛知教育大学准教授。

◉大谷　弘（おおたにひろし）
1979年生まれ。東京大学大学院人文社会系研究科博士課程満期退学。博士（文学）。東京女子大学准教授。

◉鈴木　聡（すずきさとる）
１９６７年生まれ。東京大学大学院人文社会系研究科博士課程満期退学。博士（文学）。駒澤大学非常勤講師。

◉次田　瞬（つぎたしゅん）
１９８４年生まれ。東京大学大学院人文社会系研究科博士課程満期退学。博士（文学）。日本学術振興会特別研究員ＰＤ（名古屋大学）。

◉戸田山和久（とだやまかずひさ）
１９５８年生まれ。東京大学大学院人文科学研究科博士課程満期退学。修士（文学）。名古屋大学大学院教授。

◉中　真生（なかまお）
１９７２年生まれ。東京大学大学院人文社会系研究科博士課程満期退学。博士（文学）。神戸大学大学院准教授。

◉野上志学（のがみしがく）
１９９０年生まれ。東京大学大学院人文社会系研究科博士課程在学中。修士（文学）。日本学術振興会特別研究員ＤＣ２。

◉野村智清（のむらともきよ）
１９７５年生まれ。東京大学大学院人文社会系研究科博士課程満期退学。博士（文学）。秀明大学専任講師。

◉乗立雄輝（のりたてゆうき）
１９６８年生まれ。東京大学大学院人文社会系研究科博士課程中退。修士（文学）。東京大学大学院准教授。

◉宮園健吾（みやそのけんご）
１９８０年生まれ。東京大学大学院人文社会系研究科博士課程満期退学。博士（文学）。広島大学大学院准教授。

◉吉満昭宏（よしみつあきひろ）
１９７４年生まれ。名古屋大学大学院人間情報学研究科博士課程満期退学。修士（学術）。琉球大学准教授。

索引

◉本書は、

「学校法人武蔵野大学学院特別研究費・武蔵野大学図書出版助成」

により刊行されたものである。

因果・動物・所有
一ノ瀬哲学をめぐる対話

発行日　2020年1月31日 初版第1刷

編者　宮園健吾・大谷弘・乗立雄輝

発行　武蔵野大学出版会
〒202-8585 東京都西東京市新町 1-1-20 武蔵野大学構内
Tel. 042-468-3003 Fax. 042-468-3004

印刷　株式会社 ルナテック

装丁・本文デザイン　田中眞一

ISBN978-4-903281-45-2

武蔵野大学出版会ホームページ
http://mubs.jp/syuppan/